经济与管理专业基础课系列教材

保险学基础
BAO XIAN XUE JI CHU

（第二版）

张小红　庹国柱 ◎ 主编

首都经济贸易大学出版社
Capital University of Economics and Business Press
·北京·

图书在版编目(CIP)数据

保险学基础/张小红,庹国柱主编. —2版. —北京:首都经济贸易大学出版社,2015.7
(经济与管理专业基础课系列教材)
ISBN 978-7-5638-2327-7

Ⅰ.①保… Ⅱ.①张… ②庹… Ⅲ.①保险学—高等学校—教材 Ⅳ.①F840

中国版本图书馆 CIP 数据核字(2014)第 313231 号

保险学基础(第二版)

张小红 庹国柱 主编

出版发行	首都经济贸易大学出版社
地　　址	北京市朝阳区红庙(邮编100026)
电　　话	(010)65976483　65065761　65071505(传真)
网　　址	http://www.sjmcb.com
E-mail	publish@cueb.edu.cn
经　　销	全国新华书店
照　　排	首都经济贸易大学出版社激光照排服务部
印　　刷	北京地泰德印刷有限责任公司
开　　本	787毫米×960毫米　1/16
字　　数	352千字
印　　张	20
版　　次	2009年7月第1版　**2015年7月第2版** 2015年7月总第3次印刷
印　　数	4 001~7 000
书　　号	ISBN 978-7-5638-2327-7/F·1315
定　　价	31.00元

图书印装若有质量问题,本社负责调换
版权所有　侵权必究

第二版前言

保险是市场经济架构中非常重要的一个产业部门,也是适应现代经济和社会发展要求的一种制度安排。在现代市场经济体制下,随着经济、科学技术和社会的巨大进步以及社会财富的快速积累,每一个企业和家庭所面临的自然、经济和社会的风险日益增加,对保险保障的需要也就越来越迫切。这种保险保障既包括社会保险也包括商业保险。没有健全的、完善的保险保障制度,经济与社会的运转和发展必定受到制约,甚至会影响社会安定。

2013年面对错综复杂和极为困难的形势,中国保险业积极进取,开拓创新,行业发展呈现"稳中有进、进中向好"的良好态势。2013年全年的保费收入扭转了业务增速连续下滑的势头,全年实现保费收入1.72万亿元,同比上升11.2%,比2012年提高3.2个百分点。受惠于保险资金运用改革拓宽投资渠道,2013年全行业实现收益3 658.3亿元,收益率达5.04%,比2012年提高1.65个百分点,是近4年最好水平。2013年实现的保险费收入中,财产险业务继续保持较快增长,保费收入6 212亿元,同比增长16.5%;人身险业务企稳回升,保费收入1.1万亿元,同比增长8.4%,比2012年提高3.9个百分点。目前,中国保费规模已在全球排名第四位。保险公司总资产8.3万亿元,较年初增长12.7%;利润总额达到991.4亿元,同比增长112.5%。此外,保险保障基金余额468亿元,较年初增长

22.5%,行业抵御风险的能力不断增强。

　　生活在现代社会中的人不能缺少保险知识,各类高等和中等学校的各个专业,特别是经济类和管理类专业的教学计划中如果没有保险学,则学生的知识结构不能被认为是合理的。因此,近几年来,不少院校将保险学列为经济类和管理类各专业的必修课,同时,也为其他专业的学生开设了保险学选修课。

　　本书是为满足保险学教学的需要,在总结我们多年教学经验的基础上编写的。考虑到知识和技能的完整性,本书不仅简明扼要地阐述了保险的基本原理和原则,而且尽可能具体地介绍了保险的实务知识和基本技能,力求比较全面和系统地勾划出保险学的梗概,同时篇幅也比较适中。

　　除作为大学教材外,本书还可作为保险从业人员的培训教材,并可供经济、管理、金融、贸易、法律和工商企业等部门的理论工作者、管理人员、专业人员以及其他对保险有兴趣的读者阅读和参考。

　　本书由张小红、庹国柱主编。参加编写人员的分工如下:张欲晓(第1、4章)、殷德(第2、9章)、雒庆举(第3、8、12章)、李文中(第5、8章)、王雅婷(第6、7章)、徐昕(第11章)、张小红(第8章)、庹国柱(第10章)。

　　限于编写者的水平,本书尚存在诸多疏漏之处,恳请读者批评指正。

编　者

2015年2月于北京

目 录

上篇 基础理论部分

第一章 风险、风险管理与保险 / 3
 第一节 风险及其性质 / 4
 第二节 风险管理 / 9
 第三节 风险管理与保险 / 14

第二章 保险的性质、职能、地位及作用 / 17
 第一节 保险的概念 / 17
 第二节 保险的分类 / 19
 第三节 保险的性质和职能 / 24
 第四节 保险在国民经济中的地位和作用 / 27

第三章 保险的起源和发展 / 30
 第一节 古代的保险思想与保险实践 / 30
 第二节 商业保险的产生及其早期历史 / 32
 第三节 我国保险业的产生和发展 / 36
 第四节 保险产生的条件 / 39

第四章 保险基金 /43
  第一节 保险基金概述 /43
  第二节 商业形式保险基金的特点及其构成 /45

第五章 保险合同 /50
  第一节 保险合同的概念、特征、种类与形式 /51
  第二节 保险合同的要素 /60
  第三节 保险合同的订立和履行 /68
  第四节 保险合同的解释和争议处理 /86

第六章 保险的基本原则 /91
  第一节 保险利益原则 /92
  第二节 最大诚信原则 /99
  第三节 近因原则 /106
  第四节 补偿原则 /108

第七章 保险产品定价的基本原理 /118
  第一节 保险产品定价的数理基础和定价原则 /118
  第二节 财产保险的费率厘定 /123
  第三节 人身保险的费率厘定 /125

下篇 实务部分

第八章 财产保险 /137
  第一节 财产保险概述 /137
  第二节 火灾及其他灾害事故保险 /139
  第三节 运输工具保险——机动车辆保险 /149
  第四节 货物运输保险 /175
  第五节 农业保险 /181
  第六节 工程保险 /186

第七节　责任保险 / 193

第九章　人身保险 / 213
第一节　人身保险概述 / 213
第二节　人寿保险 / 216
第三节　意外伤害保险 / 226
第四节　健康保险 / 231

第十章　再保险 / 238
第一节　再保险概述 / 239
第二节　再保险安排类型Ⅰ / 243
第三节　再保险安排类型Ⅱ / 246

第十一章　保险监管 / 260
第一节　为什么要监管保险业 / 260
第二节　国际保险监管的变迁 / 262
第三节　国际保险监管新框架 / 264
第四节　保险监管三支柱 / 267
第五节　我国第二代偿付能力监管制度
　　　　体系简介 / 275
第六节　我国保险监管机构和职责 / 279

第十二章　社会保险 / 289
第一节　社会保险概述 / 289
第二节　我国社会保障制度 / 297

参考文献 / 309

上 篇

基础理论部分

第二十
合衆國의 聯邦國

第一章

风险、风险管理与保险

学习要点

- 掌握风险、风险管理的含义
- 掌握风险的特征
- 了解风险的组成要素
- 了解风险管理的基本程序
- 理解保险和风险管理的关系

在人们的日常生活或者在企业的生产经营过程中,自然灾害、意外事故经常发生,每一个人、每一个家庭或每一个企业都面临着不同风险,自觉不自觉地承担着由此产生的各种后果。而保险正是人们为了应对风险所造成的不幸损失后果而产生的。由此可见,风险的客观存在是保险产生与发展的前提条件之一,没有风险就没有保险,风险的特征、种类及风险管理的方法都直接影响着保险理论与实践的发展。因此,认识保险必须从认识风险开始。

第一节 风险及其性质

一、风险的含义

《现代汉语词典》[①]中风险是指"可能发生的危险",而危险则是指"有遭到损害或失败的可能"。换句话说,日常生活中,风险是指那些随时随地都可能发生的各种自然灾害和意外事故。自然灾害和意外事故客观地存在着,但这种不幸事件何时何地发生,致害于何人,造成何种程度的损失,通常是无法预知的。因而,对于特定的事物而言,人们对自己是否会遭遇不幸事件,受到多大的损失,处于一种不确定的状态。于是,特定的事物,对于特定的人们,就构成了风险。而在保险领域里,风险则是一种无法预料的、其实际结果可能不同于预测后果的倾向。[②]按照保险领域普遍接受的定义,风险,即损失的不确定性。这种不确定性,包括损失发生与否的不确定、发生时间的不确定、损失程度的不确定三层含义。不确定性意味着预期结果与实际结果之间可能存在差异。据此,风险的大小决定于风险事故发生的概率(损失概率)及其造成后果的严重程度(损失程度)。

这一概念包含以下几层含义:

第一,风险是损失的可能性。损失是人们经济的或非经济的利益的减少或丧失。人们总是通过损失来感受风险的存在,并凭借损失的大小来评估风险的大小。

第二,不确定的损失才是风险。虽说没有损失就没有风险,但并不是说只要有损失就一定有风险。只有损失发生的概率在 0 和 1 之间时,才能称作风险。换句话说就是,风险损失必须是偶然的和意外的。

第三,风险既是客观现实,又是一种主观感受。风险时时通过不同形式和程度的损失来证明自己的存在与危害,因而,风险是客观存在的。同时,风险又是一种由精神和心理状态所引起的不确定性感受。它是客观上曾经发生的灾害事故在人脑中的主观反映,是人脑对未来灾害损失发生的可能性的一种主观估计。由于人与人之间认识水平的差异,使得这种反映与

---

① 中国社会科学院语言研究所词典编辑室.现代汉语词典.5版.商务印书馆,2010.
② 庹国柱.保险学.4版.首都经济贸易大学出版社,2007.

估计也存在着差异。所以,人们对风险的认识即风险意识是因人而异的。

二、风险的组成要素

一般认为,风险是由三方面要素构成,即风险因素、风险事故和风险损失。

(一)风险因素

风险因素是指引起或增加风险事故发生的机会,或增加损失严重程度的潜在条件。如天气干燥是造成火灾发生的风险因素;雪天路滑是增加交通事故的风险因素;疏忽大意是造成工伤事故的风险因素;好逸恶劳是诱发犯罪的风险因素;等等。风险因素一般分为三种:实质性风险因素、道德风险因素和心理风险因素。

1.实质性风险因素。它是指引起或增加损失发生机会,或增加损失发生概率、扩大损失严重程度的客观物质条件。例如,汽车刹车系统失灵、歌舞厅中的装饰材料易燃、地势低洼等,都属于实质性风险因素,即实实在在地存在着的引发交通事故、火灾或洪涝等灾害事故的物质条件。

2.道德风险因素。它是指由于个人或团体的不诚实或居心不良,故意促使风险事故发生或扩大风险事故损失程度的主观因素。例如,为索取保险赔款而故意纵火、沉船、毁车、虚报损失、编造事故甚至谋杀等,均属道德风险因素。

3.心理风险因素。它是指由于人们主观上的疏忽或过失,以致引起风险事故发生或增加风险事故发生的机会,或扩大损失程度的非故意因素。例如,因为忘了锁车致使车辆被盗;违章作业、玩忽职守而酿成大祸等致损因素,均属于心理风险因素。

道德风险因素和心理风险因素同属于主观风险因素,但前者是主观故意行为,后者则是主观无意即非故意行为,因而它们是有本质区别的。

(二)风险事故

风险事故是指可能引起人身伤亡或财产损失的偶然事件,是造成风险损失的直接原因,也是风险因素所诱发的直接结果。例如,火灾、车祸、飞机失事、塌方、毒气泄漏、地震、疾病等,都是风险事故。

风险事故是风险因素在一定条件下导致的结果和过程,也是形成损失的一个时段。当这个过程结束时,人们会看到或感受到它的结果——损失。所以,风险事故并不是指损失本身。

(三) 风险损失

风险损失有广义和狭义之分。

狭义的损失即保险领域中的损失，是指由于自然灾害或意外事故所造成的非计划、非预期的经济价值的减少、灭失以及额外费用的增加。

广义的损失除包括上述狭义损失之外，还包括一般情况下财产的正常损耗（如固定资产的折旧、货物运输中的合理损耗等）和有意采取的合理行为所造成的损失，如深埋疫畜、焚毁假冒伪劣商品等损失。此外，还包括感情上或道义上的损失，例如，家庭成员的死亡、疾病或者家庭第三者责任诉讼等风险都会给家庭生活带来很多的困扰。保险理论与实务中的损失通常是狭义的。

风险是由风险因素、风险事故和可能损失构成的统一体。风险因素在一定条件下引发风险事故，风险事故的发生可能导致经济损失，而所发生的损失又标志着风险事故的大小，反映着风险因素的隐患和危害。

三、风险的特征

风险具有客观性、偶然性、可变性和相关性等基本特征。

（一）风险的客观性

风险是由客观存在的自然现象和社会现象所引起的，自然界的地震、洪水、雷电、暴风雨等都是自然界运动的表现形式，这种运动一旦给人类造成生命或财产损失，便形成自然灾害，因而对人类构成风险。一方面，自然界的运动是由其运动规律所决定的，而这种规律是独立于人的主观意识之外存在的，人类只能发现、认识和利用这种规律，而不能改变之。另一方面，战争、冲突、车祸、瘟疫、过失或破产等是受社会发展规律支配的，人们可以认识和掌握这种规律，预防意外事故，减少其损失，但终究不能完全消除之。

因此，风险是一种不以人的主观意志为转移的客观存在，人们只能在一定的范围内改变风险形成和发展的条件，降低风险事故发生的概率，减少损失程度，却不能彻底消灭风险。

（二）风险的偶然性

风险虽然是一种客观必然，但是它的发生却是随机的、偶然的、不确定的。风险及其所引起的损失往往是以偶然的形式呈现在人们面前，即何时、何地、发生哪种风险、损失程度如何,完全是杂乱无章的组合和不确定的结果。尤其是某个具体的区域、某个具体的单位和个人所发生的某些具体的风险事件,都不可能是事先安排好的必然现象。所以说,就人类的总体或一个较大的区域或某个单位或个人的较长时期而言,风险的存在是客观的、必然的;但就个体或较小区域或某人的某一时段或时点而言,风险的发生却是偶然现象。

(三)风险的可变性

风险并不是一成不变的,在一定条件下,风险可能在其产生、后果等方面发生质或量的变化。这是因为:一方面,由于人们识别风险、抵御风险的技术和能力不断增强,从而在一定程度上改变了风险因素、降低了风险损失程度,甚至使某些风险源不复存在或为人们所控制。另一方面,随着经济的增长、社会生产力的提高、人类生活方式的变化、科技的飞速发展及广泛应用,又产生许多新的风险源,许多新的风险因素也在增加,而且可能产生的新的风险损失更加惊人。

(四)风险的相关性

风险的相关性是指风险与行为主体紧密相关。人们面临的风险与其行为有着密切的联系。由于人们的风险意识、敏感程度等个体差异较大,相同的风险对于不同的行为主体会产生不同的结果,而同一行为主体在不同的阶段由于所采取的行为不同,也会面临不同的风险。

四、风险的种类

风险可依不同的标准分为不同的种类。

(一)按照风险标的分类

按照标的不同,风险可以分为财产风险、人身风险、责任风险和信用风险。

1. 财产风险

财产风险,是指导致财产毁损、灭失和贬值的风险。例如,建筑物遭受地震、洪水、火灾的风险,飞机坠毁的风险,汽车碰撞的风险,船舶沉没的风险,财产价值由于经济因素而贬值的风险等。

2. 人身风险

人身风险,是指可能导致人身伤害或影响健康的风险。人会因生、老、病、死等生理规律或政治、军事、社会等原因而早逝、伤残、工作能力丧失或年老无依无靠等。人身风险通常又可分为生命风险、意外伤害风险和健康风险三类。

3．责任风险

责任风险,是指由于个人或团体的疏忽或过失行为,造成他人财产损失或人身伤亡,依照法律或契约应承担民事法律责任的风险。与财产风险和人身风险相比,责任风险是一种更为复杂而又比较难以控制的风险,尤以专业技术人员如医师、律师、会计师和理发师等职业的责任风险为甚。

4．信用风险

信用风险,是指在经济交往中,权利人与义务人之间,由于一方违约或不可抗力事件的发生致使对方遭受经济损失的风险。常见的信用风险有两类:一类是债务人不能或不愿意履行债务而给债权人造成损失的风险;另一类是交易一方不履行义务而给交易对方造成经济损失的风险。

(二)按照风险产生的原因分类

按照产生原因的不同,风险可以分为自然风险、社会风险、经济风险和技术风险。

1．自然风险

自然风险,是指由于自然现象、物理现象和其他物质风险因素所形成的风险,如地震、海啸、暴风雨、洪水或火灾等。

2．社会风险

社会风险,是指由于个人或团体的作为(包括过失行为、不当行为及故意行为)或不作为使社会生产及人们生活遭受损失的风险。

3．经济风险

经济风险,是指在生产或销售等经济活动中,由于受各种市场供求关系、经济贸易条件等因素变化的影响,或经营者决策失误,对前景预期出现偏差等导致经营失败的风险。

4．技术风险

技术风险,是指伴随着科学技术的进步及由此带来的生产、生活方式的改变而造成财产毁损、人员伤亡的风险。科技在给人类带来繁荣与发展的同时,由于相关工作的失误或副作用的结果,也会给人类带来巨大的风险,甚至威胁着人类的生存。

（三）按照风险的性质分类

按照性质不同,风险可以分为纯粹风险和投机风险。

1. 纯粹风险

纯粹风险,是指那些只有损失可能而无获利机会的风险。当纯粹风险发生时,对当事人而言,只有遭受损失的结果。例如,火灾、沉船或车祸等事故发生,将导致受害者的财产损失和人身伤亡,但不会获得任何其他利益。

2. 投机风险

投机风险,是指那些既有损失可能也有获利机会的风险。例如,人们进行股票投资之后,就面临着股票市值波动的风险。如果股票价格上涨,投资者就可以因此而获利;如果股票价格下跌,投资者就要承担损失。

第二节 风险管理

风险损失的客观存在,以及不断出现的新生风险都在威胁着人类的生存。科学地管理风险,有助于降低风险对社会、企业和家庭的危害,减少人们对风险的忧虑和恐惧,帮助企业、家庭提高抵御风险的能力,从而取得更高的经济效益和工作效率。

一、风险管理的含义

所谓风险管理,就是指经济单位在对风险进行识别、衡量和分析的基础上,选择各种合理的风险管理工具综合处置风险,以实现用最小成本获得最大安全保障的一个科学管理过程。

风险管理包括以下四层含义:

第一,风险管理的主体包括社会成员中的个人、家庭、经济单位及政府。它不单是某个人或某几个部门的事情,而是全社会的事情。

第二,风险管理的任务和程序是:识别风险,估测风险损失频率和损失程度(风险衡量),选择各种有效工具预防和控制风险;风险发生后妥善处理好抢险、保护损余物资和做好风险事故发生后的损失补偿安排等事宜;总结和评价风险管理效果,改进以后的风险管理工作。

第三,风险管理的总目标是以最小的成本付出,获得最大限度的安全保障或使风险损失降到最低水平。

第四,在风险管理过程中,风险识别和风险衡量是基础,风险管理工具的选择及实施是关键。

二、风险管理的必要性

风险的客观存在给人类的生产与生活造成巨大损失,每年人类劳动成果的1/3都被各种灾害事故所吞没,而且许多新生的风险还在威胁着人类的生存。科学地管理风险,不仅有助于降低风险对社会、企业和家庭的危害,减少风险损失和节约费用支出,而且可以直接或间接地增进社会福利、提高人类生活质量,消除人们对风险的忧虑和恐惧。

从微观上看,风险的存在和发生,使企业和家庭对风险存有忧虑和恐惧,从而为回避风险而不得不放弃一些风险水平高但利润水平也高的投资或经营机会。而且,为了预防风险后果所造成的不利影响,企业和家庭往往不得不保留大量的后备资金,以备灾后经济补偿之需,从而无法有效利用资金去从事经营活动。而实施科学的风险管理,掌握风险发生的规律,做好预防和救助准备工作,就可以最大限度地保护生命和财产的安全,减轻人们的精神负担,并能使企业和家庭提高抵御风险的能力,解除后顾之忧,取得更高的经济效益和工作效率。

从宏观上看,风险的存在限制着社会资源的合理流动,影响着社会资源的优化配置。实施风险管理,可以在很大程度上降低一些高风险部门的风险成本,或为风险损失提供经济补偿,在一定程度上降低风险对资源配置的影响,从而促使更多的资源合理流向社会所需而风险较高的经济部门,促成社会产业结构及经济布局的均衡,最终增进社会的福利。因此,风险管理是国家、企业和个人的客观需要。

三、风险管理的目标

风险管理的总目标是科学处置风险、控制损失,以最小的成本付出获得最大限度的安全保障。这一目标可分解为两部分:损失发生前的风险管理目标和损失发生后的风险管理目标。

(一)损失发生前的风险管理目标

损失发生前,风险管理的目标就是实现节约成本、消除精神痛苦、履行社会义务等。

节约成本是指用最经济且最有效的手段来预防风险事故的发生。

消除精神痛苦,就是通过教育等方法减少人们的忧虑和恐惧,使其从惧怕风险的阴影中解脱出来,心情舒畅地投入社会生活和工作中去。

履行社会义务,就是通过风险管理活动,尽社会成员应尽的义务,如配合社会防灾部门做好防洪、防火检查工作,保护周围环境等。

(二)损失发生后的风险管理目标

风险的不确定性使得风险防不胜防,并且风险损失从总体上是不可避免的。当风险损失发生后,风险管理应达到维持生存、迅速恢复生产与生活、经济上实现稳定收益并持续增长、履行社会责任等目标。

维持生存,即尽最大努力使遭受风险损失者能够在财力、物力以及心理上保持生存的条件。这是风险发生后的最基本、最重要的目标。只有生存下去,生产才能恢复,才能重建企业和家园。所以,损失发生后应首先解决人们的吃、穿、住、医问题,并注重鼓励人们树立战胜灾害、重建家园的信心。这就要求平时做好灾后经济补偿的安排、谋生知识的教育以及心理训练等工作,以使人们在灾后具备生存条件。

迅速恢复生产与生活,即通过经济补偿和恢复生产设施,使生产和生活秩序得以复原。这是实现稳定收益、偿还债务,并实现收益持续增长的前提条件。

经济上实现稳定的收益并持续增长,即通过经济补偿或注入新的资金,努力以最短的时间恢复原有的生产水平,保持经济收入水平的持续增长。

尽社会责任,就是当企业恢复生产后,及时偿还债务或弥补因自身受灾而对他人产生的影响,如及时偿还贷款,补齐拖欠销售商的产品,补发职工工资等。

四、风险管理的基本程序

风险管理活动是由风险识别、风险衡量、风险控制和风险管理效果评价等基本程序组成的一个周而复始的过程。

(一)风险识别

风险识别,是指经济单位对所面临的、已经存在的以及潜在的风险,加以判断、归类和鉴定风险性质的过程。风险识别是风险管理的基础环节。

识别风险的方法有许多种,常见的有财务报表分析法、保险调查法、流程图分析法、风险因素预先分析法等。

财务报表分析法,是根据经济单位的资产负债表、损益表等会计记录和财务报表,通过对财务收支变动情况的分析,从而发现经济单位可能存在的风险。

保险调查法,是指保险专业人员或相关的专业机构根据经济单位可能遭受的风险进行详细的调查与分析,编制出多种风险调查表格供经济单位使用,从而识别出经济单位可能面临的风险。

流程图分析法,就是经济单位将生产或经营环节,按照其内在的联系绘制出流程图,用以发现生产或经营过程中可能存在的风险。

风险因素预先分析法,就是在某一项活动开始之前,对该项活动所存在的风险因素类型、产生的条件以及可能导致的后果预先进行分析,从而识别出经济单位可能面临的风险。

需要注意的是,风险识别不仅要识别所面临的已经存在的风险,还要对各种潜在风险进行识别。

(二)风险衡量

风险衡量是指在风险识别的基础上,利用概率论和数理统计方法对所收集的、大量的详细损失资料加以分析,估计和预测风险发生的概率(频率)及损失幅度。风险衡量一般包含两个步骤:一是风险估测,即利用概率论和数理统计方法计算风险发生的概率(频率)和损失幅度;二是风险评价,即将风险估测的结果与国家所规定的安全指标或公认的安全指标进行比较,以便确定风险是否需要处理和如何处理。

风险衡量不仅使风险管理建立在科学的基础上,而且使风险分析定量化,为选择最佳风险管理技术和手段提供了较可靠的依据。

(三)风险控制

风险控制就是根据风险衡量的结果,为实现风险管理目标,优化组合各种风险管理工具并且予以实施的过程。

(四)风险管理效果评价

风险管理效果评价,就是对风险管理工具的适用性及其收益性情况进行分析、检查、修正与评估的过程。由于风险具有可变性,人们认识水平具有阶段性,而且风险管理技术处于不断完善的过程中,因此,对风险的识别、估测、评价及技术的选择需要定期检查、修正,使选择的风险管理工具能够适应不断变化的情况的需要,从而保证风险管理工具的最优使用。

五、风险管理工具

以风险事故的发生与否为标准,风险管理工具可以分为两大类:一类是控制型风险管理工具,另一类是财务型风险管理工具。前者是指避免、消除和减少意外事故发生的机会、控制已发生损失继续扩大的一切措施,它侧重于风险事件发生之前和事中使用,目的在于改变可能引起意外事故和扩大风险损失的各种条件。后者则是在实施控制型风险管理工具之后,对无法控制的风险所做的财务安排,它侧重于在风险事件发生之后使用,目的在于将消除和减少风险的成本均匀地分布在一定时期内,以便减少因巨大风险损失的发生而引起的财务波动性。通过财务处理,可以把风险成本减少到最小程度。

(一)控制型风险管理工具

控制型风险管理工具包括避免风险和损失控制两种。

1. 避免风险

避免风险,简称避险,即设法回避可能发生的损失。其实质就是通过放弃或终止某项有风险的计划的实施,停止正在从事的有风险的活动,或者改变这种活动的性质、工作场所或方式,从而避开该项风险所带来的一切可能的损失。这是最简单、最常用、最彻底的风险处理方法。

2. 损失控制

损失控制,是指通过降低损失发生的频率或者减少损失的程度来控制风险的风险处理方法。其包括风险事故发生前的预防和风险事故发生时的施救两个方面。

(二)财务型风险管理工具

对于风险损失的财务处理方法,主要有自留风险和转嫁风险两大类。

1. 自留风险

自留风险,也称自保,就是由经济单位自己承担部分或全部损失后果的风险处理方法。它实质上是依靠自身财力,经过科学计算,合理提取风险基金,通过长时间和较大范围的积累,弥补发生风险事故后造成的经济损失。

自留风险有主动和被动之分。主动自留风险是在充分掌握某些风险发生规律的情况下,有意识、有计划地利用自身财力补偿风险损失的方法;

而被动自留风险通常是在如下情况下造成的:一是不知道风险的存在;二是虽已知风险存在,但由于预测失误或忽略而导致损失,其后果只能自担。

2. 转移风险

转移风险是指经济单位将自己面临的风险通过某种方法转嫁给他人承担。

转移风险的方法又可分为保险转嫁和非保险转嫁两大类。保险转嫁是指经济单位利用保险方式将风险转移给保险公司;非保险转嫁是指经济单位利用除保险以外的方式将风险转移给他人。

保险转移是目前普遍采用的风险财务工具,在风险管理中具有独特的地位和作用。尤其是在人们对风险的识别、预防、处置技术仍有不足,损失控制无法从根本上消除损失,自留风险又有局限性的情况下,作为专门与风险打交道,且积累了丰富风险管理经验的实力雄厚的保险公司就显得更为重要了。可以说,保险是一种集各种风险管理方法之大成的风险管理工具。

第三节 风险管理与保险

一、风险与可保风险

如前所述,保险是风险管理的重要手段。出于保险公司经营技术上的原因,更是为了体现保险稳定社会的作用,保险公司一般只承保可保风险。

经过保险公司审核、筛选,可以接受、承保的风险被称为可保风险。一般情况下,可保风险必须符合以下五个条件:

其一,风险是纯粹风险。它是指保险人承保的风险必须是仅有损失机会并无获利可能的风险,即纯粹风险。

其二,风险损失必须是意外的、偶然发生的。这里包含两层意思:一是风险损失不能是意料中的,不能是必定要发生的,如贬值或设施磨损等是不可保的。二是风险不能是被保险人故意行为所造成的,如故意纵火烧毁财产,或者意外发生后不积极抢救致使损失加大等损失,就是不可保的。

其三,风险事故造成的损失要有重大性和分散性。也就是说,风险的发生可能给人们带来难以承受的经济损失或长时期的不良影响,这样的风险才能促使多数经济单位或个人有参加保险以分散风险的愿望。同时,从全体投保人来看,风险损失的发生在时间、空间上要有分散性,保险对象的大多数不能同时遭受损失。如果风险事故引起的经济损失影响面大,损失严重,则多数单位和个人之间不能在经济上形成互助共济,保险也难以成立。

其四,风险必须是大量的、同质的,风险损失是可测的。可保风险的一个重要条件是必须有某种同质风险的大量存在,进而可以根据概率论和大数法则将损失概率比较准确地测算出来。这里的同质风险就是指这类标准的风险损失具有相同的概率分布、相同的损失概率和平均损失的相同离散。保险人计算保险费率即保险价格的依据,就是此类风险损失的发生概率。

其五,风险损失必须是可以用货币衡量的。保险人实现经济补偿的前提,就是这种损失可以以货币为尺度进行衡量,而且保险活动中,投保人或被保险人的缴费义务和保险人的经济补偿义务的履行也都是通过货币形式体现的。如果风险事故发生后所造成的损失结果不能通过货币或财务方法进行衡量,则保险的补偿作用也就无法体现出来了。

二、风险管理与保险

风险管理与保险有着密切的关系。两者相互影响,共同构成人类应对风险的强有力手段。

(一)风险是保险和风险管理的共同对象

风险的存在是保险得以产生、存在和发展的客观原因与条件,并成为保险经营的对象。但是,保险不是唯一的应对风险的方法,更不是所有的风险都可以保险。从这一点上看,风险管理所管理的风险要比保险的范围广泛得多,其应对风险的手段也较保险多。保险只是风险管理的一种财务手段,它着眼于可保风险的分散、转嫁和风险损失发生后的经济补偿。而风险管理则侧重于风险事故发生前的预防、发生中的控制和发生后的补偿等综合治理。尽管风险管理和保险在应对风险的手段上存在区别,但它们所管理的共同对象都是风险。

(二)保险是风险管理的基础,风险管理又是保险经济效益的源泉

1. 风险管理源于保险

从风险管理的历史看,最早形成系统理论并在实践中广泛应用的风险管理手段就是保险。在风险管理理论形成以前的相当长的时间里,人们主

要通过保险的方法来管理企业和个人的风险。从20世纪30年代初期风险管理在美国兴起,到20世纪80年代形成全球范围内的国际性风险管理运动,保险一直是风险管理的主要工具,并越来越显示其重要地位。

2. 保险为风险管理提供了丰富的经验和科学资料

由于保险起步早、业务范围广泛,经过长期的经营活动,积累了丰富的识别、预测与估价风险以及防灾防损的经验和技术资料,掌握了许多风险发生的规律,制定了大量预防和控制风险的行之有效的措施。所有这些都为风险管理理论和实践的发展奠定了基础。

3. 风险管理是保险经济效益的源泉

保险公司是专门经营风险的企业,同样需要进行风险管理。它通过承保大量的同质风险,通过自身防灾、防损等管理活动,力求降低赔付率,从而获得预期的利润。一个卓越的保险公司并不是通过提高保险费率、惜赔等方法来增加利润的。保险公司作为经营风险的企业,拥有并运用风险管理技术为被保险人提供高水平的风险管理服务,是除展业、理赔、资金运用等环节之外最为重要的一环。

(三)保险业是风险管理的一支主力军

保险业是经营风险的特殊行业,除了不断探索风险的内在规律,积极组织风险分散和经济补偿之外,保险业还造就了一大批熟悉各类风险发生和变化特点的风险管理技术队伍。他们为了提高保险公司的经济效益,在直接保险业务之外,还从事有效的防灾减损工作,使大量的社会财富免遭损失。保险公司还通过自身的经营活动和多种形式的宣传,培养国民的风险意识,提高全社会的防灾水平。保险公司的风险管理职能,更多的是通过承保其他风险管理手段所无法处置的巨大风险,来为社会提供风险管理服务的。所以,保险是风险管理的一支主力军。

复习思考题

1. 举例说明风险因素、风险事故和损失与风险之间的关系。
2. 在实践中,保险公司承保的风险是否都具有理想可保风险的所有特征?
3. 如何理解保险在风险管理中的地位和作用?

第二章

保险的性质、职能、地位及作用

学习要点

- 掌握保险的经济和法律定义
- 掌握保险的构成要素
- 理解保险与赌博、储蓄、救济的异同
- 认识保险的三大职能
- 认识保险在国民经济中的地位和作用

第一节 保险的概念

一、保险的定义

从经济的角度上说,保险主要是对灾害事故损失进行分摊的一种经济保障制度和手段。保险集中众多单位的风险,通过预测和精确计算,确定保险费率,建立保险基金,通过补偿财产损失或对人身事件给付保险金,实现风险在所有被保险人中的分散。

从法律的角度上说,保险是一种合同行为。合同双方当事人自愿订立保险合同,投保人承担向保险人缴纳保险费的义务,保险人对于合同约定的可能发生的事故所造成的财产损失承担赔偿责任,或者当被保险人死亡、伤残、疾病或者达到合同约定的年龄、期限时,承担给付保险金的责任。

二、保险的构成要素

保险的构成要素是指保险构成其自身特殊性的物质内容或保险得以成立的基本条件,是它区别于其他经济制度或活动的主要标志。一般认为,保险必须以特定的风险为对象,必须以多数人的互助共济为基础,必须以对风险事故所致损失进行补偿为目的,保险分担金必须合理。

(一)必须以特定风险为对象

建立保险制度的目的是为了应付自然灾害和意外事件等特定风险事故的发生给被保险人带来的损失或损害。只有给人们带来风险损失的风险事故的存在和可能发生,才有建立补偿损失的保险保障制度的必要,因此,特定风险的存在是构成保险的第一条件。这就是说,无风险则无保险。当然,构成保险的风险要符合前面所讲的条件。

(二)必须以多数人的互助共济为基础

保险是集合多数具有同质风险的经济单位,公平合理地分摊损失的一种制度,也就是建立在"我为人人,人人为我"这一互助共济基础之上的。就保险的经营技术而言,是通过多数经济单位的集合,将损失尽可能地分散,即所谓大数法则的运用,参加保险的风险单位越多,实际损失才越接近于预期损失,每个被保险人的负担才越合理化。这样,保险经营的基础才能愈益稳固。

(三)必须以对风险事故所致损失进行补偿为目的

保险的职能在于进行损失补偿,进而确保社会经济生活的安定。如前所述,保险就是风险事故损失发生后的善后对策,而非消除风险。这种事后的补偿经常是通过支付货币的方式来实现的,而不是恢复或赔偿已灭失损坏的原物。因此,风险事故所导致的损失必须在经济上能计算其价值,否则无法保险。例如,在财产保险中,对于危险事故所造成的损失,可以通过估价等办法确定。而在人身保险中,由于作为保险标的的人的生命或身体无法用货币价值衡量,因此,通常采取定额保险方式,在订立保险合同时将可能的损失(由于人的死亡、伤残或丧失劳动能力,从而使个人及其家庭收入减少和开支增加)确定下来,事故发生后就将确定的损失作为实际损失,由保险人支付预定的保险金。

（四）保险分担金必须合理

保险的补偿基金是由全体被保险人的分担金组成的。为使保险制度得以稳定和持续运作,分担金必须科学计算,公平合理,应以偶然事故的概率统计为技术基础,根据过去风险损失的发生概率预测未来风险损失发生概率,从而确定分担金。

由于保险标的不同,环境不同,风险损失发生的频率和强度也不相同。如在家庭财产保险中,不同住房的建筑结构、建筑和装饰材料、使用时间、环境条件、家中财物均不相同,因而同一险种就应有不同的风险保障成本;在人身保险中,人的年龄大小、体质强弱、职业差异、安全程度等都不相同,因而同一险种也应缴纳不同数额的保险费。如果风险损失概率不同,而风险分担金相同,必然使一部分风险损失概率较小的投保人退出保险而剩下风险损失概率较大的投保者。这样,每人的分担金必然过大,以致无法分担,则保险制度将无法维持下去。

第二节 保险的分类

随着现代社会经济的发展,保险业也在迅猛发展。对于保险业务进行科学分类,有利于明确各保险险别、险种的性质特征,掌握其业务运行的规律,规范保险经营管理,同时,也有助于公众对保险产品的了解和选择,更好地发挥保险的职能和作用。

当代保险业的迅速发展使保险领域不断扩大,新的险种层出不穷。事实上,在不同的场合,根据不同的要求,从不同的角度,可以有不同的分类方法。这里我们介绍几种常见的保险分类。

一、根据保险标的分类

根据保险标的不同,保险可以分为人身保险和财产保险两大类。

（一）人身保险

人身保险是以人的身体和生命作为保险标的,在保险有效期限内,当被保险人死亡、伤残、疾病或者达到保险合同约定的年龄、期限时,保险人依照约定给付保险金的一种保险。

按照保障责任范围的差异,人身保险又可以分为人寿保险、人身意外伤害保险和健康保险。

1. 人寿保险

人寿保险,又称寿险或生命保险,是以被保险人的生命为保险标的,并以被保险人在保险期满时仍生存或在保险期间内死亡为条件,给付约定保险金的一种保险。例如,养老年金保险、子女教育保险、婚嫁金保险等都属于这类保险。

2. 人身意外伤害保险

人身意外伤害保险是以人的身体和生命作为保险标的,当被保险人在保险有效期内因遭遇意外事故致使身体蒙受伤害而残废或死亡时,由保险人按约定给付保险金的一种保险。常见的有团体人身意外伤害保险、中小学生团体平安险、航空旅客意外伤害保险等险种。

3. 健康保险

健康保险是以人的身体和生命作为保险标的,当被保险人在保险期间因疾病、分娩所致发生医疗费用,以及因疾病造成死亡或残疾时,由保险人按约定补偿医疗费用或给付保险金的一种保险。常见的有重大疾病保险、住院医疗保险和生育保险等险种。

(二)财产保险

财产保险是以财产及其相关利益作为保险标的,在保险期间,保险人对于因保险合同约定的保险事故发生所造成的保险标的的损失承担经济赔偿责任的一类保险。它又可以分为财产损失保险、责任保险和信用保证保险。

1. 财产损失保险

财产损失保险是以各类物质财产作为保险标的,在保险期间,因保险事故发生致使保险标的遭受损失,由保险人承担经济赔偿责任的一种保险。如我国各财产保险公司目前普遍开办的企业财产保险、家庭财产保险、机动车辆保险等就属于这类保险。

2. 责任保险

责任保险,是一种以被保险人的民事损害赔偿责任作为保险标的,由于被保险人的过失、疏忽等行为,给他人造成了经济损失,根据法律或者契约规定应由被保险人对受害人承担的经济赔偿责任,由保险人负责赔偿的一种保险。例如,汽车肇事、建造中的建筑物倒塌、产品缺陷、医疗误诊等原因造成他人人身伤害或者财产损毁,车主、建筑承包商、产品制造企业和医生等责任人按照相关法律、法规,应该对受害者承担经济赔偿责任,一经投保相应的责任保险,即可将民事损害赔偿责任转嫁给保险人承担。

常见险种主要有产品责任保险、职业责任保险、机动车辆第三者责任保险等。

3. 信用保证保险

信用保证保险是一种以信用行为作为保险标的的保险。保险人对信用关系的一方因对方未履行义务或不法行为(如盗窃、诈骗等)而遭受的损失,负经济赔偿责任。信用关系的双方(权利方和义务方)都可以投保。通常分为两种情况:

一种情况是被保险人(债务人)要求保险人对本人的信用提供担保,如果由于被保险人不履行合同义务,致使权利人受到经济损失,则应由保险人承担赔偿责任,即保证保险。典型的如住房贷款保证保险。

另一种情况是合同一方当事人(权利人)要求保险人对另一方当事人(债务人)的信用提供担保。当债务人(被保证人)在约定条件下不履行合同义务,致使权利人受到经济损失,则由保险人承担赔偿责任,即信用保险。典型的如出口信用保险。

保证保险是由保险人代替被保险人向权利人担保,而信用保险则是由保险人赔偿因被保证人失信而给被保险人带来的损失。信用保证保险实际上就是保险人经营的一种担保业务。

二、根据经营目的分类

根据经营目的的不同,保险可分为营利性保险与非营利性保险两大类。

(一) 营利性保险

营利性保险,即商业保险,是指以盈利为目的,按照商业经营原则所经营的保险。商业保险以其自愿性、契约性、广泛性等特点,在整个保险体系中占有十分重要的地位。商业保险以自愿为前提,投保人和保险人在遵循公平互利、协商一致、自愿订立的原则下签订保险合同。

商业保险的保障范围十分广泛,涉及社会经济生活的方方面面。如货物运输保险、企业财产保险、机动车辆保险、家庭财产保险、航空旅客意外伤害保险等等,都属于商业保险。

（二）非营利性保险

非营利性保险，是指不以营利为目的，或是专为国家推行某种政策、法律而配套实行的一类保险。社会保险、政策性保险和互助合作保险属于非营利性保险。

1. 社会保险

社会保险，是指国家通过立法形式，对社会成员在年老、疾病、残废、伤亡、生育、失业情况下的基本生活需要给予物质帮助的一种社会保障制度。

社会保险一般是由国家立法实施，具有强制性；保险费通常由国家、雇主和个人三方面负担；保险待遇根据国家法律规定的标准、个人贡献和社会经济发展水平来确定。我国社会保险的险种主要是养老保险、医疗保险、工伤保险、失业保险和生育保险。

2. 政策性保险

政策性保险，是指国家推行某种政策而专门实施的一种保险。例如，出口信用保险就是一种为鼓励本国出口商扩大出口贸易、开拓海外市场，而为本国出口商提供收汇风险保障的保险。又如，为支持农业发展而开设的农业保险，国家为配合交通法的实施、妥善处理交通事故而开设的机动车交通事故责任强制保险等。

政策性保险业务可以通过建立专门的机构直接办理，也可以委托商业保险、互助合作保险等机构办理。

3. 互助合作保险

互助合作保险是由民间举办的非营利性保险，是一种最古老的保险形式，在各种行业组织、民间团体中存在较多。其最大的特点就是参与者既是保险人又是被保险人，例如职工互助会、船东互保协会和农产品保险协会等。

三、根据保险的实施方式分类

根据保险实施方式的不同，保险可以分为自愿保险和强制保险两大类。

（一）自愿保险

自愿保险是指投保人和保险人在自愿原则的条件下，订立保险合同而建立保险关系的保险。是否参加保险、参加何种保险、投保的保险金额有多少等等，都由投保人自己决定；是否予以承保、适用何种费率等内容，则由保险人自己决定。只有在双方协商一致的情况下，才能订立保险合同。绝大部分的商业保险都属于这类保险。

（二）强制保险

强制保险，也称法定保险，是指投保人和保险人根据国家法律及政府的有关法规规定而建立保险关系的保险。这类保险是为实施某项政策目的所采用的保险手段，具有强制性、全面性等特点。投保人（被保险人）与保险人之间的权利、义务关系是基于国家法律、行政法规的效力而产生的，不论保险双方是否同意，都必须办理，而且只要是在国家法律、行政法规规定的保险范围内的保险标的，必须全部参加保险。例如，我国的机动车交通事故责任强制保险就是依照《中华人民共和国道路交通安全法》强制投保的；各国的社会保险也都是依法强制实施的。

四、根据风险转移方式分类

根据风险转移方式的不同，保险可以分为原保险、再保险、共同保险和重复保险。

（一）原保险

原保险是指投保人和保险人直接订立保险合同，当保险标的发生该保险合同责任范围内的损失时，由保险人直接对被保险人承担经济赔偿责任的保险，所以又称直接保险，它是风险的第一次转移。各个财产险公司、人寿险公司面向社会公众出售的保险产品都属于原保险。

（二）再保险

再保险，也称分保，是指保险人为了减轻自身承担的保险风险和责任，而将其不愿承担或超过自身承保能力的保险风险和责任部分地转嫁给其他保险人而形成的保险关系。它是风险的第二次转移。

（三）共同保险

共同保险，简称共保，是指由两个或两个以上保险人，共同对同一保险标的物的同一风险责任承担损害赔偿责任的保险。

（四）重复保险

重复保险是指投保人就同一保险标的，分别与两个或两个以上的保险人订立若干份保险合同，承保同一风险，以致该保险标的物的总保险金额超过其保险价值的保险。

五、根据投保方式分类

根据投保方式的不同,保险可以分为个人保险和团体保险。

(一)个人保险

个人保险是指为满足个人或家庭的需要,以个人作为投保人、被保险人的保险,例如个人养老金保险、家庭财产保险、住房贷款保证保险等。

(二)团体保险

团体保险是指以团体或者单位为投保人,以团体或者单位员工为被保险人的保险。团体保险的投保人都是该团体或单位的法定代表人,投保人数一般为该团体或单位人数的75%以上。例如,团体人身意外伤害保险、中小学生意外伤害保险等。

六、根据承保风险分类

根据承保风险的不同,可以分为单一风险保险和综合风险保险。

(一)单一风险保险

单一风险保险是指在保险合同中只承保一种风险责任的保险,根据合同规定,保险人只对该种风险事故的损失进行经济补偿。例如,西瓜雹灾保险、棉花雹灾保险等。

(二)综合风险保险

综合风险保险是指在保险合同中,保险人承保两种及两种以上风险责任的保险,根据合同规定,凡是约定的风险事故损失,保险人都要进行经济补偿。保险人承保风险责任多而且广泛的保险在业务中称为一切险(或全险)保险。目前保险公司开办的险种绝大部分都是综合风险保险。

第三节 保险的性质和职能

一、保险的性质

在社会经济活动中,有一些经济活动和保险有类似之处。通过比较保险与这些经济活动的区别,可以帮助我们认识保险的特点和性质。

(一)保险与赌博

赌博是一种射幸活动,其输赢均与事件的随机性相联系。在保险中,尽管投保人所缴纳的保险费与保险人所承担的责任对等,但与被保险人所得到的赔偿(就个别而言)并不保持等价交换关系。许多被保险人多年缴付保险费而没有得到一点赔偿,而有的被保险人刚缴付保险费就可能得到比其保费数额高得多的赔偿。这种射幸性也完全依赖于偶然事件发生与否,似乎与赌博一样。然而,保险与赌博有着本质的区别,表现在几个方面:就目的而言,保险以发扬社会互助共济精神、谋求社会安定、利己利人为目的,而赌博则是以欺诈贪婪之心凭侥幸图谋暴利,损人利己;就手段而言,保险以概率论和大数法则作为风险损失计算的数理基础,使风险得以分散,而赌博纯属冒险求利,输赢全凭偶然和运气;就风险性质而言,保险面对的一般是纯粹风险,而赌博面对的仅仅是投机风险;就结果而言,保险是变不确定(保险事故发生的偶然性)为确定(获得赔偿或给付),转嫁了风险,而赌博正相反,是变确定(原有赌本)为不确定(赢或输),一旦赌了就制造和增加了风险。对保险来说,所获损失赔偿不会超过实际损失,但在赌博中却可能获得额外利益。

(二)保险与救济

保险与救济(或慈善事业)都是补偿灾害事故损失的经济活动(或手段),它们的目的都是使社会生活恢复正常、保持稳定。但保险与救济不同,主要体现在:第一,保险是一种社会互助行为,许多面临类似风险的人联合起来分担其中少数遭受灾害事故者的损失,从事保险活动的组织机构是经济实体(就商业保险而言);而救济或慈善事业只是一种救助行为,捐资者与被救助者可能遭受的风险没有关系,救济的组织机构是政府的部门或捐资者建立的慈善团体。第二,保险是一种合同行为,保险对被保险人的保障是在其缴纳保费之后开始的,因而是有偿的,而且保险双方当事人处于权利和义务对等的地位;救济是一种单方面的无偿赠与,双方当事人无一定权利和义务的约束,无对等可言。第三,在保险中用于补偿损失的保险基金是由保户缴纳的保险费构成的,保险费的多寡也不是随意的,而是以一定的数理计算为依据的,保险人对于被保险人在保险责任范围内的损失保证给予及时的赔偿;而救济事业的基金是由政府财政或民间捐资人自愿出资建立的,没有任何规定和约束,它也不一定对所有受难者都施行救济,救济的数额也以救助人的意愿和救助基金的多少为限,更谈不上经济补偿。

(三)保险与储蓄

保险与储蓄都是以现在的资金节余为将来作准备,体现了未雨绸缪的思想,尤其是一些人寿保险的险种本身就带有长期储蓄性质。保险和储蓄所集聚的资金也都是社会后备基金的组成部分。但二者也有不同,表现在几个方面:第一,尽管从全体被保险人总体的角度,保险可以看成是储蓄,总保费收入及其利息在扣除管理费用外,基本上等于总的赔偿金或给付金,但从单个被保险人来看,被保险人缴付的保险费与其享受的赔款或给付并不对等,甚至只缴保费而无赔款或给付;而储蓄无论从总体还是个人方面来看,只要存款就可以提款,提款金额总是等于本金加利息,两者保持对等关系。第二,保险事故发生后,不管投保人缴付了多少保险费和缴费时间长短,只要符合保险赔偿和给付条件,被保险人或受益人都可以及时领取赔款和保险金;而储蓄不同,储户提款不以灾害事故的发生为前提。第三,保险是多数经济单位或个人之间的互助共济行为,其目的在于共同分担保险风险所造成的损失,分摊金的计算有特殊的数理依据;而储蓄只是一种自助行为,其目的只是为了应付自己来日所需增加的支出,一般无须特殊的数理计算。另外,由保险费所形成的保险基金是全体保户的共同财产,由保险人统一运用于特定的目的,被保险人一般无权干涉;而储蓄的所有者和使用者都是储蓄者,可以自由支配储蓄款。

二、保险的职能

保险的职能是由保险的本质决定的,并随着社会生产的发展、保险制度的不断完善而增加。一般说来,现代保险具有经济补偿职能、防灾防损职能和融资职能。

(一)经济补偿职能

经济补偿职能是保险的基本职能。在保险活动中,保险人作为组织者和经营者,通过与投保人订立保险合同的方式,集合众多遭受同样风险威胁的被保险人,按损失分摊原则向每个投保人收取保险费,建立保险基金,用以对某些被保险人因约定保险事故造成的损失给予经济补偿或给付保险金,从而实现保险独特的社会功能。

(二)防灾防损职能

保险通过其业务经营活动也可以发挥防灾防损的社会职能。防灾防损是保险经营的重要手段,保险人参与防灾防损工作具有独到的优势。保险人的日常业务,从承保、计算费率到理赔都是与灾害事故打交道,掌握财产的设置分布和各种灾害事故损失的统计资料,并对灾害事故的原因进行分析和研究,从而积累了丰富的防灾防损工作经验。因此,保险人有积极参与各种防灾防损工作的社会责任。

（三）融资职能

保险人收取的保险费一般不会马上用于赔付或给付,因为这两者之间存在着时间差,对人身保险中的长期业务而言,其间相差几年甚至数十年。这就使得保险人能够把暂时闲置的保险基金,以直接或间接的方式投入社会再生产过程,从而扩大社会再生产的规模,这就是保险的融资职能。在西方保险业发达的国家,保险资金已成为金融市场上举足轻重的力量。

第四节 保险在国民经济中的地位和作用

一、保险在国民经济中的地位

物质资料的再生产包括生产、交换、分配和消费四个环节。保险作为一种经济补偿制度,在国民经济中处于社会再生产的分配环节。它通过对国民收入的再分配,实现对社会再生产过程中经济损失的补偿。

保险对国民收入的再分配是通过保险机构的经营活动实现的。保险基金的筹集是通过向投保人收取保险费而形成的,保险基金的使用是通过向被保险人或受益人支付赔款或给付保险金,以及向社会融资而实现的。保险基金的筹集和使用是保险机构主要的经营活动内容。

在保险基金的筹集阶段,保险基金来源于投保人所缴纳的保险费。企业缴纳的保险费是企业纯收入的一部分,机关及事业单位缴纳的保险费是该单位财政预算拨款的一部分,居民缴纳的保险费是个人纯收入的一部分。因此,企事业单位和个人缴纳的保险费都属于国民收入范畴,保险再分配的对象是国民收入。通过保险再分配,改变了一部分国民收入的形态与用途,分别使企事业单位和个人的企业基金、社会消费基金和个人消费基金转化为后备基金。

在保险基金的使用阶段,向保险人缴纳保险费的是所有参加保险的经济单位和个人,而从保险公司获得赔款的只是少数发生了保险事故的被保险人（储蓄性人寿保险业务除外）。而且,这些少数被保险人所获得的补偿和给付金额与他们所缴纳的保险费并不对等,补偿和给付金额往往是所缴保险费的几倍、几十倍甚至几百倍。这样,少数被保险人所获得的超过其缴纳保险费部分的赔款和保险金无疑来源于未发生保险事故的被保险人缴纳的保险费,即一部分国民收入从未发生保险事故的被保险人手中转移到了发生保险事故的被保险人手中。此外,保险人筹集的保险基金中的暂时闲置部分可以通过投资加以运用,使这部分资金使用权暂时转移到某些生产领域和流通领域,从而起到了参与社会资金再分配的作用。

二、保险的作用

保险的作用是人们以保险的职能为依据,在实现保险职能的过程中所产生的实际效果。一般来说,保险的作用主要有以下几方面。

（一）及时补偿灾害事故损失

补偿灾害事故损失是保险的基本作用。在社会经济发展过程中,自然灾害、意外事故造成的经济损失是经常发生的,它会造成生产的停滞或中断,甚至使企业破产或倒闭。在我国社会主义市场经济条件下,各种形式的企业或经济单位都是独立或相对独立的经济实体,都要实行独立的经济核算,自负盈亏。企业经营的好坏,直接与企业的发展和职工的福利密切相关。在这种情况下,保险的经济补偿对企业来说是必不可少的。有了保险,企业一旦遇到灾害损失就可以及时得到经济补偿,使生产经营迅速恢复,最大限度地减轻灾害事故损失的消极影响,保障企业生产计划的完成和职工福利,还可以保障与相关经济单位信用和协作关系的稳定。

（二）安定人民生活

保险在安定人民生活方面,发挥着重要作用。在我国,人民的生活水平总体来说还不高,社会保障的覆盖面较窄,灾害救济的水平也比较低,不足以保障受灾公民恢复原有的生活水平。因此,保险是对居民提供经济安全的保障制度,是社会保险和社会救济的重要补充。例如,参加各种财产保险,遭灾后其财产损失可以得到及时补偿,从而可以重建家园,迅速恢复安定的生活;参加各种人身保险,不仅可以解决年老、疾病、伤残等所引起的特殊经济需要,而且可以促使人们有计划地安排家庭生活;参加各种责任保险,有利于保障受害人的经济利益,便于民事纠纷的解决,对于社会的安定团结具有重要的作用。

（三）促进防灾防损工作

保险集中了投保人转嫁来的风险，承担着补偿灾害损失的责任。经营保险业务的保险公司必然要从企业管理和自身利益出发，积极进行防灾防损工作；在保险的理赔范围、费率规定、赔款处理、安全优待等方面，处处贯彻防灾精神，提高被保险人维护财产安全的责任心和积极性。此外，保险机构还经常协同有关单位对被保险财产进行安全检查，发现问题及时提出建议、督促解决，以消除隐患；同时，还从保费收入中提取一定比例的防灾基金，用以资助防灾科学的研究，增添防灾设施，加强社会防灾力量。

（四）积聚建设资金

由保险费所建立的保险基金是社会经济中举足轻重的资金来源。随着保险业的发展，这部分基金越来越雄厚。保险基金中处于暂时闲置状态的那部分资金被广泛运用于各种动产和不动产的投资之中，一方面为保险企业或组织增加利润，增强了理赔能力，降低了保险产品的成本；另一方面，在客观上为社会积聚了可观的建设资金。在我国，目前保险基金的绝大部分还是以存款的方式存入银行，作为银行信贷资金的一个来源，间接地用于社会再生产。

复习思考题

1. 分别从经济和法律层面阐述保险的内涵。
2. 试述保险的构成要素。
3. 试比较保险和赌博、救济以及储蓄的异同，并说明保险的性质。
4. 如何理解保险的三大职能？
5. 如何理解保险在国民经济中的地位？
6. 试述保险对社会、企业以及个人的作用。

第三章

保险的起源和发展

学习要点

- 西方的传统保险思想
- 我国古代的保险思想
- 各种财产和人身保险的历史渊源
- 我国保险业的发展历程与现状
- 现代保险产生的条件

第一节 古代的保险思想与保险实践

一、西方的传统保险思想

从人类社会产生之初,人们就一直寻找各种防灾减损的方法。其中社会救济和互助保险的意识在古代就已经产生,并且成为古代传统的保险思想。

英国学者特伦纳瑞(C. F. Trenery)在其《保险的起源及早期历史》一书中论证说:保险思想发源于古代巴比伦(今伊拉克幼发拉底河流域),以后传至腓尼基(今黎巴嫩境内),再传入古希腊①。

据史料记载,约在公元前3000年之前,在西亚两河(底格里斯河和幼发拉底河)流域的古巴比伦王国的法典中就有冒险借贷的规定,即商人可雇用一个愿意承担风险的销货员去外国港口销售货物,若销货员顺利归来,商人收取其所获利润的一半;若不回来,或回来时既无货又无利润,商人就要接手销货员的财产,甚至可能将销货员的妻子、孩子作为债务奴隶,但如果货物是被强盗劫去,则可免除销货员的债务。公元前19世纪,巴比伦国王曾下令僧侣、法官及村长等对他们所辖境内的居民收取赋金,用以救济遭受火灾及其他天灾的人们;到了公元前18世纪巴比伦第六代国王汉谟拉比时代,还实行过一种制度,对运输农牧产品时的马匹死亡给予经济补偿。

在古埃及,横越沙漠的犹太商队经常采用互助共济的方式对丢失骆驼的损失进行风险分散。在修建金字塔的过程中,曾经流行一种自发的互助基金组织,石匠们用自愿参加者交来的互助金支付死亡会员的丧葬费用。

在古罗马也有过丧葬互助会的组织,其中记载较详细的是拉奴维姆丧葬互助会。会员交付会费后如果死亡,丧葬互助会会支付焚尸柴火和建造坟墓的费用。后来这种善后处理的内容进一步扩展到对死亡会员的遗属给付救济金。在古罗马还出现过类似丧葬互助会的士兵组织,该组织用收集会费的方式集资。当士兵调职时,该组织给付旅费;当终止服役时,退还本金;士兵阵亡后,对其亲属进行抚恤。

在古希腊,曾盛行过一种团体,即组织有相同政治、哲学观点或宗教信仰的人或同一行业的工匠入会,每月交付一定的会费。当入会者遭遇意外事故或自然灾害造成经济损失时,由该团体给予救济。

二、中国古代的保险思想

作为文明古国的中国,在几千年的长期实践中,也形成了一整套包括保险在内的系统理论。据学者考证,早在3 000多年以前,即商朝末周朝初,中国就出现了与现代保险原理相一致的分散风险与分担损失的思想。据《逸周书文传》记载,早在夏朝后期,中国已经认识到自然灾害何时发生是一件难以预料的事情,需要随时储粮备荒。春秋时期孔子的"耕三余一"

---

① C. F. Trenery: The Origin and Early History of Insurance, 1926.

思想是颇有代表性的见解。孔子认为,每年如能将所收获粮食的1/3积储起来,这样连续积储3年,便可存足1年的粮食,即"余一"。这种"积谷防饥"其实就是一种保险思想。

在古代,中国的一些商人在扬子江(长江)上运送货物时,遵循"不把鸡蛋放在一个篮子里"的道理,不把个人全部货物集放于一船,以分散危险。还有的把同乡船户组织起来,每户缴纳一定的会费,由同乡船会储存生利,以便在船只遇难时给予适当的救济。

我国古代的保险思想在隋朝进入成熟时期,到唐朝时其发展已空前鼎盛。隋开皇五年(公元585年),在度支尚书长孙平的建议下创设了"义仓"。这种"义仓"不同于"常平仓",它要求诸州百姓及军人(即受封有土地的军士,叫作"受田军户")每年自愿拿出一定量的粟麦,造仓窖贮之。这种"义仓"分散各地,并由"社司"这种专门机构掌管,"当有饥馑者,即以此谷赈给"(《隋书·食货志》)。唐代在各州县都设立"义仓",但出粟麦不是劝其自愿而是带有强制性质。据《旧唐书·食货志》记载,唐代藏谷数量到天宝八年(公元749年)已积至9 606万石,其中属"义仓"的占66%,足见其况之盛。

第二节　商业保险的产生及其早期历史

近代保险事业是资本主义发展的产物。15世纪末,美洲大陆和通往印度航道的新发现、世界市场的形成和扩大,要求商品的生产和交换以更大的规模进行。商品流通不仅仅是在国内,而且越过国界、穿过大洋,在世界范围内进行。商品的运输规模越大,风险也越集中。正是在这样的情况下,近代的保险制度应运而生。从保险发展的历史来看,财产保险先于人身保险,海上保险早于陆上保险。

一、海上保险的产生

近代保险制度的发展是从海上保险开始的。海上保险究竟是如何产生的,以及产生于何时何地,保险界有不同的观点,大体来说可以分为共同海损说、合伙经营说、家族团体说和海上借贷说四种。大多数学者认为,海上借贷是海上保险的前身,而海上借贷最初又起源于中世纪的意大利和地中海沿岸的城市中所盛行的商业抵押习惯,即冒险借贷。

14世纪以后,现代海上保险的做法已在意大利的商人中间开始流行。在已经发现的海上保险单中,以1384年在意大利佛罗伦萨的保险单为最早。1347年,一个名叫乔治·勒克维伦的热那亚商人同"圣·克勒拉"商船船东达成一项协议:船东先将一笔钱存在乔治那里,"圣·克勒拉"开始其从热那亚至马乔卡的航程,如果航程一切顺利,船舶安全抵达的话,船东不收回那笔钱;相反,如果船在半道上出事,发生损失,就由乔治根据船东的损失进行赔偿。这就是所谓的冒险借贷。

从这张协议上可看,它已具有现代保单的基本内容,有明确的保险标的和明确的保险责任,如"海难事故,其中包括船舶破损、搁浅、火灾或沉没造成的损失或伤害事故"。在其他责任方面,也列明了"海盗、抛弃、捕捉、报复"等所带来的船舶及货物的损失。因此,乔治签发的这张协议被认为是世界上第一张保单。

16世纪,英国商人从外国商人手里夺回了海外贸易权,积极发展贸易及保险业务。16世纪下半叶,经英国女王特许在伦敦皇家交易所内建立了保险商会,专门办理保险单的登记事宜。17世纪初,英国已是一个航海相当发达的国家,伦敦已成为世界航业及国际贸易的中心。在英国,这里先后很快形成两大保险中心:一个是伦巴第商人聚居的"伦巴第街"所形成的保险活动中心;另一个是英国保险业者自己发展而形成的,即劳埃德咖啡馆。1688年,爱德华·劳埃德(Edward Lloyd)在伦敦泰晤士河畔开设了一家咖啡馆,船主、船员、商人、银行老板、高利贷者等常在咖啡馆交换航运消息,交谈商业新闻,洽商海上保险业务。老板爱德华·劳埃德抓住这个机会,努力为买卖保险的双方提供便利,进而将咖啡馆变成了保险市场。1691年,劳埃德咖啡馆由伦敦塔街迁往金融中心伦巴第街经营保险业务,并于1696年开办了报道海事航运消息的小报《劳埃德新闻》,这里便逐渐发展成为一大保险中心。这就是当代世界保险市场最大的保险垄断组织之一"劳合社"(也译作"劳埃兹")。

二、火灾保险的兴起

火灾保险的历史可以追溯到中世纪,那时候欧洲的手工业行业组织内部就开展了火灾相互保险,会员在遭受火灾损失后,行会给予一定的经济补偿。但真正的火灾保险制度,起源于德国和英国。

火灾保险有社会公营和私营两种形式。

就火灾保险而言,最早采取社会公营形式的是德国。1591年,德国酿造业发生一起大火。灾后,为了筹集重建酿造厂所需资金和保证不动产的信用而成立了"火灾保险合作社"。1676年,为了充实火灾保险的资金力量,由46家火灾保险合作社联合成立了公营的"火灾保险局",火灾保险便在德国得到确立和发展。

英国是私营火灾保险出现最早的国家。1666年9月2日,伦敦市皇家面包店由于烘炉过热而起火,火灾失去控制,伦敦城被大火整整烧了五天五夜,市内448亩地域中有373亩成为受灾区,占伦敦城面积的83.26%,13 200户住宅被毁,财产损失达1 200多万英镑,20多万人流离失所,无家可归。灾后的幸存者非常渴望能有一种可靠的保障,可以对火灾所造成的损失提供补偿,因此,火灾保险对人们来说已显得十分重要。在这种状况下,牙医巴蓬1667年独资设立营业处,办理住宅火险。1680年,他又同另外三人集资4万英镑,成立火灾保险营业所,1705年该营业所更名为菲尼克斯①火灾保险公司。在巴蓬的主顾中,相当部分是伦敦大火后重建家园的人们。巴蓬的火灾保险公司根据房屋租金计算保险费,并且规定木结构房屋比砖瓦结构房屋的保费增加一倍。这种依房屋危险情况分类保险的方法是现代火险差别费率的起源。1710年,波凡创立了伦敦保险人公司,后改称太阳保险公司,接受不动产以外的动产保险,营业范围遍及全国。

18世纪末到19世纪中期,英、法、德等国相继完成了工业革命,机器生产代替了原来的手工操作,物质财富大量集中,使人们对火灾保险的需求也更为迫切。这一时期火灾保险发展异常迅速。火灾保险公司的形式以股份公司为主。进入19世纪,在欧洲和美洲,火灾保险公司大量出现,承保能力有很大提高。1871年,芝加哥一场大火造成1.5亿美元的损失,其中保险公司赔付1亿美元,可见当时火灾保险的承保面之广。随着人们需要的增加,火灾保险所承保的风险范围也日益扩展,承保责任由单一的火灾扩展到地震、洪水、风暴等非火灾危险,保险标的也从房屋扩大到各种固定资产和流动资产。19世纪后期,随着帝国主义的对外扩张,火灾保险传到了发展中国家和地区。

---

① "菲尼克斯"即英语"phenix"(凤凰)的音译。

三、人身保险的产生

15世纪后期,欧洲的奴隶贩子把运往美洲的非洲奴隶当作货物进行投保,后来船上的船员也可投保,如遇到意外伤害,由保险人给予经济补偿。这些是人身保险的早期形式。

17世纪中叶,意大利银行家伦佐·佟蒂提出了一项联合养老办法,这个办法后来被称为"佟蒂法",并于1689年正式实行。"佟蒂法"规定每人缴纳总额为140万法郎的资金,保险期满后,规定每年支付10%,并按年龄把认购人分成若干群体,年龄高些的分息就多些。"佟蒂法"的特点就是把利息付给该群体的生存者,如该群体成员全部死亡,则停止给付。

现代人寿保险制度的形成,与死亡率的精确计算密切相关。1693年,著名的天文学家哈雷,以西里西亚的勃来斯洛市的市民死亡统计为基础,编制了第一张生命表,精确计算出了每个年龄的死亡率,提供了寿险计算的依据。18世纪四五十年代,辛普森根据哈雷的生命表,做成依死亡率增加而递增的费率表。之后,陶德森依照年龄差等计算保费,并提出了"均衡保险费"的理论,从而促进了人身保险的发展。1762年成立的伦敦公平保险社是真正根据保险技术基础而设立的人身保险组织。

四、责任保险的起源

责任保险最早出现在英国。1855年,英国就开办了铁路承运人责任保险,对于在铁路运输中的货物毁损,承运人要承担赔偿责任,于是这种责任风险通过购买保险合同转嫁给保险公司。以后又陆续出现了雇主责任保险、会计师责任保险和医生职业责任保险等,使雇主对雇员职业伤害应承担的民事责任,会计师对因疏忽和过失给雇主造成的损失应承担的民事责任,医生在行医过程中对因疏忽、过失或意外给患者造成的损害应承担的民事责任,均通过保险合同转嫁给保险公司。责任保险在20世纪初才有了迅速发展。责任保险在发展初期,曾遭到许多非议。有人认为,这种保险不符合社会公共道德标准,甚至有人把责任保险说成是鼓励人们犯罪,但这并没有阻挡责任保险的发展。20世纪以来,大部分西方发达国家对各种公共责任实行了强制保险。有些国家对企业生产的各种产品实行严格的责任管理制度,企业的产品无论是否有缺陷,只要造成他人人身伤亡或财产损失,都要承担经济赔偿责任,这又进一步促进了责任保险的发展。

第三节 我国保险业的产生和发展

一、外商保险业的进入

我国有数千年的传统保险思想,类似现代保险的保险活动也有久远的历史。但由于几千年的封建社会闭关锁国,经济落后,现代保险业迟迟没能诞生。专业(或商业)保险是在19世纪西方列强侵略中国时,被外商保险公司作为保障其资本输出和经济侵略的工具进入中国的。1805年,英国驻印度加尔各答和孟买的洋行与其在广州的洋行在广州创办了"广州保险会社",这是中国土地上第一家专业保险公司。1835年,英国怡和洋行收购了该会社,更名为"广州保险公司"。同年,英国人在香港开设了"保安保险公司"(即裕仁保险公司),该公司先后在上海、广州设立分支机构。第一次鸦片战争后,清政府卖国求荣,割让香港,开放广州、福州、厦门、宁波、上海各口岸,英国保险商趁机在中国拓展保险业务,1846年又开设永福、大东亚人寿保险公司;第二次鸦片战争后,英国又陆续开设了一系列保险公司,从而形成了英商保险资本在远东的垄断集团。

二、民族保险业的开创与发展

我国第一家华商保险公司是1875年成立的。1875年12月,在李鸿章的倡议下,由官督商办的招商轮船局集股资20万两白银在上海创办了保险招商局。1876年和1878年招商局又先后设立"仁和保险公司"和"济和保险公司",后来两家公司合并为"仁济和保险公司",该公司专门承保船舶、货栈以及货物运输的保险业务。

20世纪初,特别是第一次世界大战期间,我国民族工业迅速发展,民族资本的保险业随之兴起。20世纪20年代由"交通""金城""国华""大陆"等六家银行共同投资开办了太平保险公司,主营水险业务,兼营寿险业务。到了20世纪30年代,华商保险公司便发展到了40家(1937年)。这一时期国民党政府的官僚资本也开始渗入保险业。1935年10月,由中央银行拨资500万元成立了中央信托局保险部。新中国成立前夕,中外保险公司共有400家左右,其中华商保险公司有126家。

三、中国现代保险业的发展

1949年上海解放后,首先接管了官僚资本的保险公司,并批准了一部分私营保险公司复业。当时登记复业的有104家,其中华商保险公司43家,外商保险公司41家。当年10月,经中央人民政府批准,中国人民保险公司成立,它标志着新中国以国营保险业为主导的保险市场的建立,揭开了中国保险业新的一页。从1949年到1958年的10年中,中国人民保险公司陆续开办了火灾保险,企业和国家机关财产保险,货物运输和运输工具保险,铁路、轮船、飞机和飞机旅客意外伤害保险,农业保险等业务,共收保险费16亿元,支付赔款3.8亿元,拨付防灾费用2 300多万元,上缴国库5亿元,保险公司积累公积金4亿元,在发挥经济补偿职能、安定人民生活、积累建设资金、防灾防损、促进国际贸易等方面发挥了巨大的作用。

但是,错误的经济理论和保险理论导致新中国保险业"两起两落",并在1959年全部停办了国内保险业务。1964年部分地区曾一度恢复国内保险业务,但在1966年开始的"文化大革命"中这一线曙光再次破灭,保险公司被当作"剥削公司"被彻底"砸烂"。偌大中国,从事保险业的专业人员一度仅剩9人。

1979年10月,中央下发《关于恢复国内保险业务和加强保险机构的通知》,国务院同意逐步恢复保险业务,保险业获得新生。1980年2月,中国人民保险公司全面恢复了停办20余年(1959~1980年)的国内保险业务。1984年,中国人民保险公司从中国人民银行分设出来,以独立法人的资格开展业务。

之后,中国保险市场快速发展。1986年,中国第一家区域性保险公司新疆生产建设兵团农牧业保险公司(后改为新疆生产建设兵团保险公司)获准成立;1988年3月,股份制的平安保险公司在深圳成立;1991年4月,交通银行全额投资组建的第一家全国性股份制综合保险公司太平洋保险公司在上海成立。这三家公司的成立打破了中国保险市场的垄断格局,标志着市场竞争机制开始进入中国保险市场。20世纪90年代中期,先后成立新华、泰康和华泰等全国性股份保险公司,以及天安、大众、永安、华安等区域性股份保险公司。1996年7月23日,中国人民保险公司改组为中国人民保险(集团)公司,下设中保财产保险有限公司、中保人寿保险有限公司、中保再保险公司。1998年10月7日,国务院发文,撤销中国人民保险集团,三家子公司分别更名为中国人民保险公司、中国人寿保险公司、中国再保险公司。平安、太平洋等中资公司也逐步实行产、寿险分开经营。2002年10月18日,新疆兵团保险公司正式更名为"中华联合财产保险公司",由一个地区性保险公司变成全国性保险公司。

1980年我国只有一家保险公司,保费收入仅4.6亿元。2014年,保险保费收入20 234.81亿元,其中,产险业务保险保费收入7 203.38亿元,寿险业务保险保费收入10 901.69亿元,健康险业务保险保费收入1 587.18亿元,意外险业务保险保费收入542.57亿元。2014年,总资产101 591.47亿元,资金运用余额93 314.43亿元。2013年,中国保险业保费收入在世界排名第4位,保险密度为201美元,排名第60位(世界平均寿命52),保险深度为3.0%,排名第49位(世界平均6.3%)。

20世纪90年代开始,中国保险市场逐步对外开放。1992年,中国人民银行制定并颁布《上海外资保险机构暂行管理办法》之后,美国友邦保险公司、日本东京海上火灾保险公司作为首批外资保险公司进入中国内地,标志着我国保险市场对外开放,国际保险业先进的经营理念和管理技术被引入中国市场,推进了中国保险市场国际化的进程。1996年,中宏人寿获准在中国设立第一家合资寿险公司。2001年12月,中国正式加入世界贸易组织,外资进入中国保险市场的步伐明显加快。2014,全国中资保险公司共有86家,外资保险公司共有50家。其中,中资产险公司43家,中资寿险公司43家,外资产险公司22家,外资寿险公司28家。

中国保险市场的监管体系初步形成。1995年6月30日,《中华人民共和国保险法》颁布,同年10月1日起正式实施,这是新中国成立以来第一部保险基本法。1998年,中国保险监督管理委员会成立。2002年10月,针对我国加入世界贸易组织承诺对保险业的要求,全国人大常委会对保险法进行了修正,修正内容重在保险业法部分。2009年2月28日中华人民共和国第十一届全国人民代表大会常务委员会第七次会议修订通过新的《中华人民共和国保险法》(以下简称新《保险法》),自2009年10月1日起施行。这一时期,《保险公司管理规定》《保险代理机构管理规定》《保险经纪公司管理规定》《保险公估机构管理规定》等一系列规范保险公司经营的法律出台,从而形成以新《保险法》为核心的保险法律体系。目前,我国已经初步形成了以偿付能力、公司治理结构和市场行为监管为三大支柱的现代保险监管框架，构筑了以公司治理和内控为基础、以偿付能力监管为核心、以现场检查为重要手段、以资金运用监管为关键环节、以保险保障基金为屏障的风险防范的五道防线。

第四节 保险产生的条件

从上面对保险产生过程和我国保险发展历史的简单介绍中可以看出，保险特别是符合现代保险原理的专业保险，其产生和发展依赖于两个条件，即自然基础和经济基础。

一、自然灾害和意外事故的客观存在是保险产生的自然基础

人类为了生存和发展，就要从事物质资料的生产。而物质资料的生产总是在认识自然、改造自然、同自然做斗争、使自然适应人的需要的过程中实现的，从原始社会到现代社会都不例外。自然界有其运动规律，人们对自然规律的认识总是相对的、有限的，自然灾害和意外事故的发生造成的损失总是不可避免的，如火灾、台风、洪水、地震、雷电、冰雹、泥石流等自然灾害，矿井塌方、瓦斯爆炸、轮船触礁、火车颠覆、飞机坠毁、机械故障、车辆肇事等意外事故，因人的过失或产品质量缺陷造成的各种责任事故，违反合同、不守信用所引起的各种经济损失等。有时一些灾害事故的破坏力是极大的，甚至可以使社会上多年生产和积累的物质财富毁于一旦，人员也会发生重大伤亡，从而造成经济活动的中断；同时，还会引起一系列的间接损失。这就是人们所关注的风险。风险不仅损害社会生产力的发展，也影响到人们生活的安定。

为了避免风险给人类生产和生活所带来的不利影响，人们从长期实践中总结出多种有效管理风险的手段和措施，例如前面所提到的避免、自留、预防和转移等。这些手段和措施不外乎事前预防、事中抢救和事后补偿三个方面。如前所述，虽然预防措施可以减少风险发生，然而风险的发生在时间上和空间上都具有不确定性，加上科学技术水平及经济能力的限制，人们还不可能通过预防措施防止一切风险的发生，抢救措施也只能起到制止灾害事故的蔓延和损失扩大的作用，于是对风险造成的损失就需要进行补偿。这就需要事先建立用于补偿灾害事故损失的社会后备基金。这种社会后备基金有三大类，即国家财政形式的后备基金、企业和家庭自留的

后备基金和保险形式的后备基金,其中最重要的一类就是保险形式的后备基金。

可见,没有风险的存在,没有损失的发生,没有经济损失补偿的需要,也就没有以风险为经营对象、以承担经济损失补偿为责任的保险业的产生。

二、剩余产品的出现和增多是保险产生的经济前提

风险存在于人类社会历史的任何阶段,但作为一种经济范畴和历史范畴,保险的产生还必须有其经济上的前提条件,具有将人们对保险的潜在需求变为有效需求的可能性。

在原始社会,生产力水平低下,人们生产出来的产品只能勉强维持最低的生活消费。没有剩余产品,就无法建立补偿损失的保险基金,因而也就没有可能产生保险。在奴隶社会,社会生产力虽有进步,但基本上仍是一种简单再生产,剩余产品不多;奴隶主不仅占有一切生产资料,而且占有奴隶本身,也根本无法组织保险。

到了封建社会,剩余产品有所增加,并逐步出现了为交换而生产的商品,以及交换媒介——货币。这时,开始有了国家的、个别经济单位的或个人的为防止意外而储备的资金和物资。随着第二次社会大分工的发展,手工业、商业和运输业逐步兴盛起来,进而出现了一些有共同利益的经济单位和个人,他们共同提存资金后备,从而产生了保险的萌芽。正如马克思所指出的:"对于由于异常的自然现象、火灾、水灾等引起的破坏所做的保险,与损耗的补偿及维修劳动完全不同。保险必须由剩余价值来补偿,是剩余价值的一种扣除。或者说,从整个社会的观点来看,必须不断地有超额生产,也就是说,生产必须以大于单纯补偿和再生产现有财富所必要的规模进行……完全撇开人口的增长不说……以便掌握一批生产资料,来消除偶然事件和自然力所造成的异乎寻常的破坏。"[①]

三、专业性保险是商品经济发展到一定阶段的产物

资本主义社会是商品生产和商品交换空前繁荣的社会。随着资本主义社会生产力的迅速发展,商品生产和交换的规模日益扩大,社会的专业

---

① 马克思恩格斯全集第 24 卷[M].北京:人民出版社,1972:198.

分工越来越细,生产的社会化程度越来越高,物质财富越来越相对集中。与此同时,各种风险也越来越集中,其影响更为广泛和深刻。任何生产和流通环节上发生的较大灾害事故都会对生产力造成巨大的破坏,在社会上产生剧烈震荡,带来一系列经济和社会问题。面对相对集中的风险,由一个或几个经济单位共同提存的后备基金就不敷使用,难以充分补偿风险造成的损失。这样就逐步出现了专门承担风险的人——保险人。众多的被保险人可将自己的风险转嫁给保险人。作为转嫁风险的一种代价,被保险人则按照不同风险种类和程度支付适当的保险费。上述过程表明:当资本主义经济发展到一定阶段,一方面,工业资本、商业资本、农业资本、借贷资本为了保障其生产资料和利润的安全,使其不至于因灾害事故的不幸发生而承担较大的经济和社会责任以致倒闭、破产,从而产生了购买保险的强烈愿望和必要条件;另一方面,有一部分资本可以从社会总资本中分离出来,专门用来经营风险,从而成为保险资本,以获取平均利润。这时,只有在这时,专业性保险才可能产生。这就是从前面简单介绍保险起源的历史过程中所得出的结论。

本章小结

在外国,保险思想的发祥地是经济贸易往来频繁的地中海沿岸诸文明古国(古巴比伦、古埃及、古罗马和古希腊)。

在东方,中国是传统保险思想的发祥地之一。积粮备荒的传统保险思想源远流长,仓储制十分系统。但这些传统的保险思想与措施并没有演进成为现代商业保险与社会保险制度。

近代保险制度的发展是从海上保险开始的。大多数学者认为海上借贷是海上保险的前身,而海上借贷最初又起源于中世纪意大利和地中海沿岸的城市中所盛行的商业抵押习惯,即冒险借贷。

真正的火灾保险制度起源于德国和英国。大火灾后的房屋重建与资金筹集促进了现代火灾保险的产生与发展。专业人身保险的产生与海上保险的发展是分不开的。奴隶、航海旅客、船长、船员先后投保人身安全保险,这便是最初的人身意外保险。17世纪,年金保险产生于"佟蒂法"。1693年,埃德蒙·哈雷(A. Hally)编制了世界上第一张生命表,为寿险保费的计算提供了科学的依据。

责任保险最早出现在英国。20世纪以来,大部分西方发达国家对各种公共责任实行了强制保险,有些国家实行严格的产品责任管理制度,这些举措进一步促进了责任保险的发展。

我国现代保险是19世纪西方列强侵略中国,外商保险公司是作为保障其资本输出和经济侵略的工具进入中国的。1805年英国洋行在广州创办的"广州保险会社",是中国土地上的第一家专业保险公司。

1949年,中国人民保险公司成立,标志着新中国以国营保险业为主导的保险市场建立。之后中国保险业经历"两起两落"的曲折发展过程,1979年以后,中国保险逐渐步入一个飞速发展的黄金时期。目前,中国保险业保费收入在世界排名第4位,保险密度排名第61位,保险深度排名第46位。

自然灾害和意外事故的客观存在是保险产生的自然基础,剩余产品的出现和增多是保险产生的经济前提,专业性保险是商品经济发展到一定阶段的产物。

重要术语

冒险借贷 互助基金 积谷防饥 义仓 共同海损 劳合社 佟蒂法
生命表

复习思考题

1. 我国古代有哪些值得借鉴的保险思想?这些保险思想是如何体现互助共济性的?
2. 各种专业保险的产生和发展过程有何共同规律?
3. 我国保险业的曲折发展历史有什么值得吸取的教训?
4. 结合现代保险产生的条件分析我国古代传统保险思想与措施并没有演进成为现代商业保险与社会保险制度的原因。

第四章

保险基金

学习要点

- 掌握保险基金、商业保险基金的含义
- 了解保险基金的基本形式
- 了解商业保险基金的特征
- 了解商业保险基金的基本周转过程

第一节 保险基金概述

一、保险基金的含义

保险基金是保险经济关系赖以存在和发展的物质基础,也是保险经济关系的表现形式。保险基金有广义和狭义之分。

广义的保险基金,是指整个社会的后备基金体系,是为了社会再生产过程的持续进行,而在国民收入的再分配中扣除下来的、专门用于补偿因自然灾害和意外事故造成的经济损失的社会后备基金。在现代社会里,保险基金一般有四种形式:集中的国家财政后备基金、专业保险组织的保险基金、社会保障基金和自保基金。

狭义的保险基金,即专业保险组织的保险基金,也称商业形式的保险基金,是指通过商业保险形式建立起来的,专门用于因自然灾害、意外事故以及生命规律所致的保险事故赔偿或给付的专项货币资金。换句话说,是由专业保险机构根据投保人的意愿,在严密的风险概率测算的基础上,与投保人签订权责对等的商业保险契约,通过收集投保人缴纳的保险费或保险储金而筹集起来的、专门用于补偿被保险人约定风险损失的一种货币资金。它是保险人承担经济补偿或给付责任的准备金。

二、保险基金的形式

(一)集中的国家财政后备基金

集中的国家财政后备基金,是从国家和地方财政预算中提留的一种物资或货币资金,专门用于应付意外支出或国民经济计划执行过程中的特殊需要。其主要分为国家储备、财政后备。

1. 国家储备

国家储备是国家为稳定社会再生产和人民生活而建立的一定数量的生产资料和生活资料的储备,是一种以实物形态为主的保险基金,主要包括粮、棉、油、布匹、钢铁、燃料等重要物资,以及黄金、外汇等储备。通常由国家设立专门机构筹集和调度,主要应用于宏观经济的比例失调支持,应付外敌入侵以及救济重大自然灾害损失。

2. 财政后备

财政后备指国家在一定财政年度内,为应付灾害事故和其他临时性需要而设置的一种货币资金。包括中央政府和地方各级政府预算的预备费,是本财政年度的机动经费。

(二)专业保险组织的保险基金

专业保险组织的保险基金,即商业形式的保险基金,是专业保险机构以商业性保险合同的形式,通过收取被保险人的保险费而建立起来的,在发生合同规定的风险损失时,用于补偿被保险人经济损失的一种货币资金。也就是前面所指的狭义的保险基金。在没有特指的情况下,保险学中所说的保险基金通常是指狭义的,即商业保险基金。

(三)社会保障基金

社会保障基金,是国家为其公民提供一系列基本生活保障而设立的基金,以便在公民年老、疾病、失业、工伤或丧失生活来源时,可从国家和社会得到物质帮助。它包括三个组成部分：社会保险基金、社会福利基金、社会救济基金。

（四）自保形式的保险基金

自保形式的保险基金，是由单个经济单位或家庭，为解决自身灾害事故损失的经济补偿而设立的实物或货币基金。这种形式的保险基金形成的时间最早，是一种原始形态的保险基金。其特点是自提自用，规模较小，缺乏稳定性，补偿能力较低。

第二节 商业形式保险基金的特点及其构成

一、商业形式保险基金的特点

商业保险基金是一种处于准备状态的应对自然灾害和意外事故的专用基金，是保险公司对被保险人的负债，是维持简单再生产的生产性基金，这也就决定了其具有如下基本特征。

（一）来源的广泛性

保险基金主要来自投保人缴纳的保险费或保险储金。缴纳保险费或保险储金的投保人来自各行各业，既有单位，也有个人；而且通过国际的直接保险和再保险，也从国外吸收大量的保险基金。这使得保险基金有广泛的来源。

（二）用途的规定性

保险基金是保险公司专门用于履行保险合同所约定的赔偿或给付义务的专项货币资金，只有发生了保险合同规定的风险事件时，才能用于被保险人的经济补偿或给付，即使在暂时闲置期的运用，也必须依照保险法和保险监管机关的规定进行，专款专用，以确保保险补偿职能及时、稳定地发挥作用。

（三）赔付责任的长期性

许多保险合同都是长期性合同，有的保险合同（如某些寿险合同）的赔付责任甚至长达几十年。在合同有效期内，保险基金要承担赔付责任，直到期满为止。为了保证未来的赔付责任能够履行，保险公司必须不断积累保险基金，并科学提存未到期责任准备金。

(四) 总体返还性

从单个保险合同来看，投保人缴纳的保险费，在合同期满未发生约定风险事件的情况下，不具有返还性。但从总体上而言，所有未发生约定灾害事故的投保人缴纳的纯保险费，都将通过保险公司的组织管理，赔付给少数遭受约定灾损的投保人或被保险人。因此，从总体上看，保险基金最终是要返还给全体投保人的。

(五) 内在增值性

保险基金是一种商业性资金，它的安全、高效运用可能带来高于银行存款利息的增值。增值部分不仅使保户所得的收益远远超出所缴保险费，从而吸引了大量单位和个人投保；而且，还能够在保险公司保费收入不敷赔款支出时，弥补赤字并使保险公司总体上盈利，使保险基金更加雄厚，为保险企业稳定经营、扩大承保、降低费率奠定了经济基础。

二、商业保险基金的构成

从来源上看，商业保险基金由保险公司自有资本金和保险费收入两部分构成；从存在的形式上看，商业保险基金由寿险责任准备金、非寿险责任准备金等多种形式的责任准备金构成。

(一) 自有资本金

保险公司的自有资本金包括注册资本（或实缴资本金）和公积金。

注册资本或实收资本一般由保险法规定，在开业时可视作初始准备金，在经营期间又是保险公司偿付能力或承保能力的标志之一。注册资本金除一少部分用于经营费用开支外，大部分将用于责任准备金或保证金，从而形成保险基金的重要来源。

公积金是保险公司按公司法的规定从历年的利润中提存的积累基金，和保险公司的注册资本（或实收资本）共同构成保险公司的偿付能力或承保能力。

(二) 非寿险业务准备金

在中华人民共和国境内依法设立的财产保险公司和再保险公司，在经营非寿险业务过程中，应当按相关规定，准确提取和结转非寿险业务准备金。保险公司非寿险业务准备金包括未到期责任准备金、未决赔款准备金和中国保监会规定的其他责任准备金。

未到期责任准备金,是指在准备金评估日为尚未终止的保险责任而提取的准备金,包括保险公司为保险期间在一年以内(含一年)的保险合同项下尚未到期的保险责任而提取的准备金,以及为保险期间在一年以上(不含一年)的保险合同项下尚未到期的保险责任而提取的长期责任准备金。

未决赔款准备金,是指保险公司为尚未结案的赔案而提取的准备金,包括已发生已报案未决赔款准备金、已发生未报案未决赔款准备金和理赔费用准备金。

其中,已发生已报案未决赔款准备金是指为保险事故已经发生并已向保险公司提出索赔,保险公司尚未结案的赔案而提取的准备金;已发生未报案未决赔款准备金是指为保险事故已经发生,但尚未向保险公司提出索赔的赔案而提取的准备金;而理赔费用准备金,则是指为尚未结案的赔案可能发生的费用而提取的准备金。

(三)寿险责任准备金

寿险责任准备金,是指人寿保险公司对人寿保险业务为承担未来保险责任而按规定提存的准备金。

(四)长期健康险责任准备金

长期健康险责任准备金,是指人寿保险公司对长期性健康保险业务为承担未来保险责任而按规定提存的准备金。

(五)保险保障基金

保险保障基金由保险公司依法缴纳形成,按照集中管理、统筹使用的原则,在保险公司被撤销、被宣告破产及监管部门认定的其他情形下,用于向保单持有人或者保单受让公司等提供救济的非政府性行业风险救助基金。

按照《保险保障基金管理办法》(2008)的相关规定,保险保障基金分为财产保险保障基金和人身保险保障基金。

保险保障基金来源于:境内保险公司依法缴纳的保险保障基金、保险保障基金公司依法从破产保险公司清算财产中获得的受偿收入、捐赠、上述资金的投资收益、其他合法收入。

当出现下列情形之一时,可以动用保险保障基金:保险公司被依法撤销或者依法实施破产,其清算财产不足以偿付保单利益的;中国保监会经商同有关部门认定,保险公司存在重大风险,可能严重危及社会公共利益和金融稳定的。按照相关规定,动用保险保障基金,必须由中国保监会拟定风险处置方案和使用办法,商有关部门后,报经国务院批准。

中国保监会依法对保险保障基金公司的业务和保险保障基金的筹集、管理、运作进行监管;财政部负责保险保障基金公司的国有资产管理和财务监督;保险保障基金公司预算、决算方案由保险保障基金公司董事会制定,报财政部审批。

(六)其他责任准备金

保险公司依法提取各种法定的责任准备金之后,还可以根据当年的经营状况,提取一定金额的盈余准备金,以应付未来可能发生的巨灾赔款或巨额给付责任。如总准备金,是保险公司用于满足年度超常赔付、巨灾赔款或巨额给付责任的需要而提取的责任准备金。

三、保险基金的循环和周转

(一)保险基金的循环

保险基金的循环,是指保险基金在筹集和使用过程中以各种形式顺次经过各个不同阶段运动的过程。这一循环大体经过三个阶段:保费收集阶段、准备金积累和运用阶段、经济补偿阶段。

1. 保费收集阶段

保费收集阶段是保险基金循环的起点,是保险公司出售保险单,即投保人用货币资金到保险市场购买保险商品的阶段。为了收集起足够的保险费以及保证未来赔付的需要,保险公司在尚未发生赔付成本的情况下,只能对风险概率和损失率进行科学预测,并据此制定保险费率标准,以便形成稳定的保险基金。

2. 准备金积累和运用阶段

准备金积累和运用阶段是保险公司从保费收入中提存未到期责任准备金、从利润中留存总准备金,并在这些准备金暂时闲置时期充分加以运用、盈利的过程。保险基金担负着稳定生产、安定人民生活的重任,为了有效地发挥其作用,其自身必须不断地积累并能保值和增值。因此,为了提高保险资金的效率,使其不断增值,所提存的各种准备金不能闲置起来,应当本着安全、流动、效益的原则加以充分利用,如投资于股票、债券、房地产等,最大限度地获得利润,扩大保险基金的积累。

3. 经济补偿阶段

经济补偿阶段是保险基金循环的终点,也是保险基金建立的目的所在。经济补偿或给付就是当保险合同规定的风险事故发生时,经保险公司或保险公证机构查证确认后,按约支付保险赔款或给付保险金的过程。

保险基金的循环是从收集保险费开始,经过积累和运用,到经济补偿或给付为止的一个连续不断的运动过程。

(二)保险基金的周转

保险基金的周转,是指保险基金循环过程的周而复始、不断重复的运动过程(见图4-1)。

```
保险费收集
   ↓
准备金的积
累与运用
   ↓
经济补偿
(或给付)
```

图4-1　商业保险基金周转图

保险基金的周转快慢取决于两个因素:一是保费收集时间的长短,二是保险赔付时间的长短。这两个时间的长短又取决于不同险种保险期限的长短。一般说来,人身保险中的人寿保险期限长,保险基金周转的时间也长,周转速度较慢;非寿险的短期人身保险和财产与责任保险基金,周转时间相对较短,周转速度较快。

从社会资金总体运动角度看,保险基金的周转运动是社会总资金运动的一部分。保险基金的总体周转过程,一方面是保险费从社会生产和流通领域源源不断地流出,汇集成巨额的保险基金,用于赔付灾害事故损失;另一方面随着保险基金赔付职能的发挥作用,一部分保险基金又源源不断地流回到生产和流通中去,使生产和流通得以恢复正常运行。

复习思考题

1. 如何理解广义保险基金的含义?其表现形式有哪些?
2. 如何理解商业保险基金的含义?
3. 商业保险基金的特征有哪些?
4. 保险基金如何周转?

第五章

保险合同

学习要点

- 掌握保险合同的种类和形式、保险合同的主体和客体、保险合同订立的程序、保险合同的成立与生效、保险合同的中止和终止、保险合同条款解释遵循的原则
- 理解保险合同无效和效力补正,投保人和保险人的义务,保险合同的撤销和解除,保险合同的变更、转让和抵(质)押
- 认识保险合同的特征、保险合同的内容、保险合同争议的处理

商业保险活动是一种商事活动,以保险合同的存在为基础,并受到《保险法》《海商法》[①]《合同法》和《民法通则》等一系列民商法律的规范和调整。本章主要讨论保险合同的有关问题。

---

① 《保险法》第一百八十四条规定:"海上保险适用《中华人民共和国海商法》的有关规定;《中华人民共和国海商法》未规定的,适用本法的有关规定。"因此,本章内容中指明的《海商法》相关规定,仅适用海上保险,在正文中一般不再专门指出。

第一节 保险合同的概念、特征、种类与形式

一、保险合同的概念

合同(Contract)也称契约,是当事人之间设立、变更和终止民事权利义务关系的协议。但是,不是所有民事协议在我国都可以称作合同,例如监护、收养、婚姻等有关身份的协议就不是《合同法》所称的合同。

保险合同也称保险契约。我国《保险法》第十条第1款规定:"保险合同是投保人与保险人约定保险权利义务关系的协议。"再结合《保险法》第二条有关保险的定义,我们可以将保险合同定义为:投保人向保险人支付保险费,保险人则对保险标的因合同约定保险事故所造成的经济损失承担赔偿责任,或者当被保险人死亡、伤残、疾病或达到合同约定的年龄、期限时,由保险人承担给付保险金的义务的协议。

由此可见,保险合同是一种债权合同。不过,由于一些人寿保险合同在一定时期内具有现金价值而表现出某些物权合同的特性。

二、保险合同的法律特征

保险合同作为一种债权合同,不仅具有一般债权合同的共性,而且由于其自身的特殊性而表现出一些不同于其他债权合同的法律特征。

(一)保险合同是射幸合同

所谓射幸合同,是指合同当事人双方或者一方所负的给付义务取决于合同生效后偶然条件的成就。与之对应的是确定合同。保险合同中,投保人支付保险费的义务在保险合同成立时已经确定,而保险人承担经济损失补偿或者保险金给付义务,取决于合同约定的保险事故在合同有效期内发生与否。在保险合同有效期内,如果保险事故不发生,保险人将只收取保险费,而不承担赔偿或给付的义务。由于保险事故的发生具有偶然性和不确定性,所以保险合同是一种射幸合同(Aleatory Contract)。

(二)保险合同是最大诚信合同

凡民事活动,当事人都应该遵循诚信这一原则。《合同法》第六条规定:"当事人行使权利、履行义务应当遵循诚实信用原则。"《保险法》第五条

也规定:"保险活动当事人行使权利、履行义务应当遵循诚实信用原则。"而且保险合同对于当事人的诚信程度的要求较一般民事活动和合同更为严格。这是因为:首先,保险标的始终在被保险人的控制之下,保险人无法控制保险标的的风险,其承保的风险很大程度上依赖于投保人或被保险人的诚实、信用程度,投保人或被保险人申报不实、隐瞒或欺骗,都可能导致保险人对风险的性质、大小判断失误,使保险费率厘定不准确,从而遭受巨大经济损失。其次,保险合同一般由保险人事先拟定,且具有复杂性和技术性较强的特点,非一般社会大众所能轻易理解,因此,最大诚信原则是投保人和保险人订立保险合同时和履行保险合同过程中必须遵循的一项基本原则。而且,被保险人在合同履行过程中也有遵循最大诚信原则的义务。无论是投保人、保险人还是被保险人,一旦违反这一原则,都需要承担相应的法律责任。

此外,最大诚信原则的"最大"主要体现在保险合同当事人和关系人违反诚信原则所需要承担的法律后果较其他合同更为严重[1]。

(三)保险合同是附合合同

附合合同也称格式合同。附合合同不经当事人双方充分协商,而由一方提出合同的主要内容,另一方只能在已提出的合同内容基础上选择接受或拒绝。与之相对的是议商合同。保险合同通常采取标准化格式,由保险人事先拟就好,供投保人选择,投保人只能选择接受或拒绝保险人已出具的合同内容,一般不能变更或修改。因此,保险合同一般属于附合合同。

当然,随着现代保险业的发展和保险知识的逐渐普及,一些团体保险合同和大额财产保险合同的具体条款在一定程度上可以由当事人双方协商确定,这减弱了保险合同的附合性特征。另外,实践中还有一些保险公司将众多保险责任和对应的保费分项列明,订立保险合同时由投保人自由组合,然后保险人根据投保人选择的保险责任组合出具保险单。但是,这并不改变保险合同的附合性特征,因为这一合同行为本质上只是将多个单一责任保险合同叠加而已,对于具体条款的表述投保人同样没有决定权,特别是合同中重要的责任免除条款也是每个单一责任保险合同中责任免除的叠加。

---

[1] 李文中.被保险人参加体检和如实告知之间的关系[J].上海保险,2008(10).

(四)保险合同是非要式合同

以合同的成立是否须采用法律或当事人要求的形式为标准,合同分为要式合同和非要式合同。虽然有人主张保险合同是要式合同,但是事实上保险合同更应是非要式合同。《合同法》第十条规定:"当事人订立合同,有书面形式、口头形式和其他形式。法律、行政法规规定采用书面形式的,应当采用书面形式。当事人约定采用书面形式的,应当采用书面形式。"而《保险法》第十三条第1款又规定:"投保人提出保险要求,经保险人同意承保,保险合同成立。保险人应当及时向投保人签发保险单或者其他保险凭证。"由此可见,保险合同经双方意思表示一致即告成立,签发保险单或者其他保险凭证只是为了便于以后合同纠纷的解决。或者说,法律没有要求保险合同成立必须采用某种形式,保险单或者保险凭证不是保险合同本身,只是为了发生合同纠纷时方便举证而已。

另外,通常情况下,保险合同的内容在合同订立前已经由保险人拟订并固定下来,投保人可以提前索取并了解合同内容,订立合同时已经不再一定需要采用书面形式。因此,保险合同属于格式合同,并不能说明保险合同是要式合同,而恰恰说明保险合同通常是非要式合同。

(五)保险合同是有偿合同

合同当事人一方享有合同约定的权益需要以向对方当事人付出相应的代价的合同为有偿合同。与之对应的是无偿合同。保险合同一般情况下是有偿合同。通常情况下,一方面,投保人和保险人订立保险合同向保险人转移风险,要求保险人承担赔偿给付责任,需要向保险人支付保险费;另一方面,保险人向投保人收取保险费后需要承保保险金的赔偿给付责任。

(六)保险合同是继续性合同

继续性合同是指合同内容非一次给付可完结,而是继续地实现的合同。与之对应的是一时的合同。不过,分期给付并不是判定合同是一时的合同还是继续性合同的依据,关键是看随着履行时间的推移,是否在当事人之间产生新的权利和义务①。即使有的保险合同中约定投保人一次性交清保费,而且保险金额或者赔偿限额都是确定的,但是在合同的履行过程中,保险人的真实赔付责任大小往往也会随时间的推移而发生变化,而且

---

① 财产保险有狭义和广义之分,狭义的财产保险仅指以物质财产及与之紧密相连的相关利益为保险标的的保险,例如家庭财产保险、利润损失保险等。此处采用的是广义财产保险的概念。

合同履行过程中还会产生安全检查、危险增加告知、合同解除等权利和义务。因此,保险合同是典型的继续性合同。

(七)保险合同是诺成性合同

诺成性合同也称不要物合同,是指不以交付标的物或者履行其他给付为成立要件的合同。与之对应的是实践性合同。《保险法》第十三条第1款明确规定:"投保人提出保险要求,经保险人同意承保,保险合同成立。保险人应当及时向投保人签发保险单或者其他保险凭证。"第十四条继续规定:"保险合同成立后,投保人按照约定交付保险费,保险人按照约定的时间开始承担保险责任。"由此可见,保险合同成立与否,主要看合同当事人对合同的条款是否达成协议,并不以投保人缴纳保险费作为合同成立的要件,缴纳保险费是保险合同成立后投保人的义务。因此,保险合同是诺成性合同,而不是实践性合同。

需要注意的是,诺成性合同和口头合同并不是同一个概念。口头合同可以是诺成性合同,也可以是实践合同。例如,民间口头借贷合同就是实践合同,而非诺成性合同。

三、保险合同的种类

按照不同的分类标准,我们可以将保险合同分为不同的类型。

(一)按照保险标的不同进行划分

按照保险标的的不同,保险合同可以分为财产保险合同和人身保险合同。

1. 财产保险合同。它是以物质财产及与有关利益为保险标的的保险合同[①]。

2. 人身保险合同。它是以人的身体和生命为保险标的的保险合同。

(二)按照保险合同性质的不同进行划分

按照保险合同的性质,保险合同可以分为补偿性合同和给付性合同。

1. 补偿性合同。它是指当保险合同约定的保险事故发生后,保险人根据保险标的因事故发生所造成的实际损失额,对被保险人进行经济补偿的合同。如果约定事故没有发生或者虽然发生但未给被保险人造成经济损

---

① 崔建远.合同法.第三版.法律出版社,2003:第28页。

失,则保险人也无须履行赔偿义务,所以这种赔偿只能是补偿性质的。一般情况下,财产保险合同属于补偿性合同。不过,《健康保险管理办法》规定,医疗保险合同也可以是费用补偿性质的,赔偿金额以被保险人实际发生的医药费用金额为限,以规避被保险人的道德风险和法律纠纷;《农业保险条例》规定,保险机构一般不得主张对受损的保险标的残余价值的权利,应该根据核定的保险标的的损失程度足额支付应赔偿的保险金,因此,农业保险合同一般也不是补偿性保险合同。此外,定值保险合同和重置成本保险合同也不严格遵循损失赔偿原则。

2. 给付性合同。它是指保险合同约定的特定事件发生或者保险期届满,保险人就必须按照保险双方事先约定的保险金额支付保险金的合同,也称定额保险合同。主流保险理论认为,由于人的身体和生命的价值是无法用货币衡量的,保险金额只能根据被保险人的经济需求、缴费能力和保险人的承保意愿来确定。当人身保险合同约定的特定事件发生后,保险人就以保险金额作为给付金额,并不以被保险人遭受损失为前提和给付限定。因此,大部分人身保险合同都属于给付性合同。虽然实践中大部分医疗保险合同都是补偿性合同,但是根据《健康保险管理办法》的规定,医疗保险合同也可以是给付性合同。

(三)按照保险价值确定时间的不同进行划分

按照保险价值确定时间,保险合同可以分为定值保险合同和不定值保险合同。

所谓保险价值,是指保险人与被保险人相互约定的或根据某种方式确定的保险标的的实际价值。人的寿命和身体的价值是无法用货币来衡量的,因此人身保险不存在保险价值一说。而且,无论保险价值的确定方式如何,保险价值都是保险标的的价值,因此保险价值也不适用于那些以与物质财产相联系的经济利益为保险标的的财产保险。或者说,保险价值只存在于以有形财产为保险标的的财产保险中①。也就是说,这一分类标准一般仅适用于物质财产损失保险合同。但是,这同《海商法》第二百一十八条、第二百一十九条的规定有点出入。

1. 定值保险合同。它是指保险合同当事人双方在订立保险合同时,事先确定保险价值,并载明于保险单中的一种财产保险合同。定值保险合同

---

① 杨芳. 可保利益效力研究——兼论对我国相关立法的反思与重构. 法律出版社,2007:19.

的保险金额一般不会超过保险价值。当保险事故发生后,无论保险标的出险时的实际价值是多少,保险人都以保险合同中载明的保险价值为基础进行损失赔付。货物运输保险合同就是典型的定值保险合同。

2. 不定值保险合同。它是指保险合同当事人双方在订立保险合同时,并不事先约定保险价值,仅在合同中列明保险金额作为赔偿的最高限额的财产保险合同。如果发生保险事故,以事故发生时,事故当地保险标的的市场价格为准来确定保险价值,并以此作为处理赔偿的基础,对被保险人进行损失赔付。大多数财产保险合同都属于这种不定值保险合同。

(四)按照保险价值与保险金额关系的不同进行划分

以保险价值与保险金额的关系为分类标准,保险合同可以分为足额保险合同、不足额保险合同和超额保险合同。显然,这一分类标准也仅适用于物质财产损失保险合同。判定一份财产保险合同是足额保险合同还是不足额保险合同是进行保险理赔之前的重要工作,直接决定了保险赔偿遵循的规则。

1. 足额保险合同。它是指保险价值与保险金额相等的保险合同。对于这种保险合同,当发生保险事故造成保险标的损失时,全部损失按照保险金额赔偿,部分损失则在保险金额范围内按照实际损失赔偿。

2. 不足额保险合同。它是指保险价值大于保险金额的保险合同。当保险事故发生并造成保险标的损失时,保险人一般根据保险金额与保险价值的比例承担赔偿责任,部分家庭财产保险合同不遵循这一规则,而是采用第一危险方式赔付。

3. 超额保险合同。它是指保险价值小于保险金额的保险合同。对于这种保险合同,当保险事故发生并造成保险标的损失时,保险人仅按照保险价值进行赔偿,高于保险价值的保险金额部分视为无效。

(五)按照承担保险责任次序的不同进行划分

以直接保险人在保险合同中的身份不同,保险合同可以分为原保险合同和再保险合同。

1. 原保险合同。它是指投保人直接和保险人订立的保险合同。

2. 再保险合同。它是指直接保险人为转移其承担的承保风险和责任与其他保险人订立的保险合同。财产保险公司和人寿保险公司都可以就其承保的风险责任签订再保险合同。不过,无论是财产再保险合同还是人寿再保险合同都属于财产保险合同。

（六）按照承保人数多少进行划分

按照承保人数多少，保险合同可以分为单保险合同和重复保险合同。

1. 单保险合同。它是指投保人就某一保险标的、某一保险利益、某一保险事故与一个保险人订立的保险合同。多数保险合同都是单保险合同。

2. 重复保险合同。它是指投保人对同一保险标的、同一保险利益、同一保险事故分别与两个以上保险人订立的保险合同，且保险金额总和超过保险价值。《保险法》第五十六条第4款规定："重复保险是指投保人对同一保险标的、同一保险利益、同一保险事故分别与两个以上保险人订立保险合同，且保险金额总和超过保险价值的保险。"重复保险合同有广义和狭义之分。广义的重复保险合同不强调保险金额之和超过保险价值。显然我国《保险法》取的是狭义。

另外，如果由两个或者两个以上的保险人联合对同一保险标的、同一保险利益、同一保险事故共同和投保人签订一份保险合同，则该保险合同一般被称作共同保险合同。实践中，我国的航天保险和核保险都是由多家保险公司组成保险共同体签订共同保险合同来承保的。

（七）按照合同承保风险的多寡进行划分

按照合同承保的风险多寡，保险合同可以分为单一风险保险合同和综合风险保险合同。

1. 单一风险保险合同。它是指在保险合同中载明保险人只对一种风险承担保险责任的合同。例如，地震保险合同、西瓜雹灾保险合同、人禽流感保险合同、SARS保险合同等都属于单一风险保险合同。

2. 综合风险保险合同。它是指在保险合同中承保多种风险责任的保险合同。多数保险合同属于综合风险保险合同。其中，如果保险合同只列明免除的责任，即不保风险，除不保风险外，保险人承保其他所有风险责任，那么我们又称这样的合同为一切险合同，如建筑安装工程一切险合同。

（八）按照保险期限确定与否进行划分

以保险期限确定与否为标准，保险合同可以分为定期保险合同和不定期保险合同。

1. 定期保险合同。它是指载明保险责任有效期限的合同，如1年期企业财产保险合同、定期5年的人寿保险合同等。

2. 不定期保险合同。它是指不明确规定保险责任的有效期的合同。

该合同按照约定的终止条件终止或者由合同一方提前通知对方终止,如终身人寿保险合同、旅行意外伤害保险合同、海上航程保险合同、再保险合同等。

四、保险合同的形式

虽然保险合同通常并非要式合同,但是由于保险合同比较复杂且技术性较强,实践中一般采用书面合同的形式。保险合同的书面形式主要包括投保单、保险单、暂保单、保险凭证等。

(一)投保单

投保单也称"要保书"、"投保书"或"投保申请书",是指投保人要求参加保险时所填写的书面要约。它一般由保险人事先印就,内容包括投保人身份、地址,被保险人身份、地址,保险标的及其坐落地,拟投保险别和金额等内容。投保人投保时要按照所列明的项目逐一填写。投保单一经保险人正式接受,保险合同即告成立,保险人根据投保单出具保险单。

(二)保险单

保险单简称"保单",俗称"大保单",是指保险人同意承保后出具给投保人的表明合同已经成立的正式证明文件。保险合同成立后保险人应当尽快向投保人签发保险单并在保险单中详细载明当事人双方约定的具体内容。保险单通常也是被保险人或者收益人向保险人索赔的依据。在财产保险合同有效期内,合同双方当事人(包括被保险人)必须全面履行保险单中约定的各项义务。

(三)暂保单

暂保单又称"临时保险书",是保险人或者其代理人在出立正式保险单之前签发的证明保险人已同意给予投保人以保险保障的一种临时凭证。暂保单仅表明投保人已经办理了保险手续,并等待保险人出立正式保险单,内容一般较为简单。出具暂保单不是订立保险合同的必经程序,使用暂保单一般有以下三种情况:①保险代理人在争取到业务时,还未向保险人办妥保险单手续之前,给被保险人的一种证明;②保险公司的分支机构,在接受投保后,还未获得总公司的批准之前,先出立的保障证明;③在拟订或续订保险合同时,订约双方还有一些条件需商讨,在没有完全谈妥之前,先由保险人出具给被保险人的一种保障证明。

暂保单具有和正式保险单同等的法律效力，但一般暂保单的有效期不长，通常不超过30天，具体有效期由双方约定。当正式保险单出立后，暂保单就自动失效。如果保险人最后考虑不出立保险单，也可以终止暂保单的效力，但必须提前通知投保人。

（四）保险凭证

保险凭证又称"小保单"，指保险人签发给被保险人的承保凭证。保险凭证是保险单的一种简化形式，一般不印保险条款。保险凭证与保险单具有同等的法律效力，凡是保险凭证上没有列明的，或者保险凭证上的内容与保单出现不一致的，均以该险种的保险单为准。为了便于双方履行合同，这种在保险单以外单独签发的保险凭证主要有以下几种使用情况：①团体保险单下，一般需要给每一个被保险人签发一张单独的保险凭证，便于被保险人索赔；②在货物运输保险订有流动保单或者预约保单的情况下，需要对每一笔货运签发单独的保险凭证，便于其随着货物转让；③为了便于交强险的被保险人随身携带以供有关部门检查，保险人出具的交强险便携式保险标志也是一种保险凭证；④我国还有一种联合保险凭证，主要用于保险公司同外贸公司合作时附印在外贸公司的发票上，仅注明承保货运的险别、保险金额、检验和理赔代理人的名称及地址，其他项目均以发票所列为准，这种凭证目前仅适用于对港澳地区的出口业务。

（五）批改单

批改单简称批单或背书，是保险人应投保人或被保险人的要求，出立的修订或更改保险单内容的证明文件。批改单常在两种情况下使用：一种情况是对印好的标准保险单做部分修正，这种修正不改变保险单的基本条件，只是缩小或扩大保险责任范围，这种批单也称特别约定；另一种情况是保险合同订立后，在保险合同的有效期内对某些保险项目进行更改和调整。在保险合同有效期内，保险双方都有权通过协商更改和修正保险合同的内容。如果投保人要更改合同内容，需要向保险人提出申请，经保险人同意后出立批单。批单可以在原保险单或保险凭证上批注（背书），也可以另外出立一张变更合同内容的附贴便条。凡经过批改的内容，以批单为准；多次批改，应以最后批改为准。批改单一经签发，就自动成为保险合同的重要组成部分。

这里需要注意两点：第一，通常情况下投保单、保险单和批单在一起共同组成完整的保险合同，仅其中某一项一般不能构成完整的保险合同。一般保险合同条款中都有类似"保险合同由本条款、投保单、保险单、批单和特别约定共同组成"①的约定。第二，除了以上书面形式的保险合同外，保险合同也可以采用其他形式。例如，随着网络技术的发展与应用，近年来电子保单被大量使用，甚至也可以采取口头保险合同的形式。

第二节 保险合同的要素

保险合同和常见的民事合同一样，都要满足三个要素，即合同的主体、客体和内容。

一、保险合同的主体

保险合同的主体是保险合同订立、履行过程中的参与者，也就是根据保险合同的约定，享有相关权利并承担相应义务的人。根据参与者在保险合同订立、履行过程中所发挥作用的不同，通常又将保险合同的主体分为当事人、关系人和辅助人三类。合同当事人是指依法订立保险合同并享有相关权利和承担相应义务的利害关系人，包括投保人和保险人②；合同关系人是指未参与保险合同的订立，但是享有合同约定利益并承担相应义务的人，包括被保险人和受益人；辅助人是辅助保险合同当事人订立合同、履行合同，并办理有关保险事项的人。

（一）保险合同的当事人

1. 保险人

保险人（Insurer）又称承保人，是指按照保险合同的约定向投保人收取保险费，并于保险事故发生或者约定的期限届满时，承担赔偿或者给付保险金责任的组织或个人。

绝大多数国家要求保险人必须是法人组织，只有少数国家（例如英国）允许保险人是自然人。《保险法》第六条规定："保险业务由依照本法设立的保险公司以及法律、行政法规规定的其他保险组织经营，其他单位和个

---

① 有的财产保险可能需要以承保财产的估价报告作为承保依据，有的人身保险可能需要以被保险人的体检报告作为承保依据，那么财产估价报告和体检报告都是保险合同的有效组成部分。当然合同当事人还可以约定附加其他材料，这些都是保险合同的有效组成部分。

② 《海商法》第二百二十一条规定："被保险人提出保险要求，经保险人同意承保，并就海上保险合同的其他保险单证中载明当事人双方约定的合同内容。"再根据《保险法》第一百八十四条的规定，可以认为海上保险合同的当事人是被保险人和保险人。

人不得经营保险业务。"《农业保险条例》第二条第2款规定:"本条例所称保险机构,是指保险公司以及依法设立的农业互助保险等保险组织。"除此之外,目前还没有其他法律或者行政法规对保险经营机构的组织形式作规定。因此,当前在我国依法有资格经营保险业务的只能是保险公司以及专门从事农业保险业务的农业互助保险组织,而不能是自然人,也不能是其他法人组织。

依据《公司法》的规定,公司的组织形式又可以分为股份有限公司和有限责任公司,实践中股份有限公司是我国保险公司的主流组织形式。不过,部分外资保险公司在我国设立的分公司的组织形式是有限责任公司;2005年经国务院同意,我国在黑龙江设立了阳光相互农业保险公司,是我国唯一的相互制保险公司。此外,在部分农村地区还有农业保险相互社和农业保险合作社等保险组织。

2. 投保人

投保人(Applicant)又称要保人,是指向保险人申请订立保险合同,并按照合同约定负担交纳保险费义务的组织或个人。

按照相关法律规定,作为保险合同的当事人,投保人必须满足以下条件:

(1)投保人必须具有法律规定的行为能力。《合同法》第九条和第四十七条分别规定,"当事人订立合同,应当具有相应的民事权利能力和民事行为能力","限制民事行为能力人订立的合同,经法定代理人追认后,该合同有效,但纯获利益的合同或者与其年龄、智力、精神健康状况相适应而订立的合同,不必经法定代理人追认"。因此,没有取得或者已经丧失法定资格、无民事权利能力的法人以及没有民事行为能力的未成年人、精神病患者作为投保人同保险人订立的保险合同是无效合同,不受法律的保护。而且,限制民事行为能力的未成年人、精神病患者作为投保人同保险人订立的保险合同只有经过其法定代理人追认才能生效,否则该合同不能生效。不过,保险人赠与限制民事行为能力人的纯获利性保险合同,例如以限制民事行为能力人为被保险人的生存保险合同应属于有效保险合同。

(2)投保人必须具有缴纳保险费的能力。商业保险公司经营保险业务是一种商业逐利行为。一般情况下投保人要想保险人能够按照保险合同的约定承担保险责任,向被保险人提供保险保障,必须在同保险人订立保险合同后按照合同约定向保险人支付一定的保险费作为对价。因此,投保人购买保险除了考虑被保险人的风险保障需求外,还要考虑到自身的缴费能力大小,以做到量力而行。

(3)人身保险合同投保时投保人应该对保险标的具有保险利益。《保险法》第十二条第1款规定:"人身保险的投保人在保险合同订立时,对被保险人应当具有保险利益。"第三十一条第3款规定:"订立合同时,投保人对被保险人不具有保险利益的,合同无效。"因此,投保人在同保险人订立人身保险合同时必须对保险标的具有保险利益,否则保险合同无效。不过,法律的这一要求已经不能完全满足实践的需要。例如,我国当前开展的城乡居民大病保险,即由社会保险经办机构为参保的城乡居民向商业保险公司投保大病保险,不能完全满足法律的这一规定。

(二)保险合同的关系人

1. 被保险人

保险的被保险人(Insured)是指其财产或者有关经济利益,或者人身受保险合同保障,享有保险金请求权的人。

财产保险的被保险人既可以是自然人,也可以是法人,但对于人身保险合同而言,被保险人只能是自然人,不能是法人。当然,并不是所有自然人或者法人都能成为保险合同的被保险人,对于财产保险合同而言,被保险人同保险标的之间应该存在保险利益关系。《保险法》第四十八条规定:"保险事故发生时,被保险人对保险标的不具有保险利益的,不得向保险人请求赔偿保险金。"对于人身保险合同而言,合同中一般还存在对被保险人年龄、健康状况和职业等的要求。

2. 受益人

合同受益人(Beneficiary)从广义上看,一般是指合同中约定的或者法律规定的可以从合同中获得一定利益的自然人或法人。他可以是合同的当事人,也可以是当事人以外的第三人。例如,信托合同中可以约定委托人和受托人之外的第三人为受益人①。不过,我国《保险法》第十八条第3款规定:"受益人是指人身保险合同中由被保险人或者投保人指定的享有保险金请求权的人。投保人、被保险人可以为受益人。"因此,保险合同中受益人应该取狭义的概念,限定于人身保险合同,财产保险合同中不应该

---

① 我国《信托法》规定受益人是信托合同的当事人。但是笔者以为以第三人为受益人的信托合同中受益人并非订立信托合同之人,不属于合同当事人。此合同应当属于涉他合同中的第三人利益合同。

出现受益人的概念。在我国保险实务中,人身保险合同的受益人又分为生存保险金受益人和死亡保险金受益人,但通常主要是指死亡保险金受益人。

(三)保险合同辅助人

保险合同辅助人也叫保险中介人,即在保险合同的订约、履约过程中起辅助作用的法人或者自然人。狭义的保险合同辅助人仅指保险代理人、保险经纪人和保险公估人;广义的保险合同辅助人除了保险代理人、保险经纪人和保险公估人外,还包括对保险合同订立、履行起辅助作用的会计师、律师、资产评估师等其他人。此处仅指狭义的保险合同辅助人。

1. 保险代理人

保险代理人是根据保险人的委托,向保险人收取佣金,并在保险人授权的范围内代为办理保险业务的机构或者个人。保险代理人根据保险人的委托,按照代理协议的具体规定,在保险人授权的范围内代理保险人进行展业、承保、签发保险单、收取保险费以及查勘出险案件、理赔和法律诉讼等部分或者全部保险业务活动。

在我国保险代理人可以分为专业保险代理人、兼业保险代理人和个人保险代理人三种。专业保险代理人就是保险专业代理机构,根据《保险专业代理机构监管规定》,保险专业代理机构通常采取有限责任公司或股份有限公司两种组织形式,中国保监会另有规定的除外;兼业保险代理人是指受保险人委托,在从事自身业务的同时,为保险人代办保险业务的单位;个人保险代理人一般是指受保险公司委托,在保险人的授权范围内从事保险业务的保险营销员。不过,保险营销员并不都是保险代理人,也有的是保险公司的正式员工,只有那些和保险公司签订了规范的代理协议的营销员才是个人代理人[①]。《保险法》第一百二十五条规定:"个人保险代理人在代为办理人寿保险业务时,不得同时接受两个以上保险人的委托。"

保险代理人在授权范围内,以被代理人名义,独立实施一切法律行为,其后果由被代理人承担。但代理人不得滥用代理权,不得超出代理人的权限范围。《合同法》第四十八条规定:"行为人没有代理权、超越代理权或者

[①] 全国先后出现了多起由于保险代理合同用语不规范,出现纠纷后被法庭判定为劳动合同而非代理合同的案件。为了避免更多的类似纠纷出现,2007年年底中国保监会专门下发了《关于规范代理制保险营销员管理制度的通知》。

代理权终止后以被代理人名义订立的合同,未经被代理人追认,对被代理人不发生效力,由行为人承担责任。"第四十九条又规定:"行为人没有代理权、超越代理权或者代理权终止后以被代理人名义订立合同,相对人有理由相信行为人有代理权的,该代理行为有效。"《保险法》第一百二十七条规定:"保险代理人根据保险人的授权代为办理保险业务的行为,由保险人承担责任。""保险代理人没有代理权、超越代理权或者代理权终止后以保险人名义订立合同,使投保人有理由相信其有代理权的,该代理行为有效。保险人可以依法追究越权的保险代理人的责任。"

2. 保险经纪人

保险经纪人是投保方的代理人,是指基于投保人的利益,为投保人与保险公司订立保险合同提供中介服务,并按约定收取佣金的单位或个人。一般情况下,保险经纪人为客户提供投保服务时应该向保险人收取佣金,因为其为客户提供该项服务也就是为保险公司销售了保单。但是需要注意的是,法律并没有禁止保险经纪人向投保人收取佣金。根据《保险经纪机构监管规定》,在我国不允许个人从事保险经纪业务,保险经纪机构通常采取有限责任公司或股份有限公司两种组织形式,中国保监会另有规定的除外。

3. 保险公估人

保险公估人是指接受保险当事人或者关系人的委托,专门从事保险标的的评估、勘验、鉴定、估损、理算等业务的单位或个人。保险公估人站在第三者的立场,凭借其专业知识与技术及客观、公正的态度,处理保险合同当事人双方委托办理的有关保险业务公正事项,其报酬一般由委托人支付。不过,《保险法》第六十四条规定:"保险人、被保险人为查明和确定保险事故的性质、原因和保险标的的损失程度所支付的必要的、合理的费用,由保险人承担。"《海商法》第二百四十条也有类似的规定。

由于保险公估活动的技术性和专业性很强,其行为的后果直接对保险合同当事人的权益产生重大的影响,因此,各国对保险公估人都有极其严格的资格认定。在我国,个人不能独立从事保险公估业务。根据《保险公估机构监管规定》,保险公估机构可以采取有限责任公司、股份有限公司或合伙企业三种组织形式。

二、保险合同的客体

要理解保险合同的客体,先需要理解两个紧密相关的概念:保险标的和保险利益。

保险标的是有可能发生保险事故的本体,它是投保方要求转嫁风险并取得保险保障的对象,也是保险方提供经济保障责任的对象。保险标的的存在形态有物质的,如房屋、汽车、人的身体和生命等,也有非物质的,如被保险人的侵权和违约责任、义务人的信用等。

保险利益也称可保利益,是指投保人或被保险人对保险标的所具有的合法的经济利益(详细阐述请见第六章的"保险利益原则"部分)。

主流保险理论认为,保险合同双方当事人订约的目的在于实现对被保险人的经济保障,即在约定条件下因保险事故发生酿成保险标的的损害或损失,这种损害或损失使被保险人的经济利益受到侵害,保险人予以补偿或给付,因此保险合同当事人权利和义务所共同指向的对象是与保险标的相关的保险利益,而不是保险标的本身。也就是说,保险合同的客体就是投保人或者被保险人对保险标的所具有的保险利益。

三、保险合同的内容

保险合同的内容,是指规定保险双方当事人的权利和义务及其他有关事项的文字条文,是当事人双方履行合同义务、承担法律责任的依据。保险合同的内容通常也称保险合同条款,注意不应该将其和保单条款或者保险条款相混淆。保险合同条款一般可以分为三类,即基本条款、附加条款、保证条款。

(一)基本条款

基本条款是按法律规定通常情况下必须在保险合同中列明的内容,缺少这些条款有时就需要依法推定,更多的情况是保险合同不能成立。根据我国《保险法》第十八条和《海商法》第二百一七条的规定,保险合同的基本条款包括以下事项:

1. 保险合同的当事人和关系人

保险当事人、关系人条款确定了保险合同中权利和义务的承担者,明确了保险合同的履行地点和合同纠纷的诉讼管辖。其内容主要包括:保险人的名称和住所,投保人、被保险人的姓名或者名称、住所,以及人身保险的受益人的姓名或者名称、住所。

2. 保险标的

保险标的是保险利益的物质载体,明确保险标的,便于确定保险合同的种类,判断保险利益是否存在以及保险人确定承担保险责任的范围。

3. 保险责任和责任免除

保险责任和责任免除条款是保险合同的核心内容,也是区别各险种的重要标志。

(1)保险责任。它是指保险人对于被保险人在保险事故发生后所承担的经济赔偿或给付责任的具体范围,也称承保责任。

(2)责任免除。它是指保险人在发生风险事故后对于被保险人不承担经济补偿和保险金给付责任的具体范围。《海商法》中称作除外责任,中国出口信用保险公司的出口信用保险、进口信用保险以及海外投资保险的保险条款中仍然习惯称之为除外责任。

4. 保险期限和保险责任开始时间

保险期限是指保险人对被保险人承担经济补偿或给付责任的起讫时间。保险责任开始时间则是指保险人开始履行保险责任的时间。需要注意,有时候保险期限不等于保险合同有效期,因为保险合同生效和保险责任开始的时间可能不一致。

一般情况下保险合同的保险期限采用公历时间规定,如某年某月某日零时起至某年某月某日二十四时止,保险责任开始时间一般从双方订立保险合同之日的次日起算,也就是通常所说的"零时起保"。也有的保险合同只约定起保时间,不约定具体结束时间,而是依据合同约定条件或者一方当事人的通知来结束保险合同。另外,还可以根据某一事件的过程确定保险期限。例如,人身保险中的旅客意外伤害保险或者财产保险中的货物运输保险,保险期限不规定具体时间而是以旅程、航程的开始与结束为一个保险期限。

5. 保险价值

保险价值是指保险标的的价值,是保险金额确定的基础。如前所述,保险价值可以由投保人和保险人约定并在合同中载明,也可以根据在发生保险事故时保险标的所具有的实际价值来确定,因此只有在定值保险合同中才会出现该条款。

6. 保险金额

保险金额是指由投保人和保险人约定并在合同中载明,在发生保险事故时保险人承担给付保险金责任的最高限额。在责任保险和信用保证保险合同中一般称作赔偿限额。保险金额是保险费计算的依据。

保险类别不同,保险金额确定的方式也不同。一般情况下,物质财产损失保险的保险金额一般以保险标的的实际价值或保险价值为基础确定;责任保险和信用保证保险的赔偿限额一般根据被保险的实际需要、投保人的缴费能力和义务人的信用状况等因素由保险合同当事人协商确定;人身保险的保险金额则根据被保险人的实际需要、投保人或被保险人的缴费能力等因素,由保险双方当事人协商确定。

7. 保险费以及支付办法

保险费是指投保人或被保险人为获得保险保障而支付给保险人的代价。交纳保险费是投保人的义务,有时候也可能是保险合同生效的条件之一。

支付保险费可采取趸交、分期交清、限期交清等多种方式。趸交保险费一般要求投保人在订立保险合同时一次性交清全部保险费,财产保险和保险期限在一年或一年期以下的人身保险通常采取趸交方式;分期交费是将保险费分为(多为均分)若干期,按约定时间间隔如年、季、月缴纳一次保险费,保险期限在一年期以上的长期人身保险险种多采用这种方式。在分期交费中,如果交费期和保险期限一致,则称为满期交费方式;如果交费期短于保险期限,则称为限期交费方式。投保人或被保险人可根据自己的需要选择各种交费方式,并在合同中明确表示。

8. 保险金的索赔与理赔

索赔与理赔是在保险合同有效期内发生约定的保险事故并受到损失后,被保险人或者受益人向保险人提出要求保险人赔偿或者给付保险金的申请,保险人对被保险人的索赔申请进行赔偿处理的活动。保险赔偿处理是保险基本职能的最终体现。

9. 违约责任和争议处理

违约责任是指保险人、投保人或被保险人或受益人违反了保险合同约定的义务而应当承担的责任。明确违约责任可以防范和减少当事人、关系人违约行为的发生。

争议处理是当发生保险合同争议或纠纷后的解决方式,主要有协商、仲裁和诉讼三种方式。

(二) 附加条款

附加条款是指保险人为满足投保人或被保险人的特殊需要,在保险合同基本条款的基础上增加一些补充内容,以扩大或者限制承保的责任的条款。

保险的险种有主险和附加险之分:主险是可以独立承保的险种;附加险不能独立承保,只能附加在某一个主险项下承保,投保附加险就意味着扩大了保险人承保的责任范围。

另外,保险合同订立后如果需要进行变更补充,通常采用在原合同上加贴附加条款的方式。附加条款是对基本条款的变更补充,其效力优于基本条款。

(三) 保证条款

保证条款是在保险合同中保险人要求被保险方在保险合同有效期内应予以遵守的规定。这些规定必须严格遵守,否则保险人有权解除保险合同甚至拒绝承担保险责任。不过,有时保险合同中也会出现要求保险人予以保证的规定,例如医疗保险合同中的保证续保条款。

保证有明示保证和默示保证两种:明示保证是在保险合同中以文字列明的;默示保证是指虽没有以文字在合同中列明,但根据合法习惯,被保险方必须做到的保证。例如,企业财产保险要求被保险人保证遵守国家有关部门制定的保护财产安全的各项规定,对安全检查中发现的各种灾害事故隐患,在接到防灾主管部门或本公司提出的整改通知书后,认真付诸实施,如果投保人违反该保证,则保险人有权拒绝承担因此而引起的保险责任甚至解除合同,这就是明示保证条款。例如,在海上保险中,对船舶有"适航"的要求和按照给定航线航行的规定,这种要求和规定虽然一般都不写在保险合同里,但如果被保险人违反,则对因此而造成保险标的物的损失,保险人会拒绝赔偿。这就是默示保证。

第三节 保险合同的订立和履行

一、保险合同的订立

保险合同的订立是投保人与保险人之间基于意思表示一致而进行的

法律行为。它同订立其他合同一样,需要经过一定的法律程序。《保险法》第十三条第1款规定:"投保人提出保险要求,经保险人同意承保,保险合同成立。保险人应当及时向投保人签发保险单或者其他保险凭证。"因此,保险合同的成立,需要经过投保人提出保险要求和保险承保两个阶段。这就是保险合同的要约和承诺。

(一)保险合同的订立程序

1. 要约

要约又称"订约提议",是合同一方当事人以缔结合同为目的,向对方当事人提出合同条件,希望对方当事人接受的意思表示。保险合同的要约人通常是投保人。实务中,保险人及其代理人进行展业活动不应该看作要约,这只是保险人向潜在的客户宣传保险产品,希望与之订立保险合同的过程,可以看成是要约邀请。也就是说,保险人及其代理人宣传保险产品后,投保人签署投保单时保险合同并未成立,只有在投保人提出投保申请,即填写好投保申请书(投保单)并交给保险人或其代理人,保险人审核后同意承保,保险合同才告成立。

根据《合同法》第十七条的规定,投保人在向保险人发出投保申请后,可以在投保申请到达保险人及其代理人之前(或同时)以通知的形式撤回投保申请;根据《合同法》第十八条的规定,在通常情况下投保人在保险人同意承保之前可以撤销投保申请。不过,《合同法》第十九条又规定:"有下列情形之一的,要约不得撤销:(一)要约人确定了承诺期限或者以其他形式明示要约不可撤销;(二)受要约人有理由认为要约是不可撤销的,并已经为履行合同做了准备工作。"因此,如果保险人在收到投保人的投保申请后为承保做了大量的准备性工作,已经为此支出较多费用且有理由认为要约不能撤销,则可能会拒绝投保人撤销投保申请。也就是说,保险人可能会要求投保人承担缔约过失责任,对给其造成的损失进行赔偿。

2. 承诺

承诺又称"接受订约提议",是承诺人(即要约相对人)向要约人表示同意与其缔结合同的意思表示。承诺需要在有效的时间内由承诺人或其代理人无条件地作出。如果保险人或其代理人审查投保人填好递交的投保单后,认为其符合要求,同意承保,即承诺,则保险合同成立。如果投保单完全不符合要求,保险人会予以拒保。如果保险人对投保单的内容审核后不完全赞同,并提出实质性修改意见或附加承保条件,则不能看成是承诺,而应该看成是保险人向投保人发出反要约,如果投保人无条件接受,保险合同也告成立,这时投保人是承诺人。由此可见,保险合同的订立过程可能是一个反复要约,直至承诺的过程。保险合同成立后,保险人应当及时签发保险单或其他保险凭证。如果保险人提出的是非实质性修改意见,除投保人及时表示反对或者投保时要求承诺不得对要约的内容作出任何变更的情形以外,该承诺有效,保险合同的内容以保险人承诺的内容为准。

(二)保险合同的成立、生效与保险责任开始

1. 保险合同的成立

保险合同的成立是指投保人与保险人就保险合同条款达成一致。保险合同成立不一定标志着保险合同生效。保险合同成立后,如果合同双方没有采取行为来满足合同生效的条件,则合同并未生效。这意味着,在此期间如果发生保险事故,例如人身保险合同的被保险人死亡,保险人理论上可以不承担保险责任。不过,一定条件下被保险人或者受益人可以根据《合同法》第三十九条、第四十条和《保险法》第十九条的规定主张该约定条件无效。

2. 保险合同的生效

保险合同生效是指保险合同条款开始对投保人(或被保险人、受益人)和保险人产生约束力,即保险合同条款产生法律效力。《合同法》第四十四条第1款规定:"依法成立的合同,自成立时生效。"但这并不意味着所有保险合同一经成立即告生效,因为《合同法》第四十五条第1款又规定:"当事人对合同的效力可以约定附条件。附生效条件的合同,自条件成就时生效。"《保险法》第十三条第3款也规定:"依法成立的保险合同,自成立时生效。投保人和保险人可以对合同的效力约定附条件或者附期限。"在我国保险实务中,一些保险合同条款中约定合同在保险人收到首期保费或者全部保费后的次日零时生效。这也就是说,一般情况下,如果投保人没有交纳首期保费或者交清保费,保险合同不会生效,另外即使投保人在投保当时就交纳了首期保费,保险合同也可能在成立后不立即生效,即保险合同成立与生效之间可能有一段时间间隔。

当然,如果双方当事人在保险合同中没有约定合同生效条件,一般认为根据《合同法》第四十四条第1款和《保险法》第十三条第3款的规定,保险合同成立即告生效。另外,合同当事人双方约定有保险合同生效的其他条件也是可以的,例如大额人寿保险合同有时会要求被保险人参加体检,

体检合格保险合同才生效。

3. 保险责任开始

保险责任开始是指根据保险合同的约定,保险人自某一时间开始承担保险责任。当前国内保险实践中,保险合同中往往约定有保险责任开始的时间或条件,而较少约定保险合同生效的时间或条件。保险责任开始和保险合同生效是两个不同的概念:保险合同生效是指保险合同依据条款约定对合同双方产生约束力的起点;保险责任开始是保险人承担保险责任的起点。《保险法》第五十四条规定:"保险责任开始前,投保人要求解除合同的,应当按照合同约定向保险人支付手续费,保险人应当退还保险费。保险责任开始后,投保人要求解除合同的,保险人应当将已收取的保险费,按照合同约定扣除自保险责任开始之日起至合同解除之日止应收的部分后,退还投保人。"这也进一步说明,保险责任开始与保险合同生效两个概念是不相同的,保险合同生效后如果保险责任没有开始,由于保险人的主要责任是承担保险责任,投保人的主要责任是交纳保险费,因此事实上此时合同对投保人具有更大的约束力,主要是约定投保人退保需要承担的责任。实践中,保险责任开始的时间同保险合同生效的时间相比较分三种情况:①保险责任在保险合同生效之前开始,例如一些约定有追溯期的保险合同;②保险合同生效之时保险责任开始;③保险合同生效一段时间之后保险责任开始,这是最常见的情况。

总之,保险合同生效的时间要么与保险合同成立同时,要么在保险合同成立之后;保险责任开始的时间既可以与保险合同生效同时,也可以在保险合同生效之前或者之后。

(三)保险合同的无效与效力补正

1. 保险合同的无效

保险合同严重欠缺有效的要件,绝对不许按"主体合意"的内容赋予法律效果,即为保险合同无效。保险合同无效与保险合同不成立不同,后者是欠缺合同成立的条件,前者是合同已经成立但欠缺有效要件。

保险合同无效,是自始、绝对、当然地无效,投保人(被保险人或者受益人)和保险人,甚至其他利益相关人均可以主张。保险合同无效由人民法院和仲裁机关认定。根据《民法通则》第五十八条,《合同法》第四十条、第五十二条,《保险法》第十三条、第十七条、第十九条、第三十一条、第三十三条、第三十四条和第五十五条,《海商法》第二百二十条等法律条文的规定,保险合同无效的情形主要有：

(1)保险合同当事人不具有民事权利能力和民事行为能力，即投保人和保险人不符合法定资格的。例如，投保人为无民事行为能力人，或者保险人不符合法律、行政法规要求的组织形式。

(2)一方以欺诈、胁迫的手段订立保险合同，损害国家利益的。例如，国有企业高级管理人员利用虚报员工名册的手段同保险公司订立年金保险合同侵吞国有资产的。

(3)保险合同当事人恶意串通，损害国家、集体或者第三人利益的。例如，债务人和保险人串通利用订立高储蓄性保险合同转移财产侵害债权人利益的。

(4)以合法形式掩盖非法目的的。例如，通过订立保险合同洗钱的。

(5)保险合同约定的生效条件无法成就的。

(6)投保人投保的是对被保险人没有保险利益的人身保险合同的。例如，投保人在未经与其没有利害关系的人同意的情形下为其投保人身保险。

(7)损害社会公共利益的。例如，利用签订保险合同恶意逃避国家税收的。

(8)违反法律、法规的强制性规定的。例如，投保人和没有交强险经营资格的保险公司订立交强险合同的；父母为未成年子女投保人身保险的死亡保险金额之和超过中国保监会规定的限额(10万元)的，超过部分无效。

(9)保险人没有履行诚信义务的。这主要是指保险人在订立保险合同时应就免责条款向投保人提示、解释和说明，没有提示或者明确说明的免责条款无效。保险人的该项义务属于先合同义务，而非合同义务。需要强调的是根据立法精神，结合《合同法》第三十九条和第四十条的规定，这里的免责条款不限于保险条款标明"责任免除"的条款，其他虽然不属于"责任免除"条款下列明的责任，但是事实上起到(一定条件下)免除保险人责任的条款都应该在此列。

(10)含有死亡责任的人身保险合同未经被保险人书面同意并认可保险金额的，该部分承保责任无效。父母为未成年子女投保的，不受此限。

(11)财产保险的保险金额超过保险价值的，超过部分无效。

保险合同无效按程度轻重可以分为全部无效和部分无效。无效原因存在于合同内容的全部时，合同全部无效；无效原因仅存在于合同内容的一部分,该部分无效又不影响其余部分时,其余部分仍然有效。例如,无民事行为能力的投保人订立的保险合同就属于合同全部无效情形,而保险人没有向投保人提示和明确说明免责条款的只是致使该免责部分无效,保险合同其他部分仍然有效。

2. 保险合同的效力补正

保险合同效力的补正,是指保险合同欠缺有效要件,能否发生当事人预期的法律效力尚未确定,只有经过有权人的追认,才能化欠缺有效要件为符合有效要件,产生当事人预期的法律效力,如果有权人在一定期间内不予以追认,保险合同归于无效。由于这一类保险合同在有权人追认之前处于有效抑或无效的状态,因而被称为效力未定保险合同或效力待定保险合同。

在保险合同效力未定的情况下,无须相对人同意,而只要有权人明确表示同意该合同,即发生补正的法律效力,使效力未定的保险合同变成确定有效的保险合同。也有人认为,这可以以有权人自愿履行合同债务的推定方式作出。而且,有权人的追认必须是无条件的,是对保险合同全部条款的承认,如果仅对部分条款承认,其实是提出新要约的行为,需要合同相对人承诺方使该部分成立有效。

效力未定的保险合同主要是指以下几种情形订立的保险合同:

(1)限制民事行为能力人订立的保险合同。根据《合同法》第四十七条第1款的规定,限制民事行为能力人订立的保险合同必须经过其法定代理人追认方有效。当然,如果限制民事行为能力人从保险人处获得一份免费赠与的生存保险合同,因其属于纯获利性合同,就无须法定代理人追认。另外,同限制民事行为能力人的年龄、智力及精神健康状况相适应而订立的其他保险合同也无须法定代理人追认。

(2)无权代理人订立的保险合同。这里的无权代理人包括无权的保险代理人和无权的投保人代理人(例如保险经纪人)。根据《合同法》第四十八条第1款的规定,行为人没有代理权、超越代理权或者代理权终止后以被代理人名义订立的保险合同,只有经过被代理人追认方有效。不过,《合同法》第四十九条又规定了表见代理除外。《保险法》第一百二十八条第2款对保险代理人的表见代理情况也作了规定,但是实际上表见代理不限于保险代理人,也可能是投保人的代理人。

(3)无处分权人订立的保险合同。根据《合同法》第五十一条的规定,无处分权人通过处分他人财产与合同相对人订立保险合同的,经权利人追认或无处分权人在缔约后取得处分权后有效。例如,哥哥以弟弟留存在保险公司的已失效保单的现金价值充作保费另投保了一份以弟弟为被保险人的养老保险,由于哥哥没有处分弟弟失效保单现金价值的权利,这份新保单只有在保单履行期限届满前得到弟弟的追认或者弟弟将失效保单现金价值处分权转让给哥哥后方有效。

根据《合同法》的规定,前两种情况下形成的效力未定保险合同,有权人需要在保险合同相对人催告后一个月以内予以追认,超过一个月视为拒绝追认,保险合同无效;第三种情况下,只要有权人在保险合同履行期限届满前追认或者无处分权人在保险合同履行期限届满前取得处分权,则保险合同有效,否则到期属于无效合同。

(四)保险合同不成立、无效或不被追认的法律后果

如果保险合同不成立、无效或不被有权人追认,只是不发生合同当事人所预期的法律效力,但是会产生其他法律后果,主要有:

(1)返还财产。由于保险合同自始无效,所以双方利益关系应该恢复到合同订立之前的状态,即保险人返还投保人缴纳的保费,被保险人(或受益人)返还领取的保险金或保单红利。

(2)缔约过失责任。保险合同不成立、无效、不被追认,当事人一方因此受到损失,对方当事人对此有过错的,需要承担缔约过错责任,赔偿受害人的损失。

(3)行政处罚。根据《民法通则》《合同法》《保险法》的相关规定,保险合同当事人订立合同有欺诈行为,侵害国家、集体和第三人利益,有违反法律超业务范围经营保险业务等情形,可能要受到相应的行政处罚。

(4)刑事处罚。根据《保险法》《刑法》的规定,订立保险合同严重违法,构成犯罪的,还需要受刑事处罚。

二、保险合同的履行

保险合同的履行是指保险合同双方当事人(或关系人)依法全面完成保险合同义务的行为。而且在保险合同履行的过程中还可能会出现保险合同的变更、抵押、转让、撤销、解除、中止、复效和终止等情形。

(一)保险合同的履行

保险合同的履行也是保险合同当事人之间的合同义务的履行。其主

要包括投保人(被保险人或受益人)合同义务的履行和保险人合同义务的履行。

1. 投保人(被保险人或受益人)义务的履行

投保人(被保险人或受益人)在保险合同履行过程中,需要履行如实告知义务、支付保费义务、出险通知义务和提供单证义务等。

(1)如实告知义务。根据《保险法》第十六条、《海商法》第二百二十二条的规定,订立保险合同时,保险人可以就被保险人的有关情况向投保人询问,投保人应履行如实告知义务。另外,保险人一般还会要求被保险人也履行如实告知义务。不过,受益人则没有告知义务。由于此时保险合同尚未生效,投保人(被保险人)的此项义务不是合同义务,而应该是先合同义务。因此严格说,投保人(被保险人)履行该项义务应不属于履行保险合同。

(2)支付保费义务。有时支付首期保费是保险合同生效的条件,严格说此时支付首期保费也不应属于合同义务,而是先合同义务。不过,如果保险合同约定分期交费,那么交纳续期保费的义务应属于投保人的合同义务;当然,如果保险合同并不以交纳(首期)保费为生效条件,那么支付保费一般是投保人的合同义务。

《保险法》第三十八条规定:"保险人对人身保险的保险费,不得用诉讼方式要求投保人支付。"但是,这并不是说投保人不按期支付人身保险的保费,保险人就一定不能向投保人追讨保费,从理论上说保险人可以用诉讼以外的其他方式向投保人追讨(当然实务中保险人多数情况下不这样做),更不是说投保人不用承担任何违约责任和法律后果。根据《保险法》第三十六条和第三十七条的规定,投保人不按时支付保险费,可能会导致保险合同效力中止甚至保险人宣布解除合同的后果,而且保险人解除合同时可以从退还的保费或现金价值中扣除投保人应交保费。

《保险法》第五十四条规定:"保险责任开始前,投保人要求解除合同的,应当按照合同约定向保险人支付手续费,保险人应当退还保险费。保险责任开始后,投保人要求解除合同的,保险人应当将已收取的保险费,按照合同约定扣除自保险责任开始之日起至合同解除之日止应收的部分后,退还投保人。"也就是说,如果财产保险合同的保险人已经承担了一定的保险责任,而投保人尚没有交纳保费,则投保人有义务补交。即使以交清(首期)保费为保险责任开始条件的合同,投保人尚未交纳保费但要求解除保险合同的,保险人也有权利要求其支付解除合同手续费。《海商法》第二百二十六条更是明确规定:"保险责任开始前,被保险人可以要求解除合同,但是应当向保险人支付手续费,保险人应当退还保险费。"

(3)风险显著增加通知义务。《保险法》规定,财产保险合同标的的风险程度增加,被保险人应该按照合同约定及时通知保险人,保险人有权按照保险合同的约定要求增加保费或者解除保险合同。虽然《保险法》对人身保险合同没有这样的要求,但是在含有死亡、伤残或疾病保险责任的人身保险合同中,保险人对于被保险人因职业、工种变化而使风险程度增加的情况,可能会以合同条款的形式要求被保险人及时通知,保险人根据实际情况决定是否加收保费或者解除合同。但是《农业保险条例》第十一条规定:"在农业保险合同有效期内,合同当事人不得因保险标的的危险程度发生变化增加保险费或者解除农业保险合同。"

(4)出险通知义务。投保人、被保险人或者受益人在发现保险事故时应该及时通知保险人。《保险法》第二十一条规定:"投保人、被保险人或者受益人知道保险事故发生后,应当及时通知保险人。故意或者因重大过失未及时通知,致使保险事故的性质、原因、损失程度等难以确定的,保险人对无法确定的部分,不承担赔偿或者给付保险金的责任,但保险人通过其他途径已经及时知道或者应当及时知道保险事故发生的除外。"《海商法》第二百三十六条规定:"一旦保险事故发生,被保险人应当立即通知保险人,并采取必要的合理措施,防止或者减少损失。被保险人收到保险人发出的有关采取防止或者减少损失的合理措施的特别通知的,应当按照保险人通知的要求处理。""对于被保险人违反前款规定所造成的扩大的损失,保险人不负赔偿责任。"

(5)积极施救义务。《保险法》第五十七条规定:"保险事故发生时,被保险人应当尽力采取必要的措施,防止或者减少损失。""保险事故发生后,被保险人为防止或者减少保险标的的损失所支付的必要的、合理的费用,由保险人承担;保险人所承担的费用数额在保险标的损失赔偿金额以外另行计算,最高不超过保险金额的数额。"《海商法》第二百三十六条也有类似规定。这既是财产保险合同被保险人的义务,也是其支付的合理施救费用获得补偿的权利。人身保险合同的被保险人一般没有此项义务。

(6)提供单证义务。被保险人或受益人向保险人索赔时应当提供与确认保险事故的性质、原因、损失程度等有关的证明和资料。这些证明和资料既是被保险人或者受益人向保险人索赔的依据,也是保险人判定责任范围和赔付保险金额的依据。

(7)保证义务。保证包括明示保证和默示保证。例如,财产保险合同中被保险人一般有保证保险标的安全的义务。《保险法》第五十一条第1款规定:"被保险人应当遵守国家有关消防、安全、生产操作、劳动保护等方面的规定,维护保险标的的安全。"海上保险中一般还要求被保险人保证船舶适航。人身保险合同中很少出现被保险人的保证义务条款。

在以上各项义务中,如实告知义务、风险增加通知义务、出险通知义务和保证义务都是最大诚信原则对投保人、被保险人或者受益人的要求,详细阐述见第六章"最大诚信原则"部分。支付保费义务(合同义务)属于投保人的主给付义务,风险增加通知义务、出险通知义务和保证义务属于合同义务中的附随义务。

2. 保险人义务的履行

保险人在合同履行过程中的义务主要有向投保人解释说明条款、承担保险责任、为投保人及其他保险合同关系人保密等。

(1)提示、解释和说明保险条款。提示、解释和说明保险条款是最大诚信原则在保险人身上的体现。由于此时保险合同尚未生效,该项义务属于保险人的先合同义务,而非合同义务。严格地说,保险人履行该项义务也不属于履行保险合同。

(2)出具保单和保险凭证的义务。《保险法》第十三条要求保险人在保险合同成立后应该及时向投保人签发保险单或者其他保险凭证。这一般可以理解为保险人的附随义务。

(3)承担保险责任。投保人为被保险人投保保险的目的在于获得保险保障,发生保险事故后能够从保险人处领取保险金。因此,保险人在保险事故发生后履行赔付保险金的义务也是被保险人(或受益人)对保险人的基本要求。不过,该义务的履行是以保险事故的发生为前提的。也就是说,虽然该项义务是保险人的主给付义务,但它也是一项或有义务。

法律对保险人支付保险金的期限作出了规定。《保险法》第二十三条第1款和第2款分别规定:"保险人收到被保险人或者受益人的赔偿或者给付保险金的请求后,应当及时作出核定;情形复杂的,应当在三十日内作出核定,但合同另有约定的除外。保险人应当将核定结果通知被保险人或者受益人;对属于保险责任的,在与被保险人或者受益人达成赔偿或者给付保险金的协议后十日内,履行赔偿或者给付保险金义务。保险合同对赔偿或者给付保险金的期限有约定的,保险人应当按照约定履行赔偿或者给付保险金义务。""保险人未及时履行前款规定义务的,除支付保险金外,应当赔偿被保险人或者受益人因此受到的损失。"第二十五条又规定:"保险人自收到赔偿或者给付保险金的请求和有关证明、资料之日起六十日内,对其赔偿或者给付保险金的数额不能确定的,应当根据已有证明和资料可以确定的数额先予支付;保险人最终确定赔偿或者给付保险金的数额后,应当支付相应的差额。"

(4)为投保人及保险合同关系人保密。根据《合同法》第六十条和第九十二条的规定,保险人应该在保险合同订立过程中、有效期内以及保险合同结束之后的合理期限内为投保人及其他保险合同关系人保密,这也是对保险人的基本道德要求。这是保险人的一项重要附随义务。

(二)保险合同的撤销与解除

1. 保险合同的撤销

保险合同的撤销是指因意思表示不真实,通过撤销权人行使撤销权,使已经生效的保险合同归于消灭。保险合同的撤销由撤销权人行使撤销权来实现,但撤销权人是否行使撤销权由其自己决定;撤销权不行使,保险合同继续有效,一旦行使,合同即归于无效。这是保险合同撤销与保险合同无效的不同点。

根据《民法通则》第五十八条的规定,一方以欺诈、胁迫的手段或者乘人之危,使对方在违背真实意思的情况下订立的合同,属于无效合同。但是《合同法》第五十四条规定该合同属于可撤销合同,而仅将以欺诈、胁迫手段订立合同损害国家利益的情况在第五十二条作出规定,即规定这样的合同为无效合同。根据特别法优先于普通法适用的原则,可撤销合同的情形应该以《合同法》的规定为依据。由于我国《保险法》没有规定保险合同可撤销的情形,因此保险合同可撤销的原因也应以《合同法》的规定为依据。具体说来,保险合同可撤销的原因主要有:

(1)欺诈。例如,保险人的代理人欺骗投保人,使投保人投保了不适合自己风险保障需要的保险而遭受损失。

(2)胁迫。例如,投保人胁迫保险人的代理人在违背自己真实意思的情况下以低于正常费率向其出售保险单。

(3)乘人之危。例如,保险人的代理人利用投保人的危难处境,迫使其投保其代理的保险产品而给投保人造成损失。

（4）重大误解。例如，投保人本来计划投保一份死亡保险，结果在投保时错将生存保险当成了死亡保险而投保。

（5）显失公平。这里主要是指由于保险合同当事人缺乏经验或在紧迫的情况下订立的合同显失公平。

根据《民法通则》第五十九条和《合同法》第五十四条的规定，撤销权人应该通过诉讼的方式，请求法院或仲裁机构对以上情形下订立的保险合同予以变更或撤销，当事人请求变更的，法院或仲裁机构应当予以变更，不得撤销。另外，撤销权人自其知道或应该知道撤销事由之日起1年内不行使撤销权的或者知道撤销事由后明确表示或以自己的行为放弃撤销权的，撤销权归于消灭。

2. 保险合同的解除

保险合同解除是指在保险合同成立、生效之后，当解除的条件具备时，因当事人一方或双方的意思表示，使合同关系自始或仅向将来消灭的行为。根据保险合同解除是依据保险合同本身的约定还是法律的规定，可以分为约定解除和法定解除。根据《保险法》第十五条的规定，保险合同双方当事人可以在保险合同中约定保险合同的解除条件，除法律另有规定外，在合同履行过程中合同解除的条件出现后，保险合同当事人一方或双方可以依据合同事先约定解除保险合同。例如，订立健康保险合同后，被保险人职业、工种变更导致危险增加，这时解除保险合同就属于约定解除。除此之外，出现法定解除的条件时，保险合同当事人一方或双方也可以依法宣布解除保险合同。保险合同法定解除的条件一般有：

（1）协议解除。合同的协议解除即是合同双方当事人通过订立一个新合同来解除原合同。《合同法》第93条第1款规定："合同当事人协商一致后可以解除合同。"但是，《保险法》第十五条又规定："除本法另有规定或者保险合同另有约定外，保险合同成立后，投保人可以解除合同，保险人不得解除合同。"因此，保险人除了法律另有规定或保险合同另有约定外，在保险合同成立后向投保人发出解除保险合同的要约是没有效力的。但是，保险合同成立后，除了法律另有规定或者合同另有约定外，投保人向保险人发出解除保险合同的要约，保险人必须同意（承诺），不能拒绝。这其实是一种强制缔约。

（2）不可抗力致使不能实现保险合同目的。不可抗力一般是指不能预见、不能避免并不能克服的客观情况。其主要包括这样几种情形:①自然灾害;②政府行为;③社会异常事件。但是,不可抗力情形出现并不必然引起保险合同的解除,只有不可抗力的发生致使合同双方当事人当初订立保险合同的目的不能实现,合同当事人才可以解除保险合同。如果不可抗力仅是导致保险合同履行迟延,合同当事人不能据此解除保险合同。

(3)迟延履行。迟延履行是指保险合同的债务人能够履行但是在履行期限届满时却未履行债务的现象。理论上说,保险合同当事人双方都有可能迟延履行合同:投保人可能不按期交纳(续期)保费,保险人也可能不按期向被保险人支付保险金。不过,由于保险合同通常是投保人先缴纳保费,保险人后根据合同在保险事故发生的情况下赔付保险金,因此即使保险人迟延履行,投保人一般也不会解除合同,而是采取其他救济措施。实践中主要是指保险人因投保人不按期交纳续期保费而解除合同的情形。《保险法》第三十七条第1款规定:"合同效力依照本法第三十六条规定中止的(超过宽限期未支付当期保费),经保险人与投保人协商并达成协议,在投保人补交保险费后,合同效力恢复。但是,自合同效力中止之日起满两年双方未达成协议的,保险人有权解除合同。"

(4)拒绝履行。拒绝履行是指保险合同债务人能够履行却不法地对债权人表示不履行。同迟延履行的道理一样,实践中拒绝履行主要是指保险人因投保人拒绝交纳(续期)保费而解除合同的情形。虽然《保险法》对此情形没有规定,但是保险人可以依据《合同法》第九十四条的规定行使合同解除权。

(5)保险欺诈。根据《保险法》第二十七条、第四十三条的规定,被保险人或受益人在未发生保险事故的情况下谎称发生了保险事故,或者投保人(被保险人)故意制造保险事故的,保险人有权解除保险合同。

(6)不履行如实告知义务。《保险法》第十六条第2款规定:"投保人故意或者因重大过失未履行前款规定的如实告知义务,足以影响保险人决定是否同意承保或者提高保险费率的,保险人有权解除合同。"《海商法》第二百二十二条对被保险人也有此要求。不过,对于人身保险合同,仅因投保人申报被保险人年龄不真实,保险人不一定有权解除保险合同,根据《保险法》第三十二条的规定,只有被保险人的真实年龄不符合保险合同约定的限制时,保险人才可以解除保险合同。而且,合同成立超过两年的,保险人不得解除。

(7)违反保证(保险标的安全)义务。《保险法》第五十一条第3款规定:"投保人、被保险人未按照约定履行其对保险标的的安全应尽责任的,保险人有权要求增加保险费或者解除合同。"《海商法》第二百三十五条规定:"被保险人违反合同约定的保证条款时,应当立即书面通知保险人。保险人收到通知后,可以解除合同,也可以要求修改承保条件、增加保险费。"也就是说,对于一般财产保险合同,仅因被保险人违反保证保险标的安全义务以外的保证义务,除合同另有约定外,保险人不得解除合同。但是海上保险对保证条款要求更为严格,只要被保险人违反保证条款,保险人就有权解除保险合同。

(8)违反保险标的危险增加通知义务。《保险法》第五十二条第1款规定:"在合同有效期内,保险标的的危险程度显著增加的,被保险人应当按照合同约定及时通知保险人,保险人可以按照合同约定增加保险费或者解除合同。保险人解除合同的,应当将已收取的保险费,按照合同约定扣除自保险责任开始之日起至合同解除之日止应收的部分后,退还投保人。"这也仅是针对财产保险合同而言的。

(9)保险人履行完毕部分损失的赔偿责任。《保险法》第五十八条第1款规定:"保险标的发生部分损失的,自保险人赔偿之日起三十日内,投保人可以解除合同;除合同另有约定外,保险人也可以解除合同,但应当提前十五日通知投保人。"该条件同样仅适用于财产保险合同。

以上有关保险合同解除的规定都是针对自愿性商业保险合同的,而且相关法律、法规对保险人的合同双方当事人的合同解除权做了部分特别限制:

第一,对合同双方解除权的限制:①对于货物运输保险合同和运输工具航程保险合同,保险责任开始后,合同当事人不得解除合同;②在农业保险合同有效期内,合同当事人不得因保险标的的危险程度发生变化增加保险费或者解除农业保险合同。

第二,对保险人合同解除权的限制:①因投保人未履行如实告知义务或者履行如实告知义务不符合法律规定,自保险人知道有解除事由之日起,超过30日不行使合同解除权的,解除权消灭;②自保险合同成立之日起超过2年的,保险人不得以投保人未履行如实告知义务或者履行如实告知义务不符合法律规定为由解除合同;③保险人在合同订立时已经知道投保人未如实告知的,不得解除保险合同。

此外，通常投保人不得解除机动车交通事故责任强制保险合同，但有下列情形之一的除外：①被保险机动车被依法注销登记的；②被保险机动车办理停驶的；③被保险机动车经公安机关证实丢失的。

3. 保险合同撤销与保险合同解除的区别

保险合同的撤销与保险合同的解除虽然都是使保险合同消灭的制度，但是二者并不相同：

(1) 适用范围不同。保险合同撤销适用于有效要件有瑕疵的保险合同，而保险合同解除一般适用于成立、生效的保险合同。

(2) 发生的原因不同。保险合同撤销的原因是由法律直接规定的，而保险合同解除的原因既有法律规定的，也有当事人约定的。

(3) 实施的方式不同。撤销权人只有通过诉讼或仲裁的方式才能撤销保险合同，而解除权人可以自己宣布解除保险合同。

(4) 产生的效力不同。《民法通则》第五十九条第2款规定："被撤销的民事行为从行为开始无效。"因此，保险合同撤销具有溯及力。而保险合同多是继续性合同，解除之后多没有溯及力。

(5) 原因发生的时间不同。保险合同撤销的原因发生在保险合同成立之前，而解除的原因很多时候发生在保险合同成立之后。

(6) 除斥期不同。撤销权人自其知道或应该知道撤销事由之日起1年内不行使撤销权的，撤销权消灭。保险人因投保人未履行如实告知义务或者履行义务不符合法律规定、财产保险标的的危险程度显然增加或者财产保险发生部分损失而行使合同解除权的，除斥期为30天，对其他情形下的保险合同解除，法律没有规定除斥期。

根据以上分析，投保人不履行如实告知义务其实就是在订立保险合同时的欺诈或者导致合同显失公平。这种行为一般是保险合同成立之前发生的行为，因此，按照合同法理论这应该属于保险合同撤销的条件，而不应该是保险合同解除的条件。但是，《保险法》将其规定为合同解除条件，这更有利于维护保险人的利益。

(三) 保险合同的变更、转让和抵（质）押

保险合同的变更就是指在保险合同有效期内合同当事人依法对合同内容所做的修改和补充。保险合同的变更有两种理解，一种是狭义的，一种是广义的。狭义的变更是指保险合同当事人权利和义务的变更；广义的变更除包括狭义变更外，还包括保险合同主体和客体的变更。保险合同的

转让,其实就是保险合同投保人(或者被保险人)的变更。保险合同的抵(质)押通常是对含有现金价值的人身保险合同而言的,是指如果投保人不能按期偿还保险合同所担保的债务,抵(质)押权人可以根据抵(质)押合同约定处置保险合同,从现金价值中获偿。保险合同抵(质)押需要以批单的形式在合同中加以注明,因此也是一种保险合同的变更。

1. 保险合同主体变更

保险合同主体的变更包括当事人和关系人的变更。

(1)投保人变更。分期交费保单或者含有现金价值[①]的保单的投保人可能由于保单的有偿转让(表现为保单贴现)或者无偿转让(包括赠予、继承等)而变更。实践中有时可能是事实上发生变更,但转让当事人并没有到保险公司办理相关变更手续。对于团体保险合同,由于被保险人工作单位转换也可能发生投保人变更。一次性交费且不含有保单现金价值的保单变更投保人一般没有什么实质性意义,多不出现。

(2)保险人变更。保险人变更一般不会经常发生,但是当保险公司出现合并、分拆、破产等情况时可能会出现保险人的变更。

(3)被保险人变更。对于财产保险合同,如果保险标的或与标的相联系的某项物权发生转让,那么就可能发生被保险人的变更。但是根据《保险法》第四十九条第2款规定:"保险标的的转让的,被保险人或者受让人应当及时通知保险人,但货物运输保险合同和另有约定的合同除外。"人身保险是以被保险人的生命或身体作为保险标的的,与被保险人紧密相连,一旦被保险人发生变化,保险合同所保障的标的风险状况一般也会发生变化,原保险合同就会失去存在的基础,所以通常情况下,保险合同的被保险人不能变更。但是,对于团体保险合同,由于团体单位人员是流动的,所以可能出现被保险人变更的情形。

(4)受益人变更。保险合同的受益人可以由投保人或者被保险人进行变更。保险合同抵(质)押有时也是通过设定(或)变更受益人来实现的,而且抵(质)押权人成为(新)受益人后应该是不可变更的受益人,其受益次序和受益金额都不得在未经抵(质)押权人同意后变更,投保人转让保单也应该征得抵(质)押权人的同意。不过,《保险法》并没有对此予以明确。

[①] 根据《保险法》第十五条的规定,退保权由投保人行使,因此虽然法律没有明确规定,但是我们可以推定除法律另有规定或者合同另有约定外,保单现金价值的所有权应该归投保人所有。

2.保险合同客体的变更

保险合同客体的变更就是保险利益的变更,而且保险利益的变更一般表现为保险金额的变化。在财产保险中,保险标的价值发生增减后,投保人(或者被保险人)可能要求变更保险金额,这需要得到保险人的同意。人的生命和身体是无价的,因此,保险利益的量无法准确界定,只要是投保人和保险人双方都认可的保险金额就是合理的。

3.保险合同其他内容的变更

除了前面各项外,保险合同的其他条款和内容一般在征得保险人同意后也可以发生变更。例如,投保人住址的变更、保险责任范围的变更、保险期限的变更等。

(四)保险合同的中止与终止

1.保险合同的中止

保险合同的中止是指保险合同存续期间,由于一定事由的发生而使保险合同的效力暂时性归于停止,所以也称保险合同停效。在保险合同中止期间发生保险事故,保险人不承担赔偿责任。根据实际情况,保险合同中止可以分为以下情况:

(1)因延迟交纳保费而中止。很多人身保险合同的期限较长,由数年至数十年不等,且可能是分期交费的。从保护投保人和被保险人利益出发,《保险法》第三十六条规定:"合同约定分期支付保险费,投保人支付首期保险费后,除合同另有约定外,投保人自保险人催告之日起超过三十日未支付当期保险费,或者超过约定的期限六十日未支付当期保险费的,合同效力中止,或者由保险人按照合同约定的条件减少保险金额。"第三十七条又规定:"合同效力依照本法第三十六条规定中止的,经保险人与投保人协商并达成协议,在投保人补交保险费后,合同效力恢复。但是,自合同效力中止之日起满两年双方未达成协议的,保险人有权解除合同。"

(2)因保险合同发生转换而中止。有些团体人身保险合同的保险人可能向被保险人提供可转换条款,同意被保险人脱离原来的团体后可以按约定期限(一般为30天)和条件将团体保单转换成相同保险责任的个人保单,这样自被保险人脱离团体到转换完成期间保险合同效力中止。

当然,保险合同当事人还可以约定其他保险合同效力中止的情况,例如违反约定的保证条款而中止。保险合同中止一般都约(规)定有期限,在此期限内如果没有能够满足保险合同复效的条件,保险合同将自动终止或者合同相对人有权宣布解除合同。

2. 保险合同的终止

保险合同的终止,即指具有法律效力的保险合同在一定条件下结束其效力,也就是保险关系的消灭。保险合同的终止一般有以下几种情况:

(1)保险期限届满终止。这是指在保险合同有效期内没有发生保险事故,保险人不必承担赔偿给付责任,合同期限届满时,保险合同终止。

(2)义务履行完毕终止。这是指保险合同有效期内有保险事故发生,保险人履行赔偿或给付保险金达到合同约定金额或累计达到保险金(限)额的义务后,保险人的保险责任履行完毕,保险合同终止。需要注意的是,《海商法》第二百三十九条规定:"保险标的在保险期间发生几次保险事故所造成的损失,即使损失金额的总和超过保险金额,保险人也应当赔偿。但是,对发生部分损失后未经修复又发生全部损失的,保险人按照全部损失赔偿。"

(3)提前解除而终止。合同提前解除就是指有合同解除权的保险合同当事人宣布解除保险合同而使保险合同提前终止。需要注意的是,拥有合同解除权的当事人并不一定会解除合同,如果没有解除合同的意思表示,合同并未实际解除,也就并不会终止,其真实情况可能是继续有效,也可能是处于效力中止状态。前面所列举的诸多保险合同解除条件都属于这种情况。

(4)提前自动终止。保险合同提前自动终止是指根据合同约定或者法律规定,合同履行过程中若出现保险合同自动终止的条件,则保险合同自动终止。例如,《海商法》第二百三十条规定:"因船舶转让而转让船舶保险合同的,应当取得保险人同意。未经保险人同意,船舶保险合同从船舶转让时起解除;船舶转让发生在航次之中的,船舶保险合同至航次终了时解除。"这里的合同解除不需要有权当事人宣布,只要是船舶转让没有取得保险人同意,合同效力就自动解除,不需要保险人再向被保险人发送合同解除通知书。

(5)因保险标的灭失或者被保险人死亡而自动终止。这里是指财产保险合同的保险标的因非保险事故而消灭和人身保险合同的被保险人因非保险事故而死亡,投保人或者被保险人不再具有保险利益,保险合同也就自然终止,不必合同当事人宣布。需要注意的是,《交强险条例》将保险标的的灭失作为投保人有权解除合同的条件,这样保险人应该退还剩下期限的保险费,如果按照合同自动终止处理,除法律另有规定或者合同另有约定外,保险人有可能不退还余下保险期限的保险费。

第四节 保险合同的解释和争议处理

一、保险合同的解释

保险合同应该做到合同内容具体、责任明确、文字准确,以保证合同的正确履行。但在实践中,保险双方当事人由于客观原因会对合同的基本条款的理解和认识产生分歧,这就需要依据法律规定的方式或其他方式,对保险合同内容给予确定或作出说明。

保险合同的解释,既要考虑订立合同时双方当事人的真实意图,也不能脱离合同文本,也就是要做公平、合理的解释。保险合同的解释主要有以下几个原则:

（一）文义解释原则

文义解释原则是指对保险合同中的条文要用最一般、最普通的文字意义进行解释。合同条文中前后同类用语应采用相同的解释;当出现某些行业的专业用语时,应依据该术语所属专业部门的标准解释。

（二）意图解释原则

意图解释原则是指当保险合同因使用的文字词语概念混乱、意思表示不清而产生纠纷时,应根据双方当事人订立合同时的真实意图来进行解释。一般要根据订立合同时的背景、客观情况、合同条款所用文字等综合因素进行分析判断。

（三）有利于被保险人的解释原则

保险合同通常属于格式(附合)合同,保险合同的条款都是保险人事先草拟或印就的,投保人只能表示接受或拒绝。为体现公平互利原则,在解释保险合同内容时,就要充分考虑被保险人的利益和尊重被保险人的理解,使被保险人的权益得到保障。《保险法》第三十条规定:"采用保险人提供的格式条款订立的保险合同,保险人与投保人、被保险人或者受益人对合同条款有争议的,应当按照通常理解予以解释。对合同条款有两种以上解释的,人民法院或者仲裁机构应当作出有利于被保险人和受益人的解释。"《合同法》第四十一条也规定:"对格式条款的理解发生争议的,应当按照通常理解予以解释。对格式条款有两种以上解释的,应当作出不利于提供格式条款一方的解释。格式条款和非格式条款不一致的,应当采用非格式条款。"运用有利于被保险人解释原则应该注意以下两点:第一,如果前两个原则能够很好地解释保险合同条款争议,体现双方的真实意图且不存在明显不公平,争议解释应该适用前两个原则;第二,有利于被保险人解释原则只适用于格式条款,如果产生争议的保险合同条款并不是格式条款,而是保险合同双方当事人当初协商的结果,就不能简单地作出有利于被保险人的解释。在当前我国司法实践中,这一原则有被滥用的现象。

此外,保险合同的解释还应遵守明示条件优于默示条件的原则和合同变更优于合同正文的原则。

保险行为一般受制于合同及法令法律、公德与公认行为规则。合同中规定的条件称为明示条件;合同中虽然没有明文规定,但按照惯例应予以遵守的规则,称为默示条件。明示优于默示的原则是指在不违背法律与公德的前提下,当明示与默示条件相抵触时,对合同解释以明示条件为准。

订约之后,合同双方就各种条件变化进一步磋商,采用批单、批注、附加条款等对原合同条文予以修正。合同变更优于合同正文的原则是指对于合同的解释应以比较新的更正内容为准。

二、保险合同的争议处理

保险合同订立后,当事人在履行过程中会在保险责任的归属、赔款的计算等问题上产生争议,需要采取合理的方式予以解决,以维护双方当事人的权益。保险合同的争议处理一般有三种方法:

(一)协商解决

当保险合同发生争议后,首先应采用协商解决方法,即保险当事人双方在互谅互让、实事求是、平等互利、合法的基础上友好协商解决,消除纠纷。这种解决方式气氛比较友好、缓和,既能解决争议,又可以节约费用,有利于保险合同继续执行。

(二)仲裁

通过协商不能解决争议或不愿采用协商解决争议的,可以通过仲裁方式进行处理。仲裁是指当事人双方发生的合同纠纷诉诸有关仲裁机构作出判断或裁决,也称公断。采用仲裁方式处理争议需要注意:

第一,必须有保险合同双方在争议发生前或发生后达成的书面请求仲裁协议,方可将争议交由仲裁机关处理。

第二,仲裁结果为终局制,一经作出便产生法律效力,必须执行。

第三,对仲裁结果不服者,可以在收到仲裁决定书之日起15天内向法院提起诉讼。但法院一般只对仲裁形式和程序是否符合法律要求进行审查。超过15天不起诉的,裁决便产生法律效力。

(三)诉讼

诉讼是指当发生合同纠纷时,当事人直接请求法院通过审判予以裁决,法院在合同当事人和其他有关人员共同参与下,依据法定诉讼程序,审理和解决合同纠纷的活动。

复习思考题

1. 为什么保险合同是最大诚信合同?
2. 你是如何认识保险合同是附合合同的?
3. 请比较补偿性保险合同和给付性保险合同。
4. 请说明保险凭证的法律效力及其在实践中运用的情况。
5. 什么是保险合同的受益人?受益人的受益权有什么特点?
6. 简述保险合同的订立程序,并说明保险合同成立和保险合同生效的区别。
7. 保险合同撤销和保险合同解除有什么不同?
8. 什么是保险合同效力中止?它和保险合同效力终止有什么不同?
9. 保险合同条款解释应该遵循什么原则?如何把握有利于被保险人解释原则的运用?

案例分析

2001年10月5日,投保人谢某听取了信诚人寿代理人黄女士对"信诚[运筹]智选投资连结保险"及5个附加险的介绍,与黄女士共同签署了

《信诚人寿(投资连结)保险投保书》。10月6日,信诚人寿向谢某提交了盖有其总经理李源祥印章的《信诚运筹建议书》,同日,谢某根据信诚的要求及该建议书的内容交纳了首期保险费11 944元(包括"附加长期意外伤害保险"首期保费2 200元),保险代理人向其出具了临时收款凭证,且谢某于10月17日下午完成了体检。10月18日,谢某不幸因意外事故身亡。2001年11月8日,谢某的母亲(受益人)向黄女士告知保险事故并提出索赔申请。2002年1月14日,信诚人寿发出理赔答复函,同意赔付主合同中的保险金100万元,拒赔"附加长期意外伤害保险"的保险金200万元。

双方争论焦点:

1. 原告主张:合同已成立应该赔。

谢某母亲认为,双方已就保险合同的主要内容达成一致,投保人已交纳了首期保险费,已履行了义务,所以要求信诚人寿保险公司支付附加险的保险金200万元及其利息。

2. 被告主张:合同不成立不能赔,主合同是通融赔付。

信诚人寿方面的理解是,对谢某购买的这类保险金额300万元的高额人寿保险,信诚和各大保险公司一样,需要谢某通过体检、提供财务证明资料,并由信诚据此决定是不是承保。所以,他们认为,谢某死亡时,他们尚未见到他的全部体检报告,不能判定他是不是符合公司的承保要求,信诚与谢某的保险合同还没有成立,附加合同的200万元保险金他们当然不必赔。至于主险合同的100万元赔款,信诚人寿认为,这是根据主险合同第22条"投保人在保险公司签发保险单前先缴付相当于第一期保险费,且投保人及被保险人已签署投保书,履行如实告知义务并符合本公司承保要求时,若被保险人因意外伤害事故死亡,保险公司将负保险责任"作出的理赔,但是这只是借鉴国外经验的一种"通融赔付"。而附加险合同第5条约定"保险公司对本附加合同应付的保险责任,自投保人缴付首期保险费且保险公司同意承保后开始",且保险公司还没有出具保单,附加险合同尚未成立,因此理应拒赔附加险的保险金。

3. 一审法院判决:合同表述不清的情况下,由投保人说了算。

2002年8月,一审法院审理后认为:首先,由于谢某与信诚的保险代理人共同签署了投保书,投保人谢某和保险人信诚的权利义务在上面列得清清楚楚,双方对此也达成了一致意见,加上谢某翌日又交付了首期保费,也就是说,作为投保人在保险合同成立后应负的主要义务谢某已履行。因此,保险主合同及其附加合同均已成立。其次,关于附加险合同第5条的约定,因为其属于格式合同条款,当中"保险公司对本附加合同应付的保险责任,自投保人交纳首期保险费且本公司同意承保后开始"文句,没有约定信诚将在何时同意承保、用什么方式承保,表述不清,实属不明确,依法应作出有利于投保人谢某的解释,应视为合同已经生效,因此判定保险公司需要承担附加险的赔付责任。

4. 二审法院判决:保险责任期间尚未开始,保险人不需要承担保险责任。

信诚人寿上诉后,二审法院经过1年多审理,于2004年作出判决认为:至谢某因意外事故身亡时,信诚公司尚未作出核保的承诺,亦未出具保单,故附加险承担保险责任期间尚未开始,信诚人寿对于发生在保险责任期间之外的意外伤害事故无须承担保险责任。

5. 经过谢某母亲长达两三年的申诉,2008年初广东省高院裁定二审法院存在错误,责令重审。

问题:

1. 请问你认为本案中保险合同是否成立?如果已经成立,那么保险合同是否生效?

2. 请问你认为本案中信诚人寿保险公司是否应该承担保险责任,如果应该承担,为什么?如果不应该承担,那又是为什么?

分析提示:

1. 保险合同成立和保险合同生效的条件是不相同的;

2. 保险合同属于要式合同;

3. 保险合同属于格式合同。

第六章

保险的基本原则

学习要点

- 认识保险利益与保险利益原则的含义及意义;了解各险种的保险利益种类;理解各险种保险利益的存在、转移和灭失
- 认识最大诚信原则的含义;理解最大诚信原则的内容;了解我国《保险法》对违反最大诚信原则的规定
- 认识近因与近因原则的含义及意义;了解近因的判断方法;理解根据近因原则确定保险责任的方式
- 认识损失补偿原则的含义及意义;了解补偿原则的实施方式;了解补偿原则的内容:代位原则、分摊原则;理解代位追偿原则的内容和取得代位追偿权的要件;了解物上代位原则和委付的含义
- 了解重复保险的含义;理解重复保险的分摊方法

在保险的长期实践和发展过程中,逐渐形成一系列国际通用的行业规范和业务处理原则,即保险利益原则、最大诚信原则、近因原则和损失补偿原则。它们是调整保险各方关系的基本原则。

第一节 保险利益原则

一、保险利益与保险利益原则

（一）保险利益的含义和成立条件

保险利益是投保人或被保险人对投保标的所具有的法律上承认的利益，即投保人或被保险人因保险标的的损害而丧失或遭受的经济上的损失。例如，某人拥有一处房产，他既可以自住，也可以通过出租、变卖房屋而获益；反之，如果房屋损毁，他不仅无处居住，还要另外花钱买房或租房，在经济上就会受损。因此，该人对此房产具有保险利益，他可以以此房作为保险标的向保险人投保。但是，并非任何利益都能构成保险利益，保险利益的构成必须符合以下四个条件。

1. 保险利益应为合法的利益

投保人对保险标的所具有的利益要为法律所承认，因为只有在法律上可以主张的利益才能受到国家法律的保护。因此，保险利益必须是符合法律规定的、符合社会公共秩序的、为法律所认可并受到法律保护的利益。例如，在财产保险中，投保人对保险标的的所有权、占有权、使用权、收益权或对保险标的所承担的责任等，必须是依照法律、法规、有效合同等合法取得、合法享有、合法承担的利益；因违反法律规定或损害社会公共利益而产生的利益，不能作为保险利益，如因偷税漏税、盗窃、走私、贪污等非法行为所得的利益便不得作为投保人的保险利益而投保。如果投保人为不受法律认可的利益投保，则该保险合同无效。

2. 保险利益应为经济上有价的利益

由于保险保障是通过货币形式的经济补偿或给付来实现其职能的，如果投保人或被保险人的利益不能用货币来反映，则保险人的承保和补偿就难以进行。因此，投保人对保险标的的保险利益在数量上应该可以用货币来计量，无法定量的利益不能成为可保利益。财产保险中，保险利益一般可以精确计算，对那些像纪念品、日记、账册等不能用货币计量其价值的财产，虽然对投保人有利益，但一般不作为可保财产。由于人身无价，一般情况下，人身保险合同的保险利益有一定的特殊性，只要求投保人与被保险人具有法律所承认的利益关系，就认为投保人对被保险人具有保险利益；

在个别情况下，人身保险的保险利益也可加以计算和限定，比如债权人对债务人生命的保险利益可以确定为债务的金额加上利息及保险费。

3. 保险利益应为确定的利益

保险利益必须是一种确定的利益，是投保人对保险标的在客观上或事实上已经存在或可以确定的利益。这种客观存在的确定利益包括现有利益和期待利益。现有利益是指在客观上或事实上已经存在的经济利益；期待利益是指在客观上或事实上尚未存在，但根据法律、法规、有效合同的约定等，可以确定在将来某一时期内将会产生的经济利益。在投保时，期待利益和现有利益均可作为确定保险金额的依据；但在受损索赔时，该期待利益必须已成为现实利益才属索赔范围。

4. 保险利益应为具有利害关系的利益

投保人对保险标的必须具有利害关系。这里的利害关系是指保险标的的安全与损害直接关系到投保人的切身经济利益。而投保人与保险标的之间不存在利害关系是不能签订保险合同的。根据《保险法》的规定，在财产保险合同中，保险标的的毁损、灭失直接影响投保人的经济利益，视为投保人对该保险标的具有保险利益；在人身保险合同中，投保人的直系亲属，如配偶、子女、债务人等的生老病死，与投保人有一定的经济关系，视为投保人对这些人具有保险利益。

(二) 什么是保险利益原则

所谓保险利益原则，就是在签订和履行保险合同的过程中，投保人和被保险人对保险标的必须具有保险利益；如果投保人对保险标的不具有保险利益，签订的保险合同无效（我国《保险法》第十二条）。保险合同生效后，除人身保险合同外，若投保人和被保险人失去了对保险标的的保险利益，则保险合同随之失效。也就是说，除人身保险外，索赔时，被保险人要具有保险利益才拥有向保险人的索赔权（人身保险在请求保险金给付时，不一定要求投保人或受益人对保险标的具有保险利益）。

(三) 保险利益原则的意义

保险利益原则有利于规范正常的保险经营活动，具体讲，该原则主要有以下三个方面的意义。

1. 防止将保险变为赌博

在保险经济关系中，如果投保人对保险标的不具有保险利益，以与己无关的财产或人身安全投保，则保险标的受损时投保人将在自身无损失的情况下还能获得保险赔偿,仅支出小额保费便可获得高额的保险赔偿金,这种行为与赌博无异。

在保险的发展历史上,这种情况曾经发生。由于保险标的的损毁、灭失并未使投保人蒙受经济损失,因此,保险标的实际上充当了赌博对象,模糊了保险与赌博的界限,诱发并助长了不良社会行为的产生与发展。为了避免这类不良后果,保险的首要原则是必须以保险利益的存在为条件,以维护社会公共利益。

2. 防止道德风险的发生

如果投保人或被保险人对其所投保的保险标的不具有保险利益,即保险标的的损毁不但不会使其蒙受经济损失,反会会给其带来几十倍甚至几百倍于保费的保险赔偿,那么这种"利润"会使一些人铤而走险,从而产生违法犯罪行为。例如,投保人用他人的财产投保,或以与己无关的他人的生命或身体作为保险标的投保,为获得保险赔偿金,投保人就会故意损毁他人财物或危害被保险人的生命,因此极易导致被保险人受害。如17世纪在英国就出现过多例投保人采用暗杀方式使被保险人死亡而领取保险给付金的案例。

为了防止道德风险的发生,法律规定投保人对保险标的要有保险利益。虽然仍存在各当事人、关系人促使保险事故发生的可能,但其所得到的损害赔偿仅为原有的保险利益,使其故意促使保险事故发生的行为无利可图。在寿险中亦严格限定了投保人与被保险人的保险利益关系,最大限度地控制了这种不道德行为的发生。保险利益原则的限定杜绝了无保险利益保单的出现,从而有效地控制了产生道德风险的诱因,在很大程度上保护了被保险人的保险财产和生命安全。

3. 限定保险赔偿的额度

从定量的角度,根据保险利益原则,保险金额的大小要与保险标的的实际价值相符或由投保人与保险人共同商定而成,即保险人的赔偿金额不能超过保险利益,否则,被保险人可以因较少的损失而获得较大的赔偿额,超过保险利益的部分同样会导致道德风险的发生。例如,某人将自己价值10万元的汽车以15万元的保险金额投保,即使汽车全损,他也只能获得10万元的赔偿金,因为他对超过汽车实际价值部分的5万元金额没有保险利益,投保也是无效的。

二、保险利益的种类

（一）财产保险的保险利益

在财产保险中，保险利益并非财产本身，而是财产中所包含的与投保人或被保险人的利益关系。该利益关系一般是指因法律上或合同上的权利或责任所产生的关系。若投保人或被保险人与保险标的具有某种法律关系或合同关系，他们对该标的就具有保险利益。

财产保险的保险利益有以下四种。

1. 财产所有人、经营管理人的保险利益

财产所有人对其财产具有保险利益。财产可能为个人所有，也可能与他人共有，后者每一财产所有人的保险利益仅限于他对共同财产所占有的份额。经营管理人如公司的法定代表对本公司的财产也具有保险利益。

2. 债权人的保险利益

债权人因债权关系对有关财产有利害关系，因此对这些财产有保险利益。例如，银行实行抵押购房贷款，购房人将自己所购的房产抵押给银行，作为清偿贷款的担保。这里，购房人是抵押人，银行是抵押权人即债权人，银行便对该房产具有优先受偿权利，该房产的灭失或价值下降都会给银行带来风险。因此，银行对该房产有了保险利益，可以以该房产为标的投保财产保险。

3. 财产受托人或保管人、承运人、承包人、承租人的保险利益

财产的受托人、保管人，货物的承运人、各种承包人、承租人，由于对所托、管、运、租的财物的安全负有法律责任，一旦该财物受损，上述各当事人就要承担经济赔偿责任，其经济利益必然会受到损失，从而对该财物具有保险利益。例如，旅店店主对旅客的行李，修理人对委托修理人的财物，承运人对所运物品和运费，船舶承租人对船舶，均具有保险利益。这些受托、代管、承运、承租的财产虽然不是归受托人或保管人、承运人、承包人、承租人所有，但这些财产的毁损、灭失也会给其带来经济上的损失，因而他们与该财产有利害关系，具有保险利益。

4. 经营者对合法的预期利益的保险利益

预期利益也称期待利益、预期利润，是指投保人因对财产有现有利益而具有的未来利益。例如，企业的财产是其获得经营利益的基础，现有财产的损毁必然导致其未来正常经营利益的减少，因此，这种预期利益可作为保险利益投保。又如,因营业中断导致预期利润丧失、票房收入减少、租金收入减少、待销商品的利润减少等,经营者对这类预期利益具有保险利益,所以可以投保利润损失保险。预期利益必须以现有利益为基础,而且必须能够确定。

(二)责任保险的保险利益

责任保险的保险利益是投保人(被保险人)所应负的民事损害赔偿责任。被保险人在生产经营、业务活动或日常生活中,因疏忽或过失造成他人人身伤害或财产损失,按照法律规定对受害人应承担经济赔偿责任,这种责任会给被保险人带来经济上的损失,因此,被保险人对此有保险利益。根据责任保险险种划分,责任保险的保险利益主要包括:

1. 各种公共场所负责人对其顾客、观众具有保险利益

各种固定场所,如商场、饭店、医院、娱乐场所等,对顾客、观众等的人身伤害或财产损失依法应承担经济赔偿责任,故这些公共场所的负责人对其顾客、观众具有保险利益,可投保公众责任险。

2. 制造商、销售商、修理商对其产品的损害赔偿责任具有保险利益

制造商、销售商、修理商因其制造、销售、修理的产品有缺陷造成消费者人身伤害或财产损失的,依法应承担经济赔偿责任,他们对该责任有保险利益,可投保产品责任保险。

3. 雇主对其雇员因职业引起的伤害具有保险利益

雇员在受雇期间因从事与职业有关的工作而患职业病或伤、残、死亡等,雇主依法应承担医药费、工伤补贴、家属抚恤等费用,因而对这种责任具有保险利益,可投保雇主责任保险。

4. 各种专业人员对其从事的职业引起的民事损害赔偿责任具有保险利益

律师、医师、会计师、设计师、工程师等专业技术人员,因工作上的疏忽或过失致使他人受到损害,依法应承担经济赔偿责任,他们对这种责任具有保险利益,可投保职业责任险。

(三)信用与保证保险的保险利益

在经济合同关系中,义务人的信用涉及权利人的利益,信誉好则权利人受损失的可能性就小,信誉不好则权利人受损失的可能性就大,因此,权利人对义务人的信用、义务人对自己的信用具有保险利益。如在进出口贸易中,出口方就可以以进口方的信用为保险利益,在一定信用额度下投保

出口信用保险；合同保证保险中权利人对义务人(被保证人)的履约信用同样具有保险利益。

（四）人身保险的保险利益

人身保险的保险标的是人的生命或身体。当投保人对被保险人的生命或身体具有某种利害关系时，才能对被保险人具有保险利益。虽然人的生命和身体无价，但对于投保人而言，被保险人的生存或身体健康能保证其原有的经济利益；反之，如果被保险人死亡或伤残，将使其遭受经济损失。人身保险的保险利益有以下四种。

1. 本人的保险利益

投保人对自己的生命或身体具有保险利益，因其自身的安全健康与否与其自己的利益密切相关。任何人都可以作为投保人，以自己为被保险人，与保险人订立关于任何保险责任的人身保险合同，而且保险金额不受限制。即使指定他人作为受益人，其本质也是基于自己的意志，将自己享有的权利转移给受益人享有。

2. 家庭成员之间的保险利益

因婚姻、血亲、收养等关系形成的家庭成员之间，相互具有保险利益。因为家庭成员之间存在着抚养关系，从而产生了经济上的利害关系。因此，家庭成员之间相互具有保险利益，如夫妻之间、父母与子女之间、祖父母与孙子女之间。有些国家法律规定除有亲属关系外，还要有经济上互助的利益。如英、美等国的成年子女与父母之间、兄弟姐妹之间，保险利益的存在是以是否具有金钱利害关系为基准的。我国《保险法》第五十三条规定："投保人对下列人员具有保险利益：（一）本人；（二）配偶、子女、父母；（三）前项以外与投保人有抚养关系、赡养或者扶养关系的家庭其他成员、近亲属。"

3. 由劳动关系产生的保险利益

在企业与职工之间、雇主与雇员之间，由于劳动关系而产生经济上的利害关系，前者对于后者的生命和身体具有保险利益，因为员工的疾病、死亡、年老会使企业或雇主负担一部分费用，造成其经济上的损失。企业或雇主为员工投保，既转移了风险，又可作为对员工的一项福利措施。

4. 债务关系、合作经济关系产生的保险利益

在债权人与债务人之间，如果债务人在偿还债务之前死亡且遗产少于其生前所欠债务时，债权人就不能受偿全部债务，从而遭受损失，因此，债权人对债务人的生命具有保险利益，可作为投保人，以债务人为被保险人，

受益人为债权人,与保险人订立死亡保险合同。但是,债权人的保险利益即保险金额不得超过债权金额。在合伙经营人、合作进行课题研究或著书的人之间,如果中途一方合作者死亡或丧失劳动能力,会使得合作事业难以按时完成,不能获得预期收益,造成经济上的损失,因此,合作者之间互相具有保险利益。

此外,我国《保险法》第五十三条还规定:"被保险人同意投保人为其订立保险合同的,视为投保人对被保险人具有保险利益。"也就是说,在以他人的身体和生命投保时,我国采取利益原则与同意原则相结合的方式,一方面要求投保人与被保险人有利害关系,具有保险利益;另一方面,只要经被保险人同意,投保人便具有了保险利益。总之,在人身保险中,保险利益是对投保人的要求,而不是对被保险人或受益人的要求。另外,死亡保险不经被保险人同意,投保人不能投保,在办理投保手续时,被保险人必须在保险合同上签字。

三、保险利益的存在、转移和消灭

(一) 保险利益的存在

在财产保险中,一般要求投保人在订立合同时对保险标的具有保险利益,同时要求在保险标的遭受保险事故而受损时具有保险利益。但是也有例外。如海上货物运输保险,投保人在投保时可以不具备保险利益,但保险标的遭受保险事故并发生损失时,被保险人必须具有保险利益,否则就不能取得保险赔偿。这是因为在海上保险中,由于在船舶买卖、货物买卖、货物运输等海商活动中,合同的成立过程与物权的转移过程都比较复杂,如果订立保险合同时机械地要求物权业已转移到投保人手中,会对交易十分不便。例如,出口商甲向保险人投保海上运输货物险后,将货物转售给出口商乙,同时将运输货物保险单背书转让给乙,随后货物在运输途中因船舶发生意外事故而遭受损失。这时,乙便可以以被保险人的身份向保险人请求损失赔偿。因为,按照海上保险惯例,尽管乙在保险合同签订时不具有保险利益,但在损失发生时已经具有保险利益。

人身保险也不要求保险利益在合同存续期间始终存在。人身保险的保险利益必须在保险合同订立时存在,而不要求保险事故发生时具有保险利益。之所以必须在保险合同订立时存在保险利益,是为了防止投保人因与被保险人无利害关系而诱发道德风险,危及被保险人的生命或身体的安全。但在人身保险合同订立之后，即使投保人与被保险人的关系发生了变化，如夫妻离婚、职工调离原单位等，投保人虽然对被保险人失去了保险利益，保险合同也不因此而失效，发生保险事故时，保险人仍要承担保险责任，履行给付保险金的义务。

（二）保险利益的转移

保险利益转移是指在保险合同有效期间，投保人将保险利益转移给受让人，而保险合同仍然有效。

在财产保险中，由于财产的继承、转让、企业破产清算等，保险利益都会发生转移。在保险事故发生以前，如果被保险人死亡，除保险合同中另有规定外，其继承人可以自动获得保险利益，经保险人同意后保险合同继续有效。当保险标的所有权发生转移时，除保险合同中另有规定外，保险利益随之转移，受让人对该标的具有保险利益。当被保险人破产时，保险利益转移给破产债权人和破产管理人，但通常会规定一个期限，在该期限内如果发生保险事故，破产债权人和破产管理人享有请求权；超过这一期限，保险合同失效。

在人身保险中，保险标的是自然人的生命、身体或健康，因此，除因存在债权、债务关系而订立的人身保险合同，保险利益可随债权一同转让外，保险利益不得转让，也不发生影响合同效力的问题。

（三）保险利益的消灭

在财产保险中，保险标的灭失，保险利益即消灭；或者虽然保险标的仍存在，但在保险事故发生时被保险人已丧失保险利益，如标的物被售出等，则保险合同自保险标的灭失之日起失效。

在人身保险中，如果投保人与被保险人之间丧失了构成保险利益的各种利害关系，原则上保险利益也就随之而消失。

第二节　最大诚信原则

一、最大诚信原则的含义

（一）最大诚信原则的概念

最大诚信原则可表述为：保险合同当事人订立合同及在合同有效期

内,应向对方提供影响对方作出订约与履约决定的全部实质性重要事实;同时,绝对信守合同订立的认定与承诺。

这里所说的重要事实,指的是那些足以影响保险人判断风险大小、决定保险费率和确定是否接受风险转嫁的各种情况。法律上认为,一些可能会使保险人遭受比正常情况下要严重的损失或处于不利地位的情况均属于重要事实。

(二)最大诚信原则产生的原因

最大诚信原则约束了被保险人和保险人两方的行为。一方面,保险人经营的是风险,只有投保人对其保险标的的风险及有关情况最为清楚,而承担风险的保险人则远离保险标的所在地,难以进行实地查勘,主要也只能根据投保人的告知与陈述来决定是否承保、如何承保以及费率的高低,因而投保人的告知与陈述是否属实和准确,对保险人的决策及其所承担的义务至关重要。如果投保人陈述不实或有意欺骗,保险人是难以及时发现的。这就是所谓信息不对称。在信息不对称的情况下,为了保护保险人的利益,要求投保人基于最大诚信原则履行告知与保证义务。

另一方面,保险合同属于附和合同,合同中的内容都是由保险人单方面制定的,投保人只能同意或不同意,或以附加条款方式接受。而保险合同条款又较为复杂,专业性强,一般的投保人或被保险人不易理解与掌握,这里同样存在着信息不对称的问题。因此,要求保险人如实向投保人说明、解释保险条款,不能以任何方式欺骗投保人和被保险人。

二、最大诚信原则的内容

最大诚信原则的内容包括告知、保证、弃权与禁止反言。

(一)告知

1.告知的内容

告知,是指保险合同订立之前、订立时及在合同有效期内,投保人对已知或应知的危险及与标的有关的实质性重要事实向保险人作口头或书面的申报;保险人也应将对投保人利害相关的实质性重要事实据实通告投保人。

在申请投保、订立保险合同时,投保人或被保险人应把有关投保标的的风险情况、上述当事人是否具有保险利益及其自身的一些事实情况主动如实地向保险人申报;同时,保险人应就保险合同的条款内容、费率以及其他可能影响投保人作出投保选择的事实情况作如实告知。

在保险合同有效期内，如果保险标的的风险发生变化，或保险人承担的责任范围有所扩大时，被保险人必须履行告知的义务，以便保险人决定是否继续承担保险责任，或以什么条件继续承保。因此，我国《保险法》第三十七条第一款规定："在合同有效期内，保险标的危险程度增加时，被保险人按照合同约定应当及时通知保险人，保险人有权要求增加保险费或者解除合同。"例如，在海上保险中，船舶中途改变航线，被保险人应及时告知保险人。

在保险事故发生时，被保险人应及时将保险标的的受损情况、施救费用等如实告知保险人。在索赔时，被保险人应申报对保险标的所具有的保险利益，同时提供保险人所要求的各种真实证明，以便保险人履行赔偿义务。

2. 告知的形式

告知的形式分为两种，即无限告知和询问回答告知。

无限告知，是指法律对告知的内容没有确定性的规定，投保人或被保险人自行尽量将保险标的的风险状况及有关重要事实如实告知保险人。

询问回答告知，是指投保人或被保险人对保险人询问的问题必须如实告知，对询问以外的问题视为非实质性重要事项，投保人无须告知。我国《保险法》第十七条第一款规定，保险人"订立保险合同，保险人应当向投保人说明保险合同的条款内容，并可以就保险标的或者被保险人的有关情况提出询问，投保人应当如实告知"。

告知的两种形式可以结合使用。在订立保险合同时，保险人会根据不同险种制定询问表，该表列出了保险人认为重要的问题，投保人应如实填写，对表中没有详尽的问题，保险人仍然可以要求投保人如实告知。对于合同订立后的通知义务和说明义务，被保险人应本着最大诚信原则，主动履行无限告知义务。

（二）保证

1. 保证的概念

保证，是指被保险人根据合同要求，在保险期限内对某种特定事项的作为或不作为。由于保险合同是依据投保人所告知的标的所处风险状况而签订的，因此是以风险因素和风险不再增加为条件的，保险人所收取的保险费也是以风险不再增加为前提或不能存在其他危险标的为前提的。

如果被保险人未经保险人同意而进行风险较大的活动,会引起保险标的危险的增加,必然会影响保险双方事先确定的等价地位。例如,某投保人在投保货物运输险时,在合同中承诺不运载危险货物,这个承诺就是保证。

保证条款对投保人或被保险人来说是一种利益上的约束。为了维护被保险人的利益,现在各国保险立法均加以限制,使保险合同中保证的条款能正常运作。在履行保证条款时要求:①保证的事项必须是重要的;②投保单中的保证条款应在保险单中加以确认或重新载明;③如被保险人违反保证义务,保险人应向被保险人发出书面通知,方可解除合同。

2. 保证的形式

保证可以分为明示保证和默示保证。

(1)明示保证,是在保险单中有明确记载的保证。明示保证又分为确认保证和承诺保证。确认保证,是投保人对过去或现在某一特定事实存在或者不存在的保证。例如,在签订人身保险合同时,某人确定他从未患过某种疾病,是指他投保前直至现在没有患过这种疾病,但并不涉及他今后是否患此病。承诺保证,是指投保人对将来某一特定事项的作为或不作为。例如,汽车保险条款载明:"被保险人或其雇用的司机对被保险的汽车应该妥善维护,使其经常处于适宜驾驶的状态,以防止发生事故。"此条款要求被保险人从现在订立保险合同起直到将来,保证对汽车维护并使其处于适宜驾驶的状态,而对被保险人过去对汽车维护与否不作要求。

(2)默示保证,是指一些重要保证在保险单上没有文字记载,但订约双方在订约时都清楚的保证。默示保证不通过文字来说明,而是根据有关的法律、惯例及行业、保险界的同业习惯来决定的。默示保证的法律效力同明示保证一样,不得违反。例如,海上保险合同的默示保证一般有三项:一是船舶适航性的保证,即船主在投保时,保证船舶的构造、设备、驾驶管理员等都符合安全标准,能合理地适于所投保航次的一般海上风险;二是船舶不得绕航的保证,即被保险人保证其船舶航行于经常与习惯的航道中,除非因躲避暴风雨或救助他人而改变航道;三是航行合法性的保证,即被保险人保证其船舶不从事非法经营或运输违禁品等。

(三)弃权与禁止反言

弃权,是指保险人放弃他在保险合同中可以主张的权利,如保险人放弃因投保人或被保险人违反告知或保证义务而产生的保险合同解除权。禁止反言也称"禁止抗辩",是保险人既已放弃他在合同中的某种权利,则将来不得再向对方主张这种权利。

在保险活动中,弃权与禁止反言的规定是对被保险人利益的维护。近几年来,我国保险代理队伍发展比较快,保险代理人是基于保险人的授权以保险人的名义对外从事保险业务的,因此,保险代理人可能为增加佣金而不认真或故意不按照保险条件承保,而根据此规定,保险合同一旦成立生效,保险人就不能再向投保人主张未达到的保险条件。这时保险人不得以代理人的行为有违保险条件而解除保险合同,这就是禁止反言。当然,保险人在这种情况下,也可以在维持保险合同效力的同时,根据代理人对保险代理合同的违反情况追究代理人的责任。

三、《保险法》对违反最大诚信原则的规定

（一）投保人、被保险人违反告知的法律后果

投保人、被保险人违反告知的表现形式有以下四种：

其一,不告知,是指由于无意或疏忽,或者对重要事实误以为是不重要事项而遗漏,或不进行告知。

其二,误告,是指对重要事实告知不准确,但并非故意欺骗。

其三,隐瞒,是指对重要事实故意不作申报,或只申报次要的事实。

其四,欺骗,是指对重要事实故意作不正确申报,或有意捏造事实,并有欺诈意图。

对于投保人、被保险人违反告知的上述情况,将会产生以下法律后果：

第一,投保人故意不履行告知义务的法律后果。我国《保险法》第十七条第二款规定："投保人故意隐瞒事实,不履行如实告知义务的,或者因过失未履行如实告知义务,足以影响保险人决定是否同意承保或者提高保险费率的,保险人有权解除保险合同。"第三款规定："投保人故意不履行如实告知义务的,保险人对于保险合同解除前发生的保险事故,不承担赔偿或者给付保险金的责任,并不退还保险费。"

第二,投保人过失不履行告知义务的法律后果。我国《保险法》第十七条第四款规定："投保人因过失未履行如实告知义务,对保险事故的发生有严重影响的,保险人对于保险合同解除前发生的保险事故,不承担赔偿或者给付保险金的责任,但可以退还保险费。"

对人身保险,我国《保险法》第五十四条规定："投保人申报的被保险人年龄不真实,并且其真实年龄不符合合同约定的年龄限制的,保险人可以

解除合同,并在扣除手续费后,向投保人退还保险费,但是自合同成立之日起逾二年的除外。"

第三,投保人或被保险人在保险标的危险程度增加时未告知保险人的法律后果。我国《保险法》第三十七条第一款规定:"在合同有效期内,保险标的的危险程度增加的,被保险人按照合同约定应当及时通知保险人,保险人有权要求增加保险费或者解除合同。"第二款规定:"被保险人未履行前款规定的通知义务的,因保险标的危险程度增加而发生的保险事故,保险人不承担赔偿责任。"

第四,投保人或被保险人、受益人采用欺诈形式违反告知义务的法律后果。上述当事人如果故意制造保险事故,保险人有权解除合同,不承担保险赔付责任,并可依法向对方索赔损失;如果在发生保险事故后,编造虚假证明、资料、事故原因、夸大损失,保险人对弄虚作假部分不承担赔偿义务。

第五,对于投保人或被保险人的非故意不告知,并且违反告知的事项属非重要事实的情况,保险人不得使合同无效或解除合同。

第六,对于投保人任何违反告知的情况,保险人均可放弃权利不予以追究,继续使合同有效或继续履行合同。

(二)投保人、被保险人违反保证的法律后果

下列行为均属违反保证:保证的事实是虚假的;故意违反保证;无意地破坏了保证;违反的保证未造成损失。投保人、被保险人违反保证将会产生以下法律后果:

第一,保险人不承担赔偿或给付保险金的保险责任。与告知不同,保证是对某个特定事项的作为与不作为,不是对整个保险合同的保证,因此,在某种情况下,违反保证条件只是部分地损害了保险人的利益,保险人只应就违反保证部分解除应承担的保险责任。也就是说,被保险人于何时、因何事违反保证,保险人可就此时此次的保证破坏而拒绝赔付,但并不完全解除保险合同。例如,家庭财产保险合同中,订有要求被保险人外出时必须将门窗锁闭的保证条款,某被保险人一时疏忽,忘记锁门,违反了该保证,致使发生保险事故,财产被偷。对此,保险人应仅就此次违反保证而拒绝赔偿,并非解除保险合同,在合同未到期之前,保险合同仍然有效。

第二,因投保人或被保险人违反保证而使合同无效时,保险人可以解

除保险合同并无须退还保费。

第三,符合下列情况之一,保险人不得以被保险人破坏保证为由使合同失效或解除合同:①因环境变化使被保险人无法履行保证事项;②因国家法律、法令、行政规定等变更,使被保险人不能履行保证事项,或履行保证事项就会违法时;③被保险人破坏保证是由保险人事先弃权所致,或保险人发现破坏保证仍保持沉默,亦视为弃权。

(三)保险公司和保险中介人违反诚信原则的法律后果

2002年修订的新《保险法》的一个重要特色是特别重视保险市场的诚信建设,这表现为以下三个方面:

一是对保险公司和保险中介人分别增加了在诚信方面的具体要求。对保险公司及其工作人员,新法增加要求不得"故意编造未曾发生的保险事故进行虚假理赔,骗取保险金"。对保险代理人和保险经纪人,新法增加要求不得"欺骗保险人、投保人、被保险人或者受益人;隐瞒与保险合同有关的重要情况;阻碍投保人履行本法规定的如实告知义务,或者诱导其不履行本法规定的如实告知义务;承诺向投保人、被保险人或者受益人给予保险合同规定以外的其他利益"。对评估机构和专家,新法增加要求"依法受聘对保险事故进行评估和鉴定的评估机构和专家,应当依法公正地执行业务。因故意或者过失给保险人或者被保险人造成损害的,依法承担赔偿责任"。

二是增加了保险公司在保险委托代理关系中的责任和义务。新法增加规定:"保险公司应当加强对保险代理人的培训和管理,提高保险代理人的职业道德和业务素质,不得唆使、误导保险代理人进行违背诚信义务的活动。"而且,新法还将"越权代理"明确写入,规定:"保险代理人为保险人代为办理保险业务,有超越代理权限行为,投保人有理由相信其有代理权,并已订立保险合同的,保险人应当承担保险责任;但是保险人可以依法追究越权的保险代理人的责任。"

三是新法在总则和法律责任部分增加了对诚信的要求。总则部分增加了"尊重社会公德"的要求,并将诚实信用单列一条,规定"保险活动当事人行使权利、履行义务应当遵循诚实信用原则"。在法律责任部分明显加大了对不诚信行为的惩处力度。

第三节 近因原则

一、近因原则的含义

保险所讲的近因,是指造成保险损失事件的最直接起主导作用的原因,但并非指时间上、空间上最接近损失的原因。近因与风险事故的发生有直接的因果关系,它直接促使某种事件产生后果,是诱发事件的主要原因或在诸因素中起支配作用的因素。例如,司机酒后驾车造成交通事故,近因就是司机饮酒。又如,有人趁火灾之际偷盗物品,则被盗物品损失的近因就不是火灾,而是盗窃。

近因原则是指保险赔偿以保险风险为损失发生的近因为要件的原则。在保险理赔中必须遵循近因原则,按照近因原则,当保险标的遭受风险事故而受损,损失近因是由承保的风险所造成时,保险人才予以赔付;如果损失的近因不属于承保的风险,保险人不给予赔付。

近因原则同样是从保险实践中产生的。若不根据近因原则确定损失原因,任何原因导致的保险标的损失均需赔付的话,则扩大了保险人的赔偿责任,其权利义务不对等,不利于保险业的正常经营。再者,如果不问何种风险致损,有损就赔,会助长灾害事故的发生,不利于保障人们的生命财产安全。因此,目前世界各国一般都采取近因原则来断定损失原因及处理赔案。

二、近因的判断方法

近因的判断方法很多,常用的有以下两种:

一种是顺序法。该方法从最初事件出发,按照逻辑推理,分析判断下一个事件可能是什么;然后再从下一个事件出发,分析判断再下一个事件可能是什么,如此下去,直至分析到损失为止。如果最初事件是导致损失的第一个原因,则最初事件即损失的近因。如果最初事件是保险责任范围内的事件,则保险人应当承担赔偿责任。

另一种是倒推法。该方法从损失开始,按照逻辑推理,分析引起损失的原因是否是前一事件,如果是,再继续分析导致前一事件发生的原因,直至推出最初事件为止。如果最初事件是导致损失的近因,则保险人承担保险赔偿责任。

例如,一艘拖船航行中触礁,结果导致船体开洞,于是船员用塞子堵水,于拖港修理途中塞子脱落,船舶进水最终沉没。在审理案件中保险人以拖港途中塞子脱落而进水属不保的海上固有风险进行抗辩,最终法庭判决触礁是船沉没的近因,属保险责任,保险人应当赔偿。如果用顺序法判断近因,即:船触礁→船体开洞→用塞子堵水→塞子脱落→船进水沉没。如果用倒推法判断近因,即:船进水沉没→由于塞子脱落→塞子是用来堵水的→因为船体有洞→因为船触礁。用上述两种方法均可分析出船触礁是近因。

三、应用近因原则来确定保险责任

应用近因原则确定保险责任有以下几种情况。

(一)致损原因只有一个

如果事故发生所致损失的原因只有一个,则该原因即损失的近因。如果这个近因属于保险风险,保险人应对损失负赔偿责任;如果这个近因是除外风险,保险人则不予赔付。例如,某人投保家庭财产保险并附加盗窃险,某日家中被盗,保险人应负责赔偿;如果他只投保家庭财产保险,未附加盗窃险,被盗仍为近因,则保险人不负赔偿责任。

(二)致损原因有多个(两个或两个以上原因)并同时发生

造成保险标的损失的原因有两个或两个以上,且难以确定先后顺序,视为多种原因同时发生。在这种情况下,不能以先后次序作为推断的依据,应当区别以下两种情况对待:

其一,多种原因都是保险责任范围内的原因,保险人对这些原因所致损失均负赔偿责任。反之,若多种原因均属除外责任,则保险人不负保险责任。

其二,多种原因中有些属于保险责任,有些属于除外责任,难以划分,则对属于保险责任的给予赔偿;对属于除外责任的不予赔付;对无法划分的一般不予赔付,但有时也会采用保险人和被保险人协商赔付的方式。如著名的哈特拉斯角灯塔案:6 500袋咖啡自巴西海运至纽约,当时正值美国南北战争,哈特拉斯角灯塔在南方军控制下,实行灯火管制。灯塔熄灭,船舶迷失航向,船体冲上海滩搁浅而破裂。救助者救出120袋咖啡,随即被南方军征收,1 000袋咖啡在抢救中毁于战火,其余留在船上的5 380袋咖啡沉没全损。法庭判决，1 120袋咖啡属于不保的敌对行动所致，其余的5 380袋咖啡由保险人负责赔偿，因造成损失的直接原因为船舶意外搁浅。

（三）致损原因有多个，连续发生且有因果关系

如果损失的发生由多个有因果连续关系的原因造成，则最初的原因为近因。保险人赔偿的处理方式有如下几种：

其一，连续发生的原因都是保险风险，则对保险事故发生后的一切损失，保险人都负责赔付。

其二，在连续发生的原因中，若前因是保险风险，后因是不保风险，但后因是前因直接的延续和后果，则保险人对所有损失均负责赔付。

其三，在连续发生的原因中，若前因是不保风险，后因是保险风险，后因是前因的必然结果，则保险人对所有损失均不予赔付。

其四，在连续发生的原因中，前因与后因均属非保险风险，则保险人对损失不予赔付。

（四）致损原因有多个，间断发生且不相关联

损失是由两个以上不相关联的原因引起的，如果造成损失的原因中有保险风险，则保险人仅对由保险风险造成的损失予以赔付，对非保险风险造成的损失不予赔付；若造成损失的原因中没有保险风险，则保险人对损失不予赔付。例如，船舶在航行时因遭遇台风被刮到对岸搁浅，对岸属敌国领海，船被敌方扣留，为使船舶脱浅需要卸货，因而产生装卸费用的损失，无其他损失。这样，虽有台风、搁浅、扣留等致损原因，但只有搁浅是造成卸货的必然原因，因此它是损失的近因，搁浅属于保险责任，保险人应予以赔偿。

第四节 补偿原则

一、补偿原则的含义、意义、实施以及补偿的方式

（一）补偿原则的含义

补偿原则，是指投保人与保险人签订财产保险合同，当保险事故发生并导致被保险人经济损失时，保险人给予被保险人的经济赔偿数额恰好弥补其因保险事故所造成的经济损失。补偿原则只适用于非寿险业务，对人

寿保险不适用。

补偿原则对保险双方当事人均有约束力。对保险人而言,当被保险人遭受保险事故导致经济损失后,应在保险责任范围内向被保险人提供充分的补偿;对被保险人而言,则是对获得的赔偿金额加以限定,即保险人对被保险人的赔偿数额,仅以被保险人的保险标的遭受保险责任范围内的实际损失为限,赔偿刚好可以使保险标的在经济上恢复到受损以前的状态。

(二)补偿原则的意义

1. 体现了保险的本质和职能

保险的本质是保障被保险人的保险利益,保险的基本职能是补偿损失。补偿原则的质的规定和量的限定都是保险基本职能的具体体现。

2. 有利于减少道德风险的发生

补偿原则规定被保险人因同一损失从有关方面获得的补偿总额,不能超过其所受的实际损失,即被保险人最多只能得到将保险标的恢复到与损失发生前相同财务状况的赔偿,所以该原则有利于防止被保险人通过保险赔偿而获得额外的利益,有利于减少道德风险的发生。

(三)补偿原则的实施

在具体实施补偿原则的过程中,遵循"三个为限"的原则,即以实际损失为限、以保险金额为限、以被保险人对标的的保险利益为限。

1. 以实际损失为限

保险人的赔偿额的确定是以保险事故发生时受损财产实际损失的现金价值为限的。例如,某机器设备投保时保额为 15 万元,发生保险事故造成全损,损失发生时该设备市价 10 万元,折旧 1 万元,保险人的赔偿额按实际损失额确定为 9 万元。

2. 以保险金额为限

保险金额是保险人履行赔偿义务的最高限额,保险人的赔偿金额在任何情况下均不能超过保险金额。另外,保险金额要与保险标的的实际价值相符,如果高于保险标的的价值,则超额部分无效。例如,某人以一辆价值 7 万元的旧车按新车市价 10 万元投保,则超额部分的 3 万元无效,即使全损,赔偿的最高限额也是 7 万元。在不足额保险的情况下,因保险价值大于保险金额,则赔偿额按保险金额占标的价值的比例来计算。例如,某房产实际价值为 60 万元,保险金额为 30 万元,若发生保险事故损失为 20 万元,则保险人按比例计算赔偿金额为 $20 \times (30 \div 60) = 10$(万元),被保险人只能获得50%的损失赔偿。

3. 以被保险人对标的的保险利益为限

保险赔偿是以被保险人的保险利益为条件的,保险人的赔偿也要以受损时被保险人对保险标的具有的保险利益为限。例如,李某为其私营船投保重置价值(8万元)保险,保险期限为一年。半年后李某与两个堂兄实行股份合营,股份的比例为2:1:1,但未到保险公司办理变更手续。不久船触礁,造成全损,保险公司核赔4万元。这是因为在保险事故发生时,李某对船的保险利益占总股份的50%,即4万元,另外4万元的保险利益他已经失去。

(四)补偿的方式

1. 现金赔付

保险补偿最常用的方式就是现金赔付。在财产保险中,当保险标的全损或接近全损时,保险人通常是用现金赔偿损失。在责任保险、信用保险、保证保险中,被保险人遭受的损失一般可以直接用货币计算出来,保险人予以现金赔付。

2. 恢复原状

当保险标的发生部分损失或部分零部件的损残时,保险人指定或委托有关维修部门把损失的部分修理好,使保险标的恢复到损失前的状态,修复费用由保险人承担。例如车辆、船舶出险受到部分损失,保险人一般是报销修理费。

3. 更换

当受损标的物的零部件因保险事故所致损失无法修复时,保险人通常采用替代、更换的方法进行赔付。如玻璃保险。

4. 重置

当保险标的损毁或灭失时,保险人可以重新购置一个与损毁标的同等规格、型号、性能的标的,来恢复标的的本来面目。由于重置实行起来比现金赔偿困难得多,因此保险人一般较少采用这种赔偿方式。

二、补偿原则的派生原则

补偿原则的派生原则主要是代位原则和分摊原则。

(一)代位原则

1. 代位原则的作用

代位原则是在补偿原则的基础上派生出来的原则。代位原则是指保险人依照法律或保险合同约定,对被保险人所遭受的损失进行赔偿后,依法取得向对损失负有责任的第三者进行追偿的权利或取得被保险人对保险标的的所有权。

代位原则主要有以下四个作用:

(1)可以防止被保险人额外获利。保险标的的损失属于保险责任,同时这种损害是由于第三者的疏忽、过失或故意行为造成的,被保险人既可以依据保险合同向保险人索赔,也可以依据民法向第三者责任方索赔。如果不实行代位原则,被保险人将有可能获得双重赔偿,或者获得的赔偿数额高于实际损失,从而获得额外利益,违背了补偿原则和保险的宗旨。

(2)代位原则使第三者责任方受到应有的追究。第三者对保险标的的损害负有经济赔偿责任,不能因保险人的赔偿而免除其应负的责任。否则,会使第三者逍遥法外,逃避责任。

(3)代位原则有利于维护保险人的公平地位。保险人履行了赔偿义务,对造成损害的第三方就获得了追偿的权利,从而维护了保险人的利益。

(4)被保险人将代位权交给保险人后,可以从向责任方索赔的争议诉讼中解脱出来,并及时获得经济补偿,尽快恢复正常的生产、生活。

根据保险事故和保险标的损失是否存在第三者责任人,代位原则分为代位追偿原则与物上代位原则两个部分。下面分别介绍这两个原则。

2.代位追偿原则的内容

(1)代位追偿的概念及代位追偿权取得的要件。代位追偿,是指被保险人因财产受损而取得保险人的赔偿金后,将其向责任方索赔的权利转让给保险人,保险人可以以被保险人的名义在赔偿金额范围内向责任方追偿。代位追偿原则的本质是追偿权利由被保险人转让给保险人。

代位追偿权的取得必须同时具备下列三个要件:①保险合同合法有效,并且造成损失的事故属于保险责任范围内。②保险人必须在履行了赔偿责任之后才能取得代位追偿的权利。如果保险人没有支付赔偿金,尚未履行保险合同规定的义务,就无权获得权利的转让。③必须有负有责任的第三者。在第三者与被保险人之间必须存在一种民事赔偿责任,即第三者对保险事故的发生和保险标的的损失须负有合同或法律上的责任。

(2)代位追偿权的行使。代位追偿权的行使可从以下几个方面来考察:

一是行使代位追偿权的名义。由于被保险人将追偿权转让给保险人,因此保险人既可以以被保险人的名义,也可以以保险人的名义向有责任的第三者追偿。

二是行使代位追偿权的范围。保险人的代位追偿权范围仅限于其所支付的保险赔偿金。保险人不能通过行使代位追偿权而获得额外利益。如果保险人追偿到的款额高于赔偿金额,则应将超出部分归还被保险人。

三是代位追偿权的对象范围。第三者的界定是正确行使代位追偿权的前提,第三者是对保险事故的发生和保险标的的损失负有民事赔偿责任的第三人,可以是法人,也可以是自然人。我国《保险法》第四十七条对第三者的范围还有限定:"除被保险人的家庭成员或者其组成人员故意造成本法第四十五条第1款规定的保险事故以外,保险人不得对被保险人的家庭成员或者其组成人员行使代位请求赔偿的权利。"因为被保险人的近亲属或与被保险人有相同利害关系的人往往与被保险人有一致的利益,若保险人向这些人行使代位追偿权,与向被保险人行使权利效果类似,使被保险人的损失得不到赔偿。

四是行使代位追偿权时被保险人的义务。在保险人进行追偿时被保险人有如下义务:一是被保险人需保持对第三者的起诉权利,不能损害保险人的代位追偿权。我国《保险法》第四十六条第1款规定:"保险事故发生后,保险人赔偿保险金之前,被保险人放弃对第三者的请求赔偿的权利的,保险人不承担赔偿保险金的责任。"第2款规定:"保险人向被保险人赔偿保险金后,被保险人未经保险人同意放弃对第3者请求赔偿的权利的,该行为无效。"第三款规定:"由于被保险人的过错致使保险人不能行使代位请求赔偿的权利的,保险人可以相应扣减保险赔偿金。"二是被保险人有协助保险人向第三者追偿的义务。我国《保险法》第四十八条规定:"在保险人向第三者行使代位请求赔偿的权利时,被保险人应当向保险人提供必要的文件和其所知道的有关情况。"被保险人有义务提供其与第三者的合同、能够证明第三者对保险事故发生有责任的依据、必要时出庭作证等。

五是保险人行使代位追偿权的方式。保险人一般先采用协商的方式追偿,若无效则采用诉讼或仲裁的方式。

3. 物上代位原则与委付

(1)物上代位。物上代位是指保险标的遭受保险范围内的损失后,保险人在对被保险人履行了保险赔偿义务后,拥有对保险标的全部或部分的所有权,即代位取得对受损保险标的的一切利益。我国《保险法》第四十四条规定:"保险事故发生后,保险人已支付了全部保险金额,并且保险金额相等于保险价值的,受损保险标的的全部权利归于保险人;保险金额低于保险价值的,保险人按照保险金额与保险价值的比例取得受损保险标的的部分权利。"

(2)委付。委付是海上保险中特有的一种法律行为,其概念类似于物上代位中保险标的的全部所有权的转让。委付是指当保险标的遭受的损失尚未达到全损,但有全损的可能或其修复费用将超过本身价值时,被保险人向保险人表示愿意将保险标的的所有权转让给保险人,并要求保险人按全损赔偿的一种法律行为。

在海上保险中,当船舶或货物发生推定全损时,被保险人向保险人发出委付的通知,将标的的一切权利和义务委付给保险人,经保险人接受后方能生效,保险人不能中途撤回,在取得保险标的的物权后,保险人赔付全部保险金额。

(3)委付取得的要件。委付取得的要件如下:

一是委付应以推定全损为条件。如保险标的确属全部灭失,就没有什么权利可转移,保险人也自应赔偿全部损失。

二是委付应就保险标的全部提出请求。被保险人不能就一部分标的物请求委付,另一部分不委付,否则容易引起争议。但是,如果保险单上包括的保险标的种类繁多,而仅其中一部分发生委付的原因,而且这部分委付的标的可与其他标的分离,则可以将这一部分标的单独实行委付。

三是委付不能附带条件。提出委付请求,若又附上条件,必然使保险双方关系复杂化。例如,船舶沉没,被保险人提出委付,但又附上条件,要求日后若打捞到沉船时返还其船舶及货物,这样必然会影响保险人的利益。

四是委付须经承诺方为有效。被保险人提出委付后,保险人可以接受,也可以不接受。保险人如果不接受,不影响被保险人的索赔权利。如保险人接受委付,委付即有效成立。委付一经成立,既不得撤销,也不得因其他原因而反悔。

4.代位追偿权与委付的区别

代位追偿权与委付的区别体现在以下两个方面:

第一,在代位追偿中,保险人获得的追偿额只能少于或等于赔偿额;而在委付中,保险人有可能获得大于其赔偿金额的利益,因为被保险人提出委付时,已放弃了对保险标的的所有权,保险人获得了对保险标的的任意处分权,并可取得因处置该标的物而产生的额外利益。

第二,代位追偿是一种权利的转让,保险人在取得这种权利的同时,无须承担其他义务;委付是一种物的转让,取得财产所有权的同时,必须承担因获得所有权而带来的各项义务。

(二)分摊原则

1. 分摊原则的含义

分摊原则是补偿原则的另一个派生原则。分摊原则适用于重复保险,所以该原则也叫重复保险条件下的分摊原则。

重复保险是指投保人对同一保险标的、同一保险利益、同一保险事故分别向两个以上保险人订立保险合同的保险。在重复保险中,如果保险标的发生保险责任事故导致损害,投保人就会同时向两个或两个以上的保险人索赔,其所获赔偿金额可能超过标的的实际损失,使被保险人获得额外利益,这就违背了保险的补偿原则。因此,在赔偿时必须对被保险人有所限制。另外,为防止保险人在重复保险情况下不承担责任,也必须加以限制,由此产生了分摊原则。

在重复保险条件下,被保险人所能得到的赔偿总额需由各保险人采用适当的方法进行分摊。

2. 分摊方法

(1)比例责任制。比例责任制又称保险金额比例分摊制。我国《保险法》第四十一条第二款规定:"重复保险的保险金额总和超过保险价值的,各保险人的赔偿金额的总和不得超过保险价值。除合同另有约定外,各保险人按照其保险金额与保险金额总和的比例承担赔偿责任。"这就是说,保险标的发生损失时,各保险人按各自保险单中承保的保险金额与总保险金额的比例承担赔偿责任。比例责任制是分摊原则中最常用的一种分摊方法。其计算公式为:

$$某保险人赔偿额 = 损失金额 \times \frac{某保险人的保险金额}{所有保险人的保险金额之和}$$

(2)责任限额制。责任限额制又称独立责任制,是以各个保险人的独立责任为依据来分摊损失,即各保险人承担的赔偿额以在没有其他保险人的情况下单独应当承担的限额比例来进行分摊。其计算公式为:

$$某保险人赔偿额 = 损失金额 \times \frac{某保险人独立责任限额}{所有保险人独立责任限额之和}$$

(3)顺序责任制。顺序责任制是指按照订立保险合同的先后顺序分摊赔偿责任,即首先签订保险合同者首先赔偿,在第一个保险人依照保险金额承担赔偿责任后,不足时由第二个保险人赔偿,以此类推,直至被保险人的损失得以足额补偿为止。

顺序责任制的赔偿方法对各个保险人来讲不大公平,因此,一般很少采用这种方法。

复习思考题

1. 试述保险利益原则在各险种中的运用。
2. 比较保险利益的存在和转移对财产保险合同和人身保险合同效力影响的异同。
3. 试述最大诚信原则中三个组成部分的含义及其对保险合同主体的约束。
4. 举例说明在保险实务中如何运用近因原则确定保险责任。
5. 举例说明在保险实务中补偿原则的限制条件。
6. 试比较代位追偿、物上代位和委付的异同。
7. 王某为某食品厂的职工,有一处住房价值20万元。1999年3月2日,食品厂为全体职工在甲保险公司投保了家庭财产保险,每人保险金额为150 000元。王某的妻子李某所在的纺织厂在1999年4月1日向乙保险公司为每一职工投保了保额为100 000元的家庭财产保险。1999年12月2日王某家着火,造成损失125 000元。试说明分摊原则的三种分摊方式在此例中如何运用。

案例分析

案例1:离婚后保险利益谁享有

某保险公司接到一份特殊的索赔申请:刘某于2002年2月为其妻王某投保了一份养老保险,并经妻子同意将受益人确定为自己。2003年12月,刘某与王某离婚。离婚后刘某仍然按期缴纳这笔保险费用。2004年3月,王某因车祸意外身亡。王某的父亲和刘某在得知这一消息后都向保险公司提出领取保险金的申请。

讨论题：
1. 本例中受益人是否发生变化？
2. 保险金到底应付给谁？

分析提示：
1. 本案涉及我国人身保险合同中受益人的指定。
2. 思考人身保险合同中投保人指定的受益人与被保险人离婚后是否丧失受益权。

案例2：乙肝病毒携带者投保案

2001年，李某先后向平安保险公司某支公司购买"平安世纪理财保险"、"平安附加定期保险"、"平安长寿保险"、"个人住院安心保险"，保险金额若干。保单生效三年后的2003年，李某因患乙型肝炎住院治疗。出院后，李某手持保险单、住院证明和医疗费收据，到保险公司申请赔付。保险公司在理赔调查中发现，李某在2000年三月本单位为其员工进行的体检中，曾被查出携带乙肝病毒，而在投保书中李某并未对此说明。

讨论题：
1. 保险公司对乙肝病毒携带者是否可以承保？
2. 本例中保险公司是否应赔付？

分析提示：
1. 最大诚信原则中关于"告知"的内容规定。
2. 分析本例中的未告知事项是否为"足以影响保险公司作出是否承保或加费的决定"的事项。

案例3：英国妇女车祸案的近因判断

英国一妇女向保险公司投保汽车险，保单规定：保险公司对被保险人驾驶车辆时，因暴力、意外、外在、可见的行为造成身体伤害而导致的死亡承担赔偿责任。保险期内该妇女驾车外出，途中遇车祸，人未伤，但精神严重受到刺激，下车狂奔至距车很远的地方，掉入河中淹死。保险公司以被保险人死亡的近因是坠河而拒赔，受益人向法院起诉。

讨论题：

1. 本例中近因如何确定？法院会如何判决？

2. 如果本案在无车祸发生的情况下，被保险人落水死亡，法院应如何判断？

分析提示：

根据当事人投保的险种类别来判断近因。

案例4：医疗保险是否适用补偿原则

被保险人张某系某市机关幼儿园学生，2004年8月25日，张某父亲为其购买了学生、幼儿平安保险一份，同时附加意外伤害医疗保险和意外伤害住院医疗保险，缴纳保险费40元。双方约定：被保险人为张某，保险期间为12个月，自2004年8月26日零时起至2005年8月25日二十四时止。与此同时该幼儿园也为学生在另一保险公司投保了学生、幼儿团体平安保险附加意外伤害医疗保险和住院医疗保险。

2004年10月8日，张某在放学经过十字路口时被酒后驾车的司机王某撞倒，经诊断，张某腿骨骨折，并伴有轻微脑震荡。12月1日，张某出院，花费医疗费10 000元。12月3日，经公安局认定，本起交通事故系当事人王某酒后驾车所致，王某应当承担事故的全部责任。2004年12月22日，在公安部门的主持下，张某与王某就本起交通事故的损害赔偿达成了调解协议，由王某一次性向张某赔偿医疗费、护理费、住院伙食补助费等各项费用15 000元。

随后，张某向保险公司提出了理赔申请，但保险公司认为，在本起事故中肇事者已经支付伤者医疗费，而保险合同是一个补偿性合同，被保险人不应从中获得额外利益，即不应当对被保险人的医疗费用重复予以赔偿。

讨论题：

1. 本例是否是重复保险？

2. 保险中的医疗费用是否适用补偿原则？是否适用代位追偿原则？

3. 本例最终应如何处理？

分析提示：

1. 分析医疗保险是否属于补偿性质的保险。

2. 分析张某获得补偿的方式有几种，能否获得超过实际医疗费用支出的补偿。

第七章

保险产品定价的基本原理

学习要点

- 认识保险产品的定价过程
- 了解概率论和大数法则及其意义
- 理解保险费率及其组成
- 了解厘定保险费率的主要原则
- 理解保险财产损失率和社会财产损失率
- 理解财产保险费率的第一附加费率和第二附加费率
- 理解财产保险毛费率的计算过程
- 了解影响人寿保险纯费率的主要因素
- 掌握生存保险和死亡保险的纯费率计算

第一节 保险产品定价的数理基础和定价原则

保险产品的价格即保险费,是依据对保险财产的损失率或不同人群的死亡率、生存率、疾病发生率、意外事故发生率等估算的预期损失,加上保险公司经营的预期费用和预期利润而计算得出的。保险财产损失率、死亡率、生存率、疾病发生率、意外事故发生率等都要根据过去的经验数据,应用概率论来计算和确定,所以根据这些数据来估算的预期损失并不完全等同于将来发生的实际损失。保险产品的定价过程,就是使得预期损失的测算尽量精确,将实际损失和预期损失之间的差异最小化的过程。保险产品的定价,是保险精算的基本内容之一①。由于概率论是保险产品定价的基础知识,我们首先介绍概率论的一些相关内容。

一、概率与概率分布

在自然现象和社会经济现象中,有一些现象(如火灾、地震、生病、死亡、市场价格)就其个别来看是无规律的,也就是一种随机事件。通过大量的试验与观察之后,这些随机事件就其整体来看都呈现出一种严格的无偶然的规律性,对这种规律性进行定量描述,就是所谓概率(Probability)。

概率也称"或然率"、"几率",它是衡量随机事件出现的可能性大小的一个数量指标。在一定条件下,概率大,表示某种随机事件出现的可能性大;反之,则表示这种随机事件出现的可能性小。以概率为尺度,从数量的角度来研究随机事件变动的关系和规律性的科学称为概率论。

概率是一个常数,它的特点是不大于1,不小于0,用公式表示如下:

$$0 \leq P(A) \leq 1$$

式中:0——不可能事件的概率;

1——必然事件的概率;

A——某种随机事件;

P——事件的概率逐渐稳定于某个常数;

$P(A)$——随机事件 A 发生的概率。

上式中,$P(A)$ 越大,表示随机事件 A 越容易发生,当 $P(A)$ 等于 1 时,表示 A 为必然事件;$P(A)$ 越小,表示随机事件越不可能发生,当 $P(A)$ 等于 0 时,表示 A 为不可能事件。

在对风险的预测中,需要了解该风险损失(随机事件)的概率分布。风险损失的概率分布是用来显示各种可能损失结果发生的概率,较为常用

---

① 严格一点的精算定义实际上比较宽泛,它是"利用数学、经济学、数理统计、人寿保险、非人寿保险、养老基金、投资等理论,对金融、投资等行业中的风险问题提出数量化意见,是未来价值的可能性数量化。"(引自李晓林编著:《精算学原理》(第一卷),经济科学出版社 1999 年版,第一页。)

的有：

第一，每年总损失的概率分布，也就是在某一特定年度中，一定单位可能遭受的最大总损失。

第二，每年损失次数的概率分布，也就是损失频率的概率分布。

第三，每次损失发生金额大小的概率分布，也就是损失幅度的概率分布。

以上不同的损失具有不同的概率分布，常见的损失分布模型有指数分布、伽玛分布、对数正态分布、帕累托（Pareto）分布、对数伽玛分布等，这些理论分布模型可以用来衡量不同损失的概率分布。

二、大数法则

大数法则是概率论中的一个重要定律，就风险损失而言，其基本内容可以通俗地表述为：同质的风险损失事件（如同一地区的火灾损失事件）的不同单位如果大量地结合在一个组里，那么结合的单位越多，在一定时期内遭遇风险损失的变动幅度就越小，即同质风险单位结合数量逐渐增多时，从整体来看，由于相互抵消作用或平均作用的扩大，发生风险损失的波动幅度就会逐渐减少而趋向于稳定。

例如，抛掷硬币，只要这一硬币是同一种材料均匀铸造（即同质），抛掷一次，落地时其正面朝下的概率要么是1，要么是0；正面朝上的概率要么是0，要么是1。但是当多次抛掷这枚硬币时结果就会变化，当抛掷次数趋于无穷大时，落地时正面朝上和正面朝下的概率将是相等的，就是说其概率都是1/2。如果抛掷的次数太少，正面朝上的概率可能是38%，42%等，很难准确预测，可能误差极大。但随着抛掷次数的增多，正面朝上这一随机事件发生的次数越来越接近于抛掷次数的50%，这就是该随机事件的概率。抛掷硬币是考察正面（或背面）朝上（或朝下）的概率，这种事件的概率分布就是二项分布。生存和死亡事件也服从二项分布。

大数法则对于保险的意义在于，它是保险产品定价的数理依据，因为只有掌握大量的保险风险单位的经验数据，才能比较准确地估计保险标的的损失概率或被保险人群的死亡概率（生存概率、疾病发生概率、意外事故发生概率），从而合理厘定保险费率。同时，大数法则也是保险稳定经营的数理依据，当被保险的保险单位足够大时，保险风险才能够在较大范围内进行分散，从而保证保险公司的财务稳定性。

三、保险费和保险费率

保险费就是购买保险服务产品的价格,它也是保险经营的物质基础。保险人通过向投保人收取保险费以建立保险基金,当被保险人遭受约定的灾害事故并受到损失时,保险人就用该基金支付赔款或给付保险金,从而实现保险的基本职能。

投保人缴纳的保险费一般称为毛保费,它可以分解为纯保费和附加费两部分。其中,纯保费是保险人用来建立保险基金,将来用于赔付的那部分保费,也称为净保费;附加费主要用于保险人的各项业务开支和预期利润,包括职工工资、业务费、企业管理费、代理手续费、税金、利润等。

保险费率是保险人按单位保险金额向投保人收取保险费的标准。与保险费的分解相对应,保险费率也有毛费率、纯费率和附加费率之分。其中,纯费率是对应于每个风险单位保额的可能损失额。在理论上,它是所投保标的因保险事故而发生损失的概率。附加费率是对应于每个保险单位的保额损失变动相对于正常变动的损失和单位保额的经营费用。

保险费率与保险费之间一般存在以下关系:

$$保险费 = 保险金额 \times 保险费率$$

$$保险费率 = \frac{保险费}{保险金额}$$

大多数保险的保费计算适用以上公式,而在机动车辆保险的车损险计算保费时,则适用以下公式:

$$保险费 = 基本保险费 + 保险金额 \times 保险费率$$

保险公司厘定保费率时,对纯保费率(也叫净保费率)和附加保费率(费用率)是分开计算的,其中最重要的是计算纯保费。财产保险的纯保费主要是根据在过去多年中该类保险财产的损失率计算的。而人身保险的纯费率主要根据不同投保人群的死亡率(死亡保险)、生存率(生存保险)、某种疾病发生率(健康保险)或意外事故发生率(意外伤害保险)来计算(具体介绍见本章第二节和第三节)。附加保费率是根据保险标的的损失变动程度和该类业务分摊的费用在该类业务总保费收入中所占的比例来确定的。所以,附加保费率一般分为两部分:第一附加费率和第二附加费率。第一附加费率是以异常损失为基础的,主要用来对保险标的的异常损失进行赔偿或给付。例如,美国洛杉矶 1976 年发生的大地震,2001

年发生的"9·11"事件,包括我国在内的20多个国家在2003年发生的"SARS"疾病的异常传播等,都会造成保险公司巨大的超常的赔付。这部分超常损失的部分,就由第一附加费率所收集的保费来补偿。第二附加费率是以保险人经营保险业的各种费用(包括管理费、工资等)、税负和利润为基础的。通过这部分附加费率收集的保险费就用于这些费用支出和为保险公司提供利润。附加保费率要受到保险监管部门和/或财政部门的监督和核定。

四、保险费率厘定的主要原则

(一)保证补偿原则

保险人按保险费率向投保人收取的保险费,必须足以应付赔款支出、保险金给付以及各种经营费用。这是因为,保险费是补偿保险标的损失的基本来源,如果费率过低,就会导致保险公司缺乏偿付能力,最终使被保险人因得不到保障而受到利益损害。

(二)公平合理原则

公平合理原则是指保险费率在保险人与投保人之间及各投保人之间要体现公平合理的原则。保险人与投保人之间的公平合理,一方面表现为必须贯彻补偿原则,另一方面强调保险费率不能过高。保险费率过高,会损害投保人的利益而使保险人获得过多利益。各投保人之间的公平合理,是指保险人向投保人收取的保险费,应与保险标的所面临的危险程度相适应。在风险一致的条件下,相同的风险单位应采用相同的保险费率,不同的风险单位应采用不同的保险费率。对于风险大的保险标的应采用较高的保险费率;而对于风险较小的保险标的应采用较低的保险费率。

(三)相对稳定原则

保险费率的厘定,要考虑到保险收费标准的稳定性。如果保险费率经常波动,会诱发投保人的投机心理,也会使投保人难以确定保费预算,增加对保险公司的反感,导致保险业务量的减少,还会给保险公司本身的财务核算带来困难。然而,保险费率的稳定也是相对的,随着社会和经济的发展,技术的进步,各种风险防范手段的改善,相关法律法规的调整,必然使各类财产和人身风险发生变化,对于不适当的费率,应当根据实际情况加以调整,以便比较恰当地反映风险损失的变化趋势。

(四)促进损失控制原则

产品定价要能促进被保险方防灾防损,减少危险事故。一方面,要鼓励和引导被保险人从事预防损失的活动,例如,鼓励投保火灾保险的被保险人配置防火灭火设备以减少火灾风险事故发生的机会,配备防盗装置以减少盗窃风险损失等。另一方面,对防灾设备齐全、制度健全、损失频率和损失程度较低的被保险人,应当给予奖励(适当降低费率),以鼓励他们在风险损失控制方面所做的努力;而对不注重防灾防损、制度不健全、损失频率和损失程度较高的被保险人,应当收取较高费率,以促其进行风险损失的控制,从而减少社会财产的损失。

第二节 财产保险的费率厘定

一、财产保险纯费率及其计算

财产保险的纯费率是保险赔偿总额与总保险金额之商,因此,又称财产损失率或保险金额损失率。其计算公式为:

$$NP' = \frac{\sum_{i=1}^{n} l_i}{\sum_{k=1}^{n} P_i}$$

式中:NP'——纯费率;

l_i——第 i 年的保险赔偿额;

P_i——第 i 年的保险金额;

n——统计年度。

财产保险多是 1 年期的保险,由于保险事故的发生是随机的,具有很大的不确定性,如前所说,根据大数法则,只有在一个较长的时间里才会趋于稳定。因此,纯费率的计算应当有较长时期的资料,至少应有 5~10 年。当然在开办新业务时,不可能有长时间的损失经验和数据,只能根据有关调查获得社会财产损失资料,这时用社会财产损失率近似地代替保险财产损失率。社会财产损失率就是社会上某类财产在一定期间(通常是 1 年)的总损失金额在该类财产的总价值额中所占的比率。由于逆选择的存在,保险财产损失率一般大于社会财产损失率。

二、第一附加费率

纯费率是一段较长时间内保险赔款或社会财产损失的算术平均数(或数学期望)。就其中某一年而言,实际的保额损失率与这一算术平均数一般并不相等。对保险人来说,各年度实际保险金额损失率对其数学期望的背离程度的大小(即方差或均方差的大小)具有重要意义。背离程度越大,即方差或均方差越大,经营风险越大。对此,保险人在测算保险财产损失率时,要在期望的基础上增加一个或两个均方差,以提高对损失率(也就是纯费率)预测的可靠性。

保险金额的均方差的计算公式是:

$$\sigma = \sqrt{\frac{\sum_{i=1}^{n}(X_i - NP')^2}{n}}$$

式中:σ——均方差;

X_i——第 i 年的实际损失率。

此均方差(一般是 1~2 个均方差)即第一附加费率应附加到纯费率上。均方差提供的并不是实际损失率对损失率的期望变动的绝对数量界限,而是一个具有一定可能性的数量界限。一般来说,各年的实际损失率约有68%的可能性发生在($NP' \pm \sigma$)的区间里,约有95%的可能性发生在($NP' \pm 2\sigma$)的区间里,约有99.8%的可能性发生在($NP' \pm 3\sigma$)的区间里。这就是说,作为第一附加费率(均方差 σ),增加 3 个 σ,相对来说保险人的财务最安全,因为在样本期间每年的实际损失率有99.8%落在平均损失率两旁 3σ 的范围内。但考虑到投保人的负担,保险精算时只增加 1~2 个 σ。

三、第二附加费率

第二附加费率是费用率,它与第一附加费率以保险财产的实际损失率为基础不同,是以经营管理费用为基础的。在正常情况下,第二附加费率是一个常数,通常用占纯费率的一定百分比来表示。例如,假定第二附加费率为纯费率的20%,则有:

第二附加费率 = 纯费率 × 20%

第二附加费率的另一种算法是根据经验规定其在保险费率中所占的比例。例如,已知第二附加费率占保险费率的10%,则有:

保险费率＝(纯保险费率＋第一附加费率)/(1－10%)

【例7－1】某保险公司过去10年的某类财产保险业务保险金额损失率统计资料如表7－1所示。假定第一附加费率按1个σ计算,费用率按纯费率的20%计算,请厘定该类财产保险的保险费率。

表7－1

年 度	保额损失率(‰)	年 度	保额损失率(‰)
1993	6.4	1998	5.9
1994	6.3	1999	5.7
1995	6.2	2000	5.8
1996	6.1	2001	5.7
1997	6.0	2002	5.9

(1)纯费率计算。根据上面的公式,纯费率就是这10年保险金额损失率的经验数据的算术平均数。即:

纯费率＝平均保额损失率＝(6.4‰＋6.3‰＋6.2‰＋6.1‰＋6.0‰＋5.9‰＋5.7‰＋5.8‰＋5.7‰＋5.9‰)÷10＝6.0‰

(2)第一附加费率计算。第一附加费率是在平均损失率之上所增加的一个均方差。这10年经验数据的均方差为:

$$\sigma = \sqrt{\frac{\sum_{i=1}^{n}(X_i - NP')^2}{n}} =$$

$$\sqrt{\frac{(6.4-6.0)^2+(6.3-6.0)^2+(6.2-6.0)^2+(6.1-6.0)^2+(6.0-6.0)^2+(5.9-6.0)^2+(5.7-6.0)^2+(5.8-6.0)^2+(5.7-6.0)^2+(5.9-6.0)^2}{10}}$$

$$= \sqrt{\frac{0.54}{10}} = 0.23‰$$

(3)第二附加费率计算。第二附加费率占纯费率的20%,因此

第二附加费率＝6.0‰×20%＝1.2‰

(4)毛保费率。计算公式如下:

毛保费率＝纯费率＋第一附加费率＋第二附加费率
＝6.0‰＋0.23‰＋1.2‰＝7.43‰

第三节 人身保险的费率厘定

人身保险的保险费率计算与财产保险费率的计算在原理上近似,但是

其纯费率不是根据损失率而是根据被保险人群的死亡率、生存率、疾病发生率和意外事故发生率、预定利率等因素来计算的。对于毛保费率来说，还要考虑保险资金的投资收益率、费用率等因素。由于人寿保险的标的是人的生命和身体机能，一般来说保险标的的数量大，而且保险事故的发生较少相关，亦即独立性比较强，所以可以设定均方差为零。因此，人身保险的保险费率一般只包括纯费率和第二附加费率。此处我们只讨论人寿保险的费率厘定问题。

一、纯费率的厘定

影响人寿保险的纯费率的最主要因素就是被保险人群的死亡率和利率。

（一）生命表

保费首先与不同年龄、不同性别的被保险人群的死亡率有关系，因为每一个年龄的人群的死亡率不相同，如果都购买同一保险金额的死亡保险的话，则纯保险费并不相同。为了准确把握各个年龄的被保险人的死亡率，各国保险公司都编制了死亡率表，又称生命表。

生命表是将一定的调查时期、一定国家和地区、一定人群和类别（如男性、女性）等实际而完整的人口统计资料进行分析整理，折算成以1 000万（或其他单位）同龄人为基数的逐年生存与死亡的数字，是列示从出生至全部死亡的统计表。中国人民保险公司在20世纪90年代初编制出我国第一张经验生命表，即《中国人寿保险业经验生命表》（见表7-2）。

表7-2 中国人寿保险业经验生命表(1990~1993年)(男)

年 龄	死亡率	生存人数	死亡人数	生存人年数	平均余命
x	q_x	l_x	d_x	L_x	T_x	e_x
0	0.003 037	1 000 000	3 037	998 482	73 641 337	73.64
1	0.002 157	996 963	2 150	995 888	72 642 855	72.86
2	0.001 611	994 813	1 603	994 011	71 646 967	72.02
3	0.001 250	993 210	1 242	992 589	70 652 956	71.14
4	0.001 000	991 968	992	991 472	69 660 367	70.22
5	0.000 821	990 976	814	990 570	68 668 894	69.29
6	0.000 690	990 163	683	989 821	67 678 325	68.35

续表

年 龄	死亡率	生存人数	死亡人数	生存人年数		平均余命
x	q_x	l_x	d_x	L_x	T_x	$\overset{\circ}{e}_x$
7	0.000 593	989 480	587	989 186	66 688 504	67.40
8	0.000 520	988 893	514	988 636	65 699 317	66.44
9	0.000 468	988 379	463	988 147	64 710 682	65.47
10	0.000 437	987 916	432	987 700	63 722 534	64.50
11	0.000 432	987 484	427	987 271	62 734 834	63.53
12	0.000 458	987 058	452	986 832	61 747 563	62.56
13	0.000 516	986 606	509	986 351	60 760 731	61.59
14	0.000 603	986 097	595	985 799	59 774 380	60.62
15	0.000 706	985 502	696	985 154	58 788 581	59.65
16	0.000 812	984 806	800	984 406	57 803 427	58.70
17	0.000 907	984 007	892	983 560	56 819 020	57.74
18	0.000 981	983 114	964	982 632	55 835 460	56.79
19	0.001 028	982 150	1 010	981 645	54 852 828	55.85
20	0.001 049	981 140	1 029	980 625	53 871 183	54.91
21	0.001 084	980 111	1 027	979 597	52 890 558	53.96
22	0.001 030	979 084	1 008	978 579	51 910 961	53.02
23	0.001 003	978 075	981	977 585	50 932 381	52.07
24	0.000 972	977 094	950	976 619	49 954 797	51.13
25	0.000 945	976 144	922	975 683	48 978 178	50.18
26	0.000 925	975 222	902	974 771	48 002 494	49.22
27	0.000 915	974 320	892	973 874	47 027 723	48.27
28	0.000 918	973 428	894	972 982	46 053 849	47.31
29	0.000 933	972 535	907	972 081	45 080 868	46.35
30	0.000 963	971 627	936	971 160	44 108 787	45.40
31	0.001 007	970 692	977	970 203	43 137 627	44.44
32	0.001 064	969 714	1 032	969 198	42 167 424	43.48
33	0.001 136	968 682	1 100	968 132	41 198 226	42.53
34	0.001 222	967 582	1 182	966 991	40 230 094	41.58
35	0.001 321	966 400	1 277	965 761	39 263 103	40.63

续表

年龄 x	死亡率 q_x	生存人数 l_x	死亡人数 d_x	生存人年数 L_x	T_x	平均余命 $\overset{\circ}{e}_x$
36	0.001 436	965 123	1 386	964 430	38 297 341	39.68
37	0.001 565	963 737	1 508	962 983	37 332 911	38.74
38	0.001 710	962 229	1 645	961 406	36 369 928	37.80
39	0.001 872	960 583	1 798	959 684	35 408 522	36.86
40	0.002 051	958 785	1 966	957 802	34 448 838	35.93
41	0.002 250	956 819	2 153	955 742	33 491 036	35.00
42	0.002 470	954 666	2 358	953 487	32 535 294	34.08
43	0.002 713	952 308	2 584	951 016	31 581 807	33.16
44	0.002 981	949 724	2 831	948 309	30 630 791	32.25
45	0.003 276	946 893	3 102	945 342	29 682 482	31.35
46	0.003 601	943 791	3 399	942 092	28 737 140	30.45
47	0.003 958	940 393	3 722	938 532	27 795 048	29.56
48	0.004 352	936 670	4 076	934 632	26 856 516	28.67
49	0.004 784	932 594	4 462	930 363	25 921 884	27.80
50	0.005 260	928 133	4 882	925 692	24 991 521	26.93
51	0.005 783	923 251	5 339	920 581	24 065 829	26.07
52	0.006 358	917 911	5 836	914 993	23 145 248	25.22
53	0.006 991	912 075	6 376	908 887	22 230 255	24.37
54	0.007 686	905 699	6 961	902 218	21 321 368	23.54
55	0.008 449	898 738	7 593	894 941	20 419 149	22.72
56	0.009 288	891 144	8 277	887 006	19 524 208	21.91
57	0.010 210	882 867	9 014	878 360	18 637 202	21.11
58	0.011 222	873 853	9 806	868 950	17 758 842	20.32
59	0.012 333	864 047	10 656	858 719	16 889 892	19.55
60	0.013 553	853 391	11 566	847 608	16 031 173	18.79
61	0.014 892	841 825	12 536	835 556	15 183 565	18.04
62	0.016 361	829 288	13 568	822 504	14 348 009	17.30
63	0.017 972	815 720	14 660	808 390	13 525 504	16.58
64	0.019 740	801 060	15 813	793 154	12 717 114	15.88

续表

年 龄 x	死亡率 q_x	生存人数 l_x	死亡人数 d_x	生存人年数 L_x	T_x	平均余命 $\overset{\circ}{e}_x$
65	0.021 677	785 247	17 022	776 736	11 923 961	15.18
66	0.023 800	768 225	18 284	759 084	11 147 224	14.51
67	0.026 125	740 942	19 592	740 146	10 388 141	13.85
68	0.028 671	730 349	20 940	719 879	9 647 955	13.21
69	0.031 457	709 410	22 316	698 252	8 928 116	12.59
70	0.034 504	687 094	23 707	675 240	8 229 864	11.98
71	0.037 835	663 386	25 099	650 837	7 554 624	11.39
72	0.041 474	638 287	26 472	625 051	6 903 788	10.82
73	0.045 446	611 815	27 805	597 912	6 278 737	10.26
74	0.049 779	584 010	29 071	569 474	5 680 825	9.37
75	0.054 501	554 939	30 245	539 816	5 111 350	9.21
76	0.059 644	524 694	31 295	509 047	4 571 534	8.71
77	0.065 238	493 399	32 188	477 305	4 062 487	8.23
78	0.071 317	461 211	32 892	444 765	3 585 182	7.77
79	0.077 916	428 319	33 373	411 632	3 140 418	7.33
80	0.083 069	394 946	33 598	378 147	2 728 786	6.91
81	0.092 813	361 348	33 538	344 579	2 350 639	6.51
82	0.101 184	327 810	33 169	311 226	2 006 060	6.12
83	0.110 218	294 641	32 475	278 404	1 694 834	5.75
84	0.119 951	262 166	31 447	246 443	1 416 430	5.40
85	0.130 418	230 719	30 090	215 674	1 169 987	5.07
86	0.141 651	200 629	28 419	186 420	954 313	4.76
87	0.153 681	172 210	26 465	158 977	767 893	4.46
88	0.166 534	145 745	24 271	133 609	608 916	4.18
89	0.180 233	121 473	21 893	110 526	475 307	3.91
90	0.194 795	99 580	19 398	89 881	364 781	3.66
91	0.210 233	80 182	16 857	71 754	274 900	3.43
92	0.226 550	63 325	14 346	56 152	203 146	3.21
93	0.243 742	48 979	11 938	42 010	146 994	3.00

续表

年 龄 x	死亡率 q_x	生存人数 l_x	死亡人数 d_x	生存人年数 L_x		平均余命 $\mathring{e}_x$
				L_x	T_x	
94	0.261 797	37 041	9 697	32 192	103 985	2.81
95	0.280 694	27 344	7 675	23 506	71 793	2.63
96	0.300 399	19 668	5 908	16 714	48 287	2.46
97	0.320 871	13 760	4 415	11 552	31 573	2.29
98	0.342 055	9 345	3 196	7 747	20 020	2.14
99	0.363 889	6 148	2 237	5 030	12 274	2.00
100	0.386 299	3 911	1 511	3 156	7 244	1.85
101	0.409 200	2 400	982	1 909	4 088	1.70
102	0.432 503	1 418	613	1 111	2 179	1.54
103	0.456 108	805	367	621	1 068	1.33
104	0.479 911	438	210	333	446	1.02
105	1.000 000	228	228	114	114	0.50

生命表的主要内容包括：

(1) 年初生存数，记为 l_x，指该年年初生存的人数；

(2) 年内死亡数，记为 d_x，指该年年内的死亡人数；

(3) 生存率，记为 p_x，指年终生存人数与年初生存人数的比例，即 $p_x = \frac{l_x - d_x}{l_x}$。例如，根据《中国人寿保险业经验生命表》中的数据可以计算出 20 岁的男性被保险人群生存率为 0.998 951。

(4) 死亡率，记为 q_x，指年内死亡人数与年初生存人数的比例，即 $q_x = \frac{d_x}{l_x}$。例如，从《中国人寿保险业经验生命表》中可以查出，50 岁的男性被保险人群的死亡率为 0.005 260。

生命表科学、完整地反映了一定时期、一定地区、一定人群的生死规律，反映了生命在不同年龄段的死亡风险程度，因此，它是制定人寿保险的纯保险费率的客观依据。

(二) 单利、复利和现值

人寿保险大多是长期性业务，从投保人第一次缴付保险费到最后保险金给付,中间可能相隔几十年之久。由于货币具有时间价值,保险人一般会将收取的保费所形成的保险基金进行投资,投资收益将影响其人寿保险产品的费率。因此,保险公司计算保费时必须考虑利息因素。在厘定纯保险费率时,保险人通常给出一个预定利率,这个预定利率是计算被保险人(或受益人)将来领取的保险金的重要依据之一。

计算利息有两种方式,单利和复利。无论是一次性结算还是分期结算,单利只许本金生利,不能利上加利;而复利是按一定周期结算,每次结算时把前期利息并入本金,作为计算下期利息的基数,即不仅本金生利,利息收入也生利。

单利的本利之和的公式为:

$$S = P + P \cdot n \cdot i = P(1+ni)$$

复利的本利之和的公式为:

$$S = P(1+i)^n$$

式中:S——本利之和;

P——本金;

I——利息率;

n——利息周期数。

在计算保险费时经常用到终值和现值的概念。在一定利率的情况下,一笔款项 P 经过 n 个时间单位后,其本利之和成为 S,则 S 为 n 个时间单位后的终值,P 为 n 个时间单位前的现值。在已知 S 的情况下,可利用下面的式子求出其现值。

单利本利之和的现值:

$$P = \frac{S}{1+ni}$$

复利本利之和的现值:

$$P = \frac{S}{(1+i)^n}$$

令 $V = \frac{1}{1+i}$,则有

$$P = S \cdot V^n$$

式中:V——复利现值因子。

(三)自然纯保险费的计算原理

自然纯保险费是直接以各年龄的死亡率为标准计算的纯保险费。由

于死亡率有随年龄增长而增大的特点,保险费也随着被保险人年龄的增长而增加。

【例7-2】按照自然保险费计算,计算一年期保险金额为定期10万元的死亡保险的纯保险费(不计预定利率)。

解析:根据《中国人寿保险业经验生命表》,30岁的被保险人的死亡率是0.000 963,50岁的被保险人的死亡率是0.005 260。相应地,如果购买一年期的定期死亡保险,保险人在保单生效后一年内死亡,保险公司给付保险金额10万元。那么,如果是30岁的人投保,其纯保险费要缴96.3元(100 000 × 0.000 963 = 96.3),如果是50岁的人投保,其纯保费要缴526元(100 000 × 0.005 260 = 526)。

(四)趸缴纯保险费的计算原理

所谓趸缴纯保险费,即一次缴清的纯保险费。根据公平合理原则,保险人承保的某类寿险业务今后将要给付的保险金在投保时点的价值总和,应当等于投保人在投保时缴纳的趸缴纯保险费之和。用公式表示即:

$$投保人每人的趸缴纯保险费 = \frac{保险人应付保险金的现值总和}{投保时全体投保人数}$$

【例7-3】现有一年龄为50岁的男子投保5年期定期寿险,保险金额为10 000元。计算趸缴纯保险费。

解析:为简化运算,假设共928 133个50岁的人投保,从《中国人寿保险业经验生命表》中查出年龄为50~54岁的男性死亡情况,根据生命表的死亡人数计算出各年度预计给付的保险金,考虑到利息因素,要将各年度的保险金折算成投保时(50岁)的价值。预定利率设定为2.5%,则计算如表7-3所示。

表7-3

年 龄	死亡人数	预计给付保险金	折算成50岁时价值
50岁	4 882人	10 000元×4 882	10 000元×4882÷(1+2.5%)=4 762.9万元
51岁	5 339人	10 000元×5 339	10 000元×5 339÷(1+2.5%)^2=5 081.7万元
52岁	5 836人	10 000元×5 836	10 000元×5 836÷(1+2.5%)^3=5 419.3万元
53岁	6 376人	10 000元×6 376	10 000元×6 376÷(1+2.5%)^4=5 776.3万元
54岁	6 961人	10 000元×6 961	10 000元×6 961÷(1+2.5%)^5=6 152.5万元
合计 = 4 762.9 + 5 081.7 + 5 419.3 + 5 776.3 + 6 152.5 = 27 192.82(万元)			

可见,所有的投保人缴纳的保费总共要达到 27 192.82 万元,才能满足各年度的给付要求,则每人一次性应缴纯保费 = 27 192.82 万元 ÷ 928 133 人 = 292.98 元/人。再加上经营这张 1 万元保额的保单的附加费用 24.02 元,就可以得到应交保费 317.0 元。

【例 7-4】向一个 50 岁的男性签发 5 年期的生存保险,保额为 10 000 元,一次性(趸缴)应交多少保费?

解析:同样假设共 928 133 个 50 岁的男性投保,从《中国人寿保险业经验生命表中》中查出 5 年后的生存人数为 905 699 人,这 905 699 人为被保险人,5 年后预计给付的生存保险金 = 905 699 × 10 000 元。考虑到利息因素,要将 5 年后的保险金折算成投保时(50 岁)的价值(现值),预定利率设定为 2.5%,则有:

现值 = 905 699 × 10 000 ÷ $(1 + 2.5\%)^5$ = 8 005 059 444(元)

分摊到参加投保的 928 133 人,则每人应交纯保费:

8 005 059 444 元 ÷ 928 133 = 8 625(元)

二、附加保费率

寿险附加保费用于寿险公司正常经营和提供必要服务,主要包括新单费用、保单维持费用、保费收取费用。

(一)新单费用

新单费用是指寿险公司签订新保单的支出,如销售人员的佣金、保险单据的印刷费、保险单的送达费、客户的体检费用以及与此相关的办公费用。

(二)保单维持费用

保险合同是长期合同,寿险公司在合同有效期间要提供各种必要的服务,如寄送保费缴纳通知单,变更保单内容,办理保单迁移等工作。保单签订后一直到保单终止所发生的维持保单效力的费用称为保单维持费用。

(三)保费收取费用

大多数保户分期缴纳保费,保险公司根据保户的要求采取不同的收费方式,期间发生的费用称为保费收取费用,包括收费员的工资、银行转账费用等。

除了这些与保单有关的费用外,寿险公司的各项经营管理上的支出、员工的薪酬、各种税负等都属于附加费用。

复习思考题

1. 保险产品的价格与一般物质产品的价格有何不同？
2. 何谓大数法则？它对保险产品定价有何意义？
3. 保险费率一般由哪几部分组成？各组成部分的作用是什么？
4. 保险费率厘定应遵循哪些主要原则？
5. 财产保险的纯费率和附加费率如何计算？
6. 人寿保险的净保费和附加保费如何计算？生命表的作用是什么？
7. 寿险营销员的佣金属于哪一类费用？
8. 一位20岁的男性想要购买一年期的定期死亡保险，保险金额是10万元，如果不考虑利率因素，他应当交多少纯保险费？

下 篇

实务部分

第八章

财产保险

学习要点

- 掌握火灾及其他灾害事故保险的主要内容和各自特点
- 了解新机动车保险条款和费率的特点
- 掌握水路、陆路货物运输保险的特点
- 海洋货物运输保险中的平安险、水渍险和一切险的保险责任范围比较
- 掌握农业保险的特点；了解农业保险的常见分类方法及种类
- 了解工程保险的特点；掌握独立承保的责任保险的主要险种，掌握信用与保证保险的区别与联系
- 掌握责任保险的概念、赔偿处理及主要险种。了解民事法律责任的构成要件及其归责原则，了解侵权责任和违约责任的竞合
- 掌握信用保险、保证保险的概念及主要险种

第一节　财产保险概述

财产保险是指以各种财产物资和有关利益为保险标的，以补偿投保人

或被保险人的经济损失为基本目的的一种社会化经济补偿制度。它是现代保险业的两大部类之一,起源于共同海损分摊制度,经过海上保险、火灾保险时代,在18世纪因工业保险与汽车保险的出现和普遍发展而跨入现代保险阶段,19世纪末产生的责任保险和20世纪下半叶产生的科技保险则使现代财产保险产生了新的飞跃。

财产保险有广义和狭义之分。广义的财产保险是指以物质财产或其有关利益作为标的的各种保险,包括各种财产损失保险、责任保险、信用保险和保证保险等业务在内的一切非人身保险业务。

狭义的财产保险是指仅以物质财产为标的的各种保险,如企业财产、家庭财产、运输货物、运输工具等保险。它不包含责任保险、保证保险、信用保险等以责任、利益为保险标的的各种保险。

广义的财产保险是目前我国财产保险公司经营的主要内容,具体包括七大类:火灾及其他灾害事故保险、货物运输保险、运输工具保险、工程保险、责任保险、保证保险和信用保险、农业保险。每一类又有不同的险别,每个险别又有各自的适用范围、承保范围和特约内容等(见表8-1)。

表8-1 广义财产保险业务体系表

第一层次	第二层次	第三层次	第四层次
财产损失保险 (以承保物质财产损失为内容的各种保险业务的统称)	火灾和其他灾害保险	企业财产保险	财产保险基本保险、附加保险等
		家庭财产保险	普通家财保险、还本家财保险等
	运输工具保险	机动车辆保险	车身损失保险、第三者责任险等
		船舶保险	普通船舶保险等
		航空保险	飞机机身保险、旅客责任保险、第三者责任保险等
	货物运输保险	内陆货运保险 海洋货运保险 航空货运保险等	基本险、综合险
	工程保险	建安工程保险	建筑工程保险、安装工程保险等
		科技工程保险	航天保险、核电站保险等
农业保险 (也可归入财产损失保险,但标的性质特殊,故单列)	种植业保险	农作物保险	水稻、玉米、烤烟保险等
		林木保险	森林保险、果树保险等
	养殖业保险	畜禽保险	养猪、牛、马、养鸡保险等
		水产养殖保险	淡水养鱼、养虾保险等
		特种养殖保险	养鹿保险、鸵鸟养殖保险等

续表

第一层次	第二层次	第三层次	第四层次
责任保险（承保法律赔偿责任风险）	公众责任保险	场所责任保险	商场、宾馆、车库责任保险等
		承包人责任保险	建筑工程承保人责任保险等
		承运人责任保险	承运货物责任险
	雇主责任保险		普通雇主责任保险、各种附加责任保险等
	职业责任保险		医生、会计师、律师责任保险等
	产品责任保险		电视机、卡式炉责任保险等
信用保证保险（承保信用风险）	信用保险	出口信用保险	短期、中长期出口信用保险等
		投资保险	投资保险
	保证保险	合同保证保险	建筑工程承包合同保证保险、存款保证保险等
		产品质量保证保险	冰箱、计算机质量保证保险等
		忠诚保证保险	总括雇员忠诚保证保险、表定雇员忠诚保证保险等

按照瑞士再保险公司出版的 Sigma 杂志分类，通常不是将保险业划分为财产保险与人身保险，而是根据保险业务的性质和经营规则，将整个保险业划分为寿险和非寿险两大类型。其中，非寿险是指人寿保险以外的一切保险业务的总称。我国《保险法》将保险业直接业务划分为财产保险和人身保险两大类，显然与上述划分存在差异。不过，这种差异只是保险业务统计和分类管理的区别，其本身并不影响保险业务的开展和保险公司对客户责任的履行。

第二节 火灾及其他灾害事故保险

火灾及其他灾害事故保险，承保火灾以及列明的各种自然灾害和意外事故引起的财产损失。火灾及其他灾害事故保险源于火灾保险。最早的火灾保险承保的责任范围主要是火灾、雷电和爆炸。现在的火灾保险其保险责任进一步扩展到暴风、暴雨、雪灾、雹灾、冰凌、泥石流、地陷、崖崩等十多种，有的国家还扩大到地震等。为使名称确切起见，我国的火灾保险改为现在的火灾及其他灾害事故保险。

在我国,火灾及其他灾害事故保险按照适用范围分为企业财产保险、家庭财产保险、涉外财产保险等。它们除了适用一般保险原则和规定外,各自还有一些特殊形式和特约承保的附加危险。

下面,我们主要介绍企业财产保险和家庭财产保险。

一、企业财产保险

企业财产保险在实务中被称为"财产保险",主要承保企业法人组织的财产。企业财产保险(简称企财险)包括财产基本险和综合险两个险别,主要承保由于火灾以及其他自然灾害和意外事故造成保险财产的直接损失。企业财产保险的这两类保险是我国财产保险中的主要险别,在财产保险公司的业务经营中占有十分重要的地位。

财产基本险和综合险适用范围很广,一切工商、建筑、交通运输、饮食服务行业、国家机关、社会团体的固定资产、流动资产(存货)、账外财产和代保管财产均可投保该险种。

(一)财产基本险和综合险的基本内容

1. 保险标的的范围

(1)下列财产可在保险标的范围以内:

①属于被保险人所有或与他人共有而由被保险人负责的财产;②由被保险人经营管理或替他人保管的财产;③其他具有法律上承认的与被保险人有经济利害关系的财产。

(2)下列财产非经被保险人与保险人特别约定,并在保险单上载明,不在保险标的范围以内:

①金银、珠宝、钻石、玉器、首饰、古币、古玩、古书、古画、邮票、艺术品、稀有金属等珍贵财物;②堤堰、水闸、铁路、道路、涵洞、桥梁、码头;③矿井、矿坑内的设备和物资。

(3)下列财产不在保险标的范围以内:

①土地、矿藏、矿井、矿坑、森林、水产资源以及未经收割或收割后尚未入库的农作物;②货币、票证、有价证券、文件、账册、图表、技术资料、计算机资料、枪支弹药以及无法鉴定价值的财产;③违章建筑、危险建筑、非法占用的财产;④在运输过程中的物资;⑤领取执照并正常运行的机动车;⑥牲畜、禽类和其他饲养动物。

2. 保险责任

财产基本险和综合险都采取列明风险的方式确定保险责任,保险标的只有遭受保险条款中列明的灾害事故造成损失时,保险人才承担赔偿责任。综合险的保险责任包括:

①火灾、爆炸;②雷击、暴雨、洪水、台风、暴风、龙卷风、雪灾、雹灾、冰凌、泥石流、崖崩、突发性滑坡、地面下陷下沉;③飞行物体及其他空中运行物体坠落;④被保险人拥有财产所有权的自用的供电、供水、供气设备因保险事故遭受损坏,引起停电、停水、停气以致造成保险标的的直接损失;⑤在发生保险事故时,为抢救保险标的或防止灾害蔓延,采取合理的必要的措施而造成保险标的的损失;⑥保险事故发生后,被保险人为防止或者减少保险标的的损失所支付的必要的、合理的费用,由保险人承担。

基本险的保险责任比较少,只包括火灾、爆炸、雷击和飞行物体及其他空中运行物体坠落,以及保险事故引起停电、停水、停气以致造成保险标的的直接损失,施救、抢救保险标的的损失所支付的必要的、合理的费用。

基本险的投保人如果需要,可以特约附加承保各种特殊风险,如暴风、龙卷风保险;暴雨、洪水保险;盗抢保险;雪灾、冰凌保险;泥石流、崖崩、突发性滑坡保险;雹灾保险;水暖管爆裂保险;等等。

3. 责任免除

(1)由于下列原因造成保险标的的损失,保险人不负责赔偿:

①战争、敌对行为、军事行动、武装冲突、罢工、暴动;②被保险人及其代表的故意行为或纵容所致;③核反应、核子辐射和放射性污染。

(2)保险人对下列损失也不负责赔偿:

①保险标的遭受保险事故引起的各种间接损失;②地震所造成的一切损失;③保险标的的本身缺陷、保管不善导致的损毁,保险标的的变质、霉烂、受潮、虫咬、自然磨损、自然损耗、自燃、烘焙所造成的损失;④堆放在露天或罩棚下的保险标的以及罩棚由于暴风、暴雨造成的损失;⑤由于行政行为或执法行为所致的损失。

(3)其他不属于保险责任范围内的损失和费用。

4. 保险金额与保险价值

固定资产的保险金额由被保险人按照账面原值或原值加成数确定,也可按照重置价值或其他方式确定。固定资产的保险价值是按出险时的重置价值确定。流动资产(存货)的保险金额由被保险人按最近12个月任意月份的账面余额确定或由被保险人自行确定。流动资产的保险价值是按出险时的账面余额确定。

账外财产和代保管财产可以由被保险人自行估价或按重置价值确定。

5. 赔偿处理

（1）固定资产（或流动资产）全部损失。受损财产的保险金额等于或高于出险时的重置价值（或账面余额）时，其赔偿金额以不超过出险时的重置价值（或账面余额）为限；受损财产的保险金额低于出险时的重置价值（或账面余额）时，赔偿金额不得超过保险金额。

（2）固定资产（或流动资产）部分损失。受损财产的保险金额等于或高于保险价值时，其赔偿金额按实际损失计算；保险金额低于出险时的重置价值（或账面余额），其赔偿金额按保险金额与出险时的重置价值（或账面余额）的比例计算。其计算公式为：

$$赔款 = \frac{保险金额}{出险时重置价值（账面余额）} \times 实际损失或修复费用 - 应扣残值$$

（3）若本保险单所载财产不止一项，应分项按照上述规定处理。

发生保险事故时，被保险人所支付的必要、合理的施救费用的赔偿金额在保险标的损失以外另行计算，最高不超过保险金额的数额。若受损保险标的按比例赔偿，则该项费用也按与财产损失赔款相同的比例赔偿。

因第三者对保险标的的损害而造成保险事故的，保险人自向被保险人赔偿保险金之日起，在赔偿金额范围内代位行使被保险人对第三者请求赔偿的权利。

（二）企业财产保险的特点

企业财产保险有以下几个特点：

第一，企业财产保险承保的是固定地点内的财产，在运输过程中的物资、领取执照并正常运行的机动车等均不属于企业财产险的承保范围以内。处于运输过程中的物资，由货物运输保险保障；处于正常运行过程中的机动车，由机动车辆保险保障。

第二，特约可保财产中的各项财产，可以根据企业的特点进行特别约定，通过附加险予以承保。

第三，我国最新的企业财产条款，将地震所造成的一切损失列入除外责任中，即企业财产保险不承保地震造成的损失。

第四，对于堆在露天或罩棚下的财产，可以通过附加险予以承保。

第五,企业财产险采取比例赔偿方式,即对于保险责任范围内的损失,保险人按照保险金额与保险价值的比例承担赔偿责任。

第六,发生事故时,被保险人所支付的施救费用的赔偿金额以另一个保额为限,若受损标的按比例赔偿,则费用也按相同比例赔偿。

二、利润损失保险

利润损失保险,又称为营业中断保险,它赔偿企业遭受事故并导致正常生产或营业中断造成的利润损失,它是依附于企业财产保险上的一种扩大的保险。

企业财产保险只对各种财产的直接损失负责,不负责因财产损毁所造成的间接损失——利润损失。而利润损失保险则是对于工商企业特别提供的一种保险,承保的是被保险人受灾后停业或停工的一段时间内(即估计企业财产受损后至恢复营业达到原有水平所需的时间)的可预期的利润损失,以及仍需开支的费用。例如,企业被焚毁不能营业而引起的利润损失,企业在停工、停业期间仍需支付的各项经营开支,如工资、房租、水电费等。

在国际保险市场上,利润损失保险既有单独承保的,如英国;又有作为财产保险的附加险来承保的,如美国。在我国,目前是将利润损失保险作为企业财产保险的一项附加险承保。

(一)利润损失保险的基本内容

1. 保险责任

由于利润损失保险以附加险的形式出现,所以,只有保险损失的原因与基本险种的承保风险一致,保险人才负责赔偿因此引起的营业中断的损失。

利润损失保险主要承保保险责任事故引起的利润损失及营业中断期间仍需支付的必要费用等间接损失,从而打破了财产保险只承保直接损失责任的传统做法。

2. 保险赔偿期限

在利润损失保险经营实务中,保险人应当充分注意其保险赔偿期限与保险期限的区别。保险期限,是指保险单的起讫期限,保险人负责承保保险有效期内发生的灾害事故;保险赔偿期限,是指在保险期限内发生了灾害事故后到恢复正常生产经营的一段时期。利润损失保险只负责保险赔偿期内所遭受的损失,故需由保险双方当事人事先估计企业财产受损到恢复原有的生产经营状况所需要的时间(如从财产受灾之日起三个月、半年或一年等），商定赔偿期限。

3. 保险金额与保险费率

利润损失保险的保险金额一般按本年度预期毛利润确定，即根据企业上年度账册中的销售额或营业额、本年度业务发展趋势及通货膨胀因素等估计得出。若赔偿期限为一年以内，则保额为本年度预期毛利润额；若赔偿期限在一年以上，则保额按比例增加。如规定赔偿期限为15个月，那么保险金额就应该是本年度预期毛利润的125%。

利润损失保险的保险费率一般以承保的企业财产保险的费率为基础费率，然后根据不同性质的企业标准费率及其他影响损失的因素大小进行增减。

4. 保险赔偿

利润损失保险既赔偿毛利润损失，又承担营业中断期间支付的必要费用，具体包括营业额减少所致的毛利润损失、营业费用增加所致的毛利润损失和佣金损失三个方面。

营业额减少所致的毛利润损失的计算公式如下：

营业额减少所致的毛利润损失 =（标准营业额 − 赔偿期内不正常营业额）× 本年度的预计毛利润率

计算营业费用增加所致的毛利润损失，需考虑"经济限制"。所谓"经济限制"是指营业费用增加所致损失的赔偿，不能超过赔偿期挽回的营业额与本年度的预计毛利润率的乘积。赔偿时，以二者中的低者为限。

赔偿额 =（营业额减少所致的毛利润损失 + 营业费用增加所致的毛利润损失 − 所保固定费用的节余部分）× 保险金额 ÷ 全年预计毛利润额

5. 除外责任

利润损失保险对下列原因所造成的灭失或损失不予赔偿：

①被保险人或其代表的故意行为或实际过失。如被保险人经营不善或违反国家法律法规而造成的利润减少就属于除外责任。②战争、类似战争行动、敌对行为、武装冲突、没收或征用。③核反应、核子辐射或核污染。④其他不属于保险单及保险人签发的利润损失保险保单所承保的任何原因或风险。

（二）利润损失保险的特点

利润损失保险有以下几个特点：

第一，利润损失保险承保保险责任事故引起的利润损失及营业中断期间仍需支付的必要费用等间接损失。

第二,在我国,利润损失保险是作为企业财产保险的一项附加险来承保的。

第三,利润损失保险中的保险赔偿期限与保险期限是两个不同的概念,利润损失保险只负责保险赔偿期内所遭受的损失。

第四,利润损失保险中对于营业费用增加所致的毛利润损失的赔偿,需考虑"经济限制"的规定,以低者为限。

三、家庭财产保险

目前,家庭财产保险按照缴费方式分为普通家庭财产保险(简称普通险)和定期还本家庭财产保险(简称"定期还本险")两种。普通险是采取缴纳保险费的方式,保险期限为1年,保险期满后,所缴纳的保险费不退还,继续保险需要重新办理保险手续。定期还本险是采取缴纳保险储金的方式,不论保险期间是否发生赔款,在保险期满后都能将原缴的保险储金全部退还给被保险人。这种保险既有储蓄性,又能获得财产的保险保障。

在此,仅以普通家庭财产保险为例加以介绍。

(一)家庭财产保险的基本内容

1.保险标的的范围

(1)凡是被保险人自有的,坐落于本保险单所载明地址内的下列家庭财产,在保险标的范围以内,包括:

①房屋及其室内附属设备(如固定装置的水暖、气暖、卫生、洪水、管道煤气及供电设备、厨房配套的设备等);②室内装潢;③室内财产,具体指家用电器和文体娱乐用品、衣物和床上用品、家具及其他生活用具。

(2)下列财产经被保险人与保险人特别约定,并在保险单上载明,可在保险标的范围以内:

①属于被保险人代他人保管或者与他人共有而由被保险人负责的(1)中载明的财产;②存放于院内、室内的非机动农机具、农用工具及存放于室内的粮食及农副产品;③经保险人同意的其他财产。

(3)下列家庭财产不在保险标的范围以内:

①金银、珠宝、钻石及其制品、玉器、首饰、古币、古玩、字画、邮票、艺术品、稀有金属等珍贵财物;②货币、票证、有价证券、文件、书籍、账册、图表、技术资料、计算机软件及资料以及无法鉴定价值的财产;③日用消耗品、各

种交通工具、养殖及种植物;④用于从事工商业、经营活动的财产和出租用作工商业的房屋;⑤无线通信工具、笔、打火机、手表,各种磁带、磁盘、影音激光盘;⑥用芦席、稻草、油毛毡、麦秆、芦苇、竹竿、帆布、塑料布、纸板等为外墙、屋顶的简陋屋棚及柴房、禽畜棚、与保险房屋不成一体的厕所、围墙、无人居住的房屋以及存放在里面的财产;⑦政府有关部门征用、占用的房屋,违章建筑、危险建筑、非法占用的财产、处于危险状态下的财产;⑧其他不属于(1),(2)所列明的家庭财产。

2. 保险责任

(1)由于下列原因造成保险标的的损失,保险人负责赔偿:

①火灾、爆炸;②雷击、台风、龙卷风、暴风、暴雨、洪水、雪灾、雹灾、冰凌、泥石流、崖崩、突发性滑坡、地面突然下陷;③飞行物体及其他空中运行物体坠落,外来不属于被保险人所有或使用的建筑物和其他固定物体的倒塌。

(2)下列损失和费用,保险人也负责赔偿:

①在发生保险事故时,为抢救保险标的或防止灾害蔓延,采取合理的、必要的措施而造成保险标的的损失。②保险事故发生后,被保险人为防止或者减少保险标的的损失所支付的必要的、合理费用,由保险人承担。

3. 责任免除

(1)由于下列原因造成保险标的的损失,保险人不负责赔偿:①战争、敌对行为、军事行动、武装冲突、罢工、暴动、盗抢;②核反应、核子辐射和放射性污染;③被保险人及其家庭成员、寄居人、雇佣人员的违法、犯罪或故意行为。

(2)保险人对下列损失和费用也不负责赔偿:

①保险标的遭受保险事故引起的各种间接损失;②地震及其次生灾害所造成的一切损失;③家用电器因使用过度、超电压、短路、断路、漏电、自身发热、烘烤等原因所造成本身的损毁;④坐落在蓄洪区、行洪区,或在江河岸边、低洼地区以及防洪堤以外当地常年警戒水位线以下的家庭财产,由于洪水所造成的一切损失;⑤保险标的本身缺陷、保管不善导致的损毁,保险标的的变质、霉烂、受潮、虫咬、自然磨损、自然损耗、自燃、烘焙所造成本身的损失;⑥行政、执法行为引起的损失和费用;⑦其他不属于保险责任范围内的损失和费用。

4. 保险金额的确定

(1)房屋及室内附属设备、室内装潢的保险金额由被保险人根据购置价或市场价自行确定。房屋及室内附属设备、室内装潢的保险价值为出险时的重置价值。

（2）室内财产的保险金额由被保险人根据当时实际价值分项目自行确定。不分项目的，按各大类财产在保险金额中所占比例确定，即室内财产中的家用电器及文体娱乐用品占40%（农村30%），衣物及床上用品占30%（农村15%），家具及其他生活用具占30%，农村农机具等占25%。

特约财产的保险金额由被保险人和保险人双方约定。

5. 赔偿处理规定

（1）保险事故发生后，保险人按照下列方式计算赔偿。

①房屋及室内附属设备、室内装潢的赔偿计算。有以下两种情况：

其一，全部损失。保险金额等于或高于保险价值时，其赔偿金额以不超过保险价值为限；保险金额低于保险价值时，按保险金额赔偿。

其二，部分损失。保险金额等于或高于保险价值时，按实际损失计算赔偿金额；保险金额低于保险价值时，应根据实际损失或恢复原状所需修复费用乘以保险金额与保险价值的比例计算赔偿金额。

②室内财产的赔偿计算。全部损失和部分损失在分项目保险金额内，按实际损失赔付。

③被保险人所支付的必要、合理的施救费用，按实际支出另行计算，最高不超过受损标的的保险金额。若该保险标的按比例赔偿，则该项费用也按相同的比例赔偿。

（2）保险标的遭受损失后的残余部分，协议作价折归被保险人，并在赔款中扣除。

（3）保险标的发生保险责任范围内的损失应由第三者负责赔偿的，被保险人应当先向第三者索赔。如果第三者不予赔偿，被保险人应提起诉讼。保险人可根据被保险人提出的书面赔偿请求，按照保险合同予以赔偿，但被保险人必须将向第三者追偿的权利转让给保险人，并协助保险人向第三者追偿。

（二）家庭财产保险的附加险

目前各财产保险公司的家庭财产保险在普通险的基础上，还开设多种附加险，可供被保险人自由选择是否投保。下面介绍其中的几种附加险。

1. 附加盗抢保险

保险房屋及其室内附属设备、室内装潢和存放于保险单所载明地址室内的保险标的,由于遭受外来人员撬、砸门窗,翻墙掘壁,持械抢劫,并有明显现场痕迹,经公安部门确认盗抢行为所致丢失、毁损的直接损失且三个月以内未能破案,保险人负责赔偿。

2. 附加家用电器用电安全保险

由于下列原因致使电压异常而引起家用电器的直接损毁,保险人负责赔偿:①供电线路因遭受家庭财产综合保险保险责任范围内的自然灾害和意外事故的袭击;②供电部门或施工失误;③供电线路发生其他意外事故。

3. 附加管道破裂及水浸保险

负责因被保险人室内的自来水管道、下水管道和暖气管道(含暖气片)突然破裂致使水流外溢或邻居家漏水造成被保险人保险财产的损失。

4. 附加现金、首饰盗抢保险

存放于保险单所载明地址室内的现金、有价证券、首饰,由于遭受外来人员撬、砸门窗,翻墙掘壁,持械抢劫,并有明显现场痕迹,经公安部门确认盗抢行为所致丢失、损毁的直接损失且三个月以内未能破案,保险人负责赔偿。

5. 附加自行车盗窃保险

凡停放在宿舍内、有门卫的院内或公安部门指定的自行车保管处或独家小院内全车被盗,保险人负责赔偿。

6. 附加第三者责任保险

在本保险有效期内,被保险人(或其同住的家庭成员)在其所居住的住所,使用、安装或存放其所有或租借的财产时,由于过失和疏忽造成第三者的人身伤亡或财产的直接损毁,在法律上应由被保险人承担民事损害赔偿责任的,以及因上述民事损害赔偿纠纷引起合理、必要的诉讼、抗辩费用和其他事先经本公司同意支付的费用,除责任免除外,保险公司在本险别的赔偿限额内负责赔偿。

(三)家庭财产保险的特点

家庭财产保险有以下几个特点:

第一,家庭财产保险承保的是固定地点内的财产。

第二,家庭财产(普通)险与定期还本家庭财产保险在保险责任方面的区别在于:家庭财产(普通)险的主险保险责任不包含盗窃责任,若被保险人需要保险人提供盗窃责任的保障,可以选择投保附加盗窃险。定期还本家庭财产保险的保险责任中本身包含盗窃责任,不需要再附加。

第三,家庭财产(普通)险中投保人所缴纳的是保险费,而定期还本家庭财产保险投保人所缴纳的不是保险费,而是保险储金,储金的利息才是保险费。前者保险费期满是不退还的;而保险储金期满时,不论被保险标的出险与否,均须退还给被保险人。

第四,家庭财产保险在赔偿处理时,房屋及室内附属设备、室内装潢部分采取比例赔偿方式,即要求足额投保,只有足额投保,才能得到足额赔偿,否则,只能按照比例赔偿;室内财产部分,则采取第一损失赔偿方式,即在保险金额范围内,损失多少赔多少,即使被保险人未足额投保,也不采取比例赔偿方式,这种赔偿方式与前面讲过的企业财产险不一样。

第五,家庭财产保险发生事故时,被保险人所支付的施救保护费用的赔偿金额以另一个保额为限。

第六,保险标的遭受部分损失经保险人赔偿后,其保险金额相应减少,若在保险期限内累计赔偿达到保险金额时,保险责任即行终止。

第七,家庭财产保险若所承保的财产存在重复保险,各保险人仅负比例分摊责任。

第三节　运输工具保险——机动车辆保险

在财产保险公司的业务中,运输工具保险是其中重要一类。运输工具保险承保因遭受自然灾害和意外事故造成运输工具本身的损失,采取施救、保护所支付的合理费用,以及对第三者的人身伤害和财产损失依法应负的经济赔偿责任。

在我国,运输工具保险划分为:机动车辆保险、船舶保险、飞机保险和其他运输工具保险。本节仅以机动车辆保险为例加以介绍。

我国实行的机动车辆保险条款近年来发生了较大的变化。1999年,为了整顿当时极为混乱的机动车保险市场,中国保监会颁布了"大一统"的车险条款,2000年重新修订。随着市场经济的发展和加入WTO后市场开放的要求,改革费率制度至关重要。因此,中国保监会决定自2001年10月1日起在广东省进行车险费率改革试点,并于2003年1月1日起实行全面改革,由各保险公司自主制定条款和费率改革方案。于是各保险公司纷纷推出个性化的条款和费率来取代原来"大一统"条款和费率。2006年7月1日,我国车险市场的又一项重大改革——机动车第三者责任强制保险(我国称为"机动车交通事故责任强制保险")正式推出,实施近一年后,2007年4月1日,中国保监会再次对商业车险进行改革,推出了A、B、C三款商业保险条款,供车险消费者在投保时选择。

2015年,再次正式启动商业车险费率改革,中国保监会明确提出了要"构建统一开放、竞争有序、监管有力的商业车险市场体系,建立健全市场化的商业车险条款费率形成机制"。商业车险费率改革试点方案在2015年春节后出台,启动试点工作的同时也会公开征求意见。试点范围首先为6个省市,包括黑龙江、山东、重庆、广西、陕西以及青岛,并根据试点情况及时总结经验、完善制度安排,从而推动改革在全国实施。共提出了三方面的政策措施:

(1)建立以行业示范条款为主、公司创新型条款为辅的条款管理制度。中国保险行业协会负责拟定并不断丰富商业车险示范条款体系,同时鼓励财产保险公司积极开发商业车险创新型条款。引导财产保险公司为消费者提供多样化、个性化、差异化的商业车险保障和服务,满足社会公众不同层次的保险需求。

(2)建立市场化的费率形成机制。中国保险行业协会按照大数法则要求,建立财产保险行业商业车险损失数据的收集、测算、调整机制,动态发布商业车险基准纯风险保费表,为财产保险公司科学厘定商业车险费率提供参考;由财产保险公司根据自身实际情况科学测算基准附加保费,合理确定自主费率调整系数及其调整标准。根据市场发展情况,逐步扩大财产保险公司商业车险费率厘定自主权。

(3)加强和改善商业车险条款费率监管。建立健全商业车险条款费率回溯分析和风险预警机制,及时验证商业车险费率厘定和使用过程中精算假设的合理性、责任准备金提取的合规性和财务业务数据的真实性,切实防范因商业车险费率拟订不科学、不公平、不合理所带来的风险隐患。不断强化偿付能力监管刚性约束,完善偿付能力监管制度体系,提高偿付能力监管制度执行力。

注:本书在修订时,正值商业车险费率改革试点方案刚刚公布,所以本书以中国保险行业协会的商业车险示范条款为蓝本,且仅介绍机动车综合商业保险。

一、现行机动车综合商业保险的主要内容

机动车综合商业保险分为主险和附加险。其中主险包括机动车损失保险、机动车第三者责任保险、机动车车上人员责任保险、机动车全车盗抢保险共四个独立的险种,即投保人既可以选择全部投保,也可以选择投保其中的部分险种。而附加险则不能单独投保。

首先,我们来介绍四个主险。

(一) 机动车损失保险

1. 保险责任

保险期间内,被保险人或其允许的合法驾驶员在使用被保险机动车过程中,因下列原因造成被保险机动车的直接损失,且不属于免除保险人责任的范围,保险人负责赔偿:

①碰撞、倾覆、坠落;②火灾、爆炸;③外界物体坠落、倒塌;④雷击、暴风、暴雨、洪水、龙卷风、冰雹、台风、热带风暴;⑤地陷、崖崩、滑坡、泥石流、雪崩、冰陷、暴雪、冰凌、沙尘暴;⑥受到被保险机动车所载货物、车上人员意外撞击;⑦载运被保险机动车的渡船遭受自然灾害(只限于驾驶员随船的情形)。

发生保险事故时,被保险人或其允许的驾驶人为防止或者减少被保险机动车的损失所支付的必要的、合理的施救费用,由保险人承担;施救费用数额在被保险机动车损失赔偿金额以外另行计算,最高不超过保险金额的数额。

2. 责任免除

在上述保险责任范围内,下列情况下,不论任何原因造成被保险机动车的任何损失和费用,保险人均不负责赔偿:

(1) 事故发生后,被保险人或其允许的驾驶人故意破坏、伪造现场、毁灭证据;

(2) 驾驶人有下列情形之一者:

①事故发生后,在未依法采取措施的情况下驾驶被保险机动车或者遗弃被保险机动车离开事故现场;②饮酒、吸食或注射毒品、服用国家管制的精神药品或者麻醉药品;③无驾驶证,驾驶证被依法扣留、暂扣、吊销、注销期间;④驾驶与驾驶证载明的准驾车型不相符合的机动车;⑤实习期内驾驶公共汽车、营运客车或者执行任务的警车、载有危险物品的机动车或牵

引挂车的机动车;⑥驾驶出租机动车或营业性机动车无交通运输管理部门核发的许可证书或其他必备证书;⑦学习驾驶时无合法教练员随车指导;⑧非被保险人允许的驾驶人。

(3)被保险机动车有下列情形之一者:

①发生保险事故时被保险机动车行驶证、号牌被注销的,或未按规定检验或检验不合格;②被扣押、收缴、没收、政府征用期间;③在竞赛、测试期间,在营业性场所维修、保养、改装期间;④被保险人或其允许的驾驶人故意或重大过失,导致被保险机动车被利用从事犯罪行为。

下列原因导致的被保险机动车的损失和费用,保险人不负责赔偿:

①地震及其次生灾害;②战争、军事冲突、恐怖活动、暴乱、污染(含放射性污染)、核反应、核辐射;③人工直接供油、高温烘烤、自燃、不明原因火灾;④违反安全装载规定;⑤被保险机动车被转让、改装、加装或改变使用性质等,被保险人、受让人未及时通知保险人,且因转让、改装、加装或改变使用性质等导致被保险机动车危险程度显著增加;⑥被保险人或其允许的驾驶人的故意行为。

下列损失和费用,保险人不负责赔偿:

①因市场价格变动造成的贬值、修理后因价值降低引起的减值损失;②自然磨损、朽蚀、腐蚀、故障、本身质量缺陷;③遭受保险责任范围内的损失后,未经必要修理并检验合格继续使用,致使损失扩大的部分;④投保人、被保险人或其允许的驾驶人知道保险事故发生后,故意或者因重大过失未及时通知,致使保险事故的性质、原因、损失程度等难以确定的,保险人对无法确定的部分,不承担赔偿责任,但保险人通过其他途径已经及时知道或者应当及时知道保险事故发生的除外;⑤被保险机动车全车被盗窃、被抢劫、被抢夺、下落不明,以及在此期间受到的损坏,或被盗窃、被抢劫、被抢夺未遂受到的损坏,或车上零部件、附属设备丢失;⑥车轮单独损坏,玻璃单独破碎,无明显碰撞痕迹的车身划痕,以及新增设备的损失;⑦发动机进水后导致的发动机损坏。

3. 免赔率与免赔额

保险人在依据保险合同约定计算赔款的基础上,按照下列方式免赔:

(1)被保险机动车一方负次要事故责任的,实行5%的事故责任免赔率;负同等事故责任的,实行10%的事故责任免赔率;负主要事故责任的,实行15%的事故责任免赔率;负全部事故责任或单方肇事事故的,实行

20%的事故责任免赔率；

（2）被保险机动车的损失应当由第三方负责赔偿的，无法找到第三方的，实行30%的绝对免赔率；

（3）违反安全装载规定、但不是事故发生的直接原因的，增加10%的绝对免赔率；

（4）对于投保人与保险人在投保时协商确定绝对免赔额的，在实行免赔率的基础上增加每次事故绝对免赔额。

4. 保险金额

保险金额按投保时被保险机动车的实际价值确定。投保时被保险机动车的实际价值由投保人与保险人根据投保时的新车购置价减去折旧金额后的价格协商确定或依据其他市场公允价值协商确定。折旧金额可根据本保险合同列明的参考折旧系数表确定。

5. 赔偿处理

（1）发生保险事故时，被保险人或其允许的驾驶人应当及时采取合理的、必要的施救和保护措施，防止或者减少损失，并在保险事故发生后48小时内通知保险人。被保险人或其允许的驾驶人根据有关法律法规规定选择自行协商方式处理交通事故的，应当立即通知保险人。

（2）被保险人或其允许的几十人根据有关法律法规规定选择自行协商方式处理交通事故的，应当协助保险人勘验事故各方车辆，核实事故责任，并依照《道路交通事故处理程序规定》签订记录交通事故情况的协议书。

（3）被保险人索赔时，应当向保险人提供与确认保险事故的性质、原因、损失程度等有关的证明和资料。

被保险人应当提供保险单、损失清单、有关费用单据、被保险机动车行驶证和发生事故时驾驶人的驾驶证。

属于道路交通事故的，被保险人应当提供公安机关交通管理部门或法院等机构出具的事故证明、有关的法律文书（判决书、调解书、裁定书、裁决书等）及其他证明。被保险人或被保险机动车驾驶人根据有关法律法规规定选择自行协商方式处理交通事故的，被保险人应当提供依照《道路交通事故处理程序规定》签订记录交通事故情况的协议书。

（4）因保险事故损坏的被保险机动车，应当尽量修复。修理前被保险人应当会同保险人检验，协商确定修理项目、方式和费用。对未协商确定的，保险人可以重新核定。

(5) 被保险机动车遭受损失后的残余部分由保险人、被保险人协商处理。如折旧归被保险人的,由双方协商确定其价值并在赔款中扣除。

(6) 因第三方对被保险机动车的损害而造成保险事故,被保险人向第三方索赔的,保险人应积极协助;被保险人也可以直接向保险人索赔,保险人在保险金额内先行赔付被保险人,并在赔款金额内代位行使被保险人对第三方请求赔偿的权利。

被保险人已经从第三方取得损害赔偿的,保险人进行赔偿时,相应扣减被保险人从第三方已取得的赔偿金额。

保险人未赔偿前,被保险人放弃对第三方请求赔偿的权利的,保险人不承担赔偿责任。

被保险人故意或者因重大过失致使保险人不能行使代位请求赔偿的权利的,保险人可以扣减或者要求返还相应的赔款。

保险人向被保险人先行赔付的,保险人向第三方行使代位请求赔偿的权利时,被保险人应当向保险人提供必要的文件和所知道的有关情况。

(7) 机动车损失赔款按以下方法计算:

①全部损失。赔款计算公式为:

赔款 = (保险金额 − 被保险人已从第三方获得的赔偿金额) × (1 − 事故责任免赔率) × (1 − 绝对免赔率之和) − 绝对免赔额

②部分损失。被保险机动车发生部分损失,保险人按实际修复费用在保险金额内计算赔偿:

赔款 = (实际修复费用 − 被保险人已从第三方获得的赔偿金额) × (1 − 事故责任免赔率) × (1 − 绝对免赔率之和) − 绝对免赔额

③施救费。施救的财产中,含有未保险的财产,应按保险财产的实际价值占总施救财产的实际价值比例分摊施救费用。

(8) 保险人受理保案、现场查勘、核定损失、参与诉讼、进行抗辩、要求被保险人提供证明和资料、向被保险人提供专业建议等行为,均不构成保险人对赔偿责任的承诺。

(9) 被保险机动车发生保险事故,导致全部损失,或一次赔款金额与免赔金额之和(不含施救费)达到保险金额,保险人按保险合同约定支付赔款后,保险责任终止,保险人不退还机动车损失保险及其附加险的保险费。

(二)机动车第三者责任保险

1. 保险责任

保险期间内,被保险人或其允许的合法驾驶人在使用被保险机动车过程中发生意外事故,致使第三者遭受人身伤亡或财产直接毁损,依法应当对第三者承担损害赔偿责任,且不属于免除保险人责任的范围,保险人依照保险合同的约定,对于超过机动车交通事故责任强制保险各分项赔偿限额以上的部分负责赔偿。

保险人依据被保险机动车一方在事故中所负的事故责任比例,承担相应的赔偿责任。

被保险人或被保险机动车一方根据有关法律法规规定选择自行协商或由公安机关交通管理部门处理事故未确定事故责任比例的,按照下列规定确定事故责任比例:

被保险机动车一方负主要事故责任的,事故责任比例为70%;

被保险机动车一方负同等事故责任的,事故责任比例为50%;

被保险机动车一方负次要事故责任的,事故责任比例为30%;

涉及司法或仲裁程序的,以法院或仲裁机构最终生效的法律文书为准。

2. 责任免除

在上述保险责任范围内,下列情况下,不论任何原因造成的人身伤亡、财产损失和费用,保险人均不负责赔偿:

(1)事故发生后,被保险人或其允许的驾驶人故意破坏、伪造现场、毁灭证据;

(2)驾驶人有下列情形之一者:

①事故发生后,在未依法采取措施的情况下驾驶被保险机动车或者遗弃被保险机动车离开事故现场;

②饮酒、吸食或注射毒品、服用国家管制的精神药品或者麻醉药品;

③无驾驶证,驾驶证被依法扣留、暂扣、吊销、注销期间;

④驾驶与准驾证载明的准驾车型不相符合的机动车;

⑤实习期内驾驶公共汽车、营运客车或者执行任务的警车、载有危险物品的机动车或牵引挂车的机动车;

⑥驾驶出租机动车或营业性机动车无交通运输管理部门核发的许可证书或其他必备证书;

⑦学习驾驶时无合法教练员随车指导;

⑧非被保险人允许的驾驶人。

(3)被保险机动车有下列情形之一者:

①发生保险事故时被保险机动车行驶证、号牌被注销的,或未按规定检验或检验不合格;

②被扣押、收缴、没收、政府征用期间;

③在竞赛、测试期间,在营业性场所维修、保养、改装期间;

④全车被盗窃、被抢劫、被抢夺、下落不明期间。

下列原因导致的人身伤亡、财产损失和费用,保险人不负责赔偿:

(1)地震及其次生灾害、战争、军事冲突、恐怖活动、暴乱、污染(含放射性污染)、核反应、核辐射;

(2)被保险机动车在行驶过程中翻斗突然升起,或没有放下翻斗,或自卸系统(含机件)失灵;

(3)第三者、被保险人或其允许的驾驶人的故意行为、犯罪行为,第三者与被保险人或其他致害人恶意串通的行为;

(4)被保险机动车被转让、改装、加装或改变使用性质等,被保险人、受让人未及时通知保险人,且因转让、改装、加装或改变使用性质等导致被保险机动车危险程度显著增加。

下列人身伤亡、财产损失和费用,保险人不负责赔偿:

(1)被保险机动车发生意外事故,致使任何单位或个人停业、停驶、停电、停水、停气、停产、通讯或网络中断、电压变化、数据丢失造成的损失以及其他各种间接损失;

(2)第三者财产因市场价格变动造成的贬值、修理后因价值降低引起的减值损失;

(3)被保险人及其家庭成员、被保险人允许的驾驶人及其家庭成员所有、承租、使用、管理、运输或代管的财产的损失,以及本车上财产的损失;

(4)被保险人、被保险人允许的驾驶人、本车车上人员的人身伤亡;

(5)停车费、保管费、扣车费、罚款、罚金或惩罚性赔款;

(6)超出《道路交通事故受伤人员临床诊疗指南》和国家基本医疗保险同类医疗费用标准的费用部分;

(7)律师费、未经保险人事先书面同意的诉讼费、仲裁费;

(8)投保人、被保险人或其允许的驾驶人知道保险事故发生后,故意或者因重大过失未及时通知,致使保险事故的性质、原因、损失程度等难以确定的,保险人对无法确定的部分,不承担赔偿责任,但保险人通过其他途径已经及时知道或者应当知道保险事故发生的除外;

(9)因被保险人违反赔偿处理中(5)款的规定,导致无法确定的损失;

(10)精神损害抚慰金;

(11)应当由机动车交通事故责任强制保险赔偿的损失和费用;

保险事故发生时,被保险机动车未投保机动车交通事故责任强制保险或机动车交通事故责任强制保险合同已经失效的,对于机动车交通事故责任强制保险责任限额以内的损失和费用,保险人不负责赔偿。

3. 免赔率

保险人在依据保险合同约定计算赔款的基础上,在保险单载明的责任限额内,按照下列方式免赔:

(1)被保险机动车一方负次要事故责任的,实行5%的事故责任免赔率;负同等事故责任的,实行10%的事故责任免赔率;负主要事故责任的,实行15%的事故责任免赔率;负全部事故责任的,实行20%的事故责任免赔率;

(2)违反安全装载规定的,实行10%的绝对免赔率。

4. 责任限额

(1)每次事故的责任限额,由投保人和保险人在签订保险合同时协商确定。

(2)驻车和挂车联结使用时视为一体,发生保险事故时,由驻车保险人和挂车保险人按照保险单上载明的机动车第三者责任保险责任限额的比例,在各自的责任限额内承担赔偿责任,但赔偿金额总和以主车的责任限额为限。

5. 赔偿处理

(1)发生保险事故时,被保险人或其允许的驾驶人应当及时采取合理的、必要的施救和保护措施,防止或者减少损失,并在保险事故发生后48小时内通知保险人。被保险人或其允许的驾驶人根据有关法律法规规定选择自行协商方式处理交通事故的,应当立即通知保险人。

(2)被保险人或其允许的驾驶人根据有关法律法规规定选择自行协商方式处理交通事故的,应当协助保险人勘验事故各方车辆、核实事故责任,并依照《道路交通事故处理程序规定》签订记录交通事故情况的协议书。

（3）被保险人索赔时，应当向保险人提供与确认保险事故的性质、原因、损失程度等有关的证明和资料。

被保险人应当提供保险单、损失清单、有关费用单据、被保险机动车行驶证和发生事故时驾驶人的驾驶证。

属于道路交通事故的，被保险人应当提供公安机关交通管理部门或法院等机构出具的事故证明、有关的法律文书（判决书、调解书、裁定书、裁决书等）及其他证明。被保险人或其允许的驾驶人根据有关法律法规规定选择自行协商方式处理交通事故情况的协议书。

（4）保险人对被保险人给第三者造成的损害，可以直接向该第三者赔偿。

被保险人给第三者造成损害，被保险人对第三者应负的赔偿责任确定的，根据被保险人的请求，保险人应当直接向该第三者赔偿。被保险人怠于请求的，第三者有权就其应赔偿部分直接向保险人请求赔偿。

被保险人给第三者造成损害，被保险人未向该第三者赔偿的，保险人不得向被保险人赔偿。

（5）因保险事故损坏的第三者财产，应当尽量修复。修理前被保险人应当会同保险人检验，协商确定修理项目、方式和费用。对未协商确定的，保险人可以重新核定。

（6）赔款计算

①当（依合同约定核定的第三者损失金额－机动车交通事故责任强制保险的分项赔偿限额）×事故责任比例 等于或高于每次事故赔偿限额时：

赔款＝每次事故赔偿限额×（1－事故责任免赔率）×（1－绝对免赔率之和）

②当（依合同约定核定的第三者损失金额－机动车交通事故责任强制保险的分项赔偿限额）×事故责任比例 低于每次事故赔偿限额时：

赔款＝（依合同约定核定的第三者损失金额－机动车交通事故责任强制保险的分项赔偿限额）×事故责任比例×（1－事故责任免赔率）×（1－绝对免赔率之和）

（7）保险人按照《道路交通事故受伤人员临床诊疗指南》和国家基本医疗保险的同类医疗费用标准核定医疗费用的赔偿金额。

未经保险人书面同意，被保险人自行承诺或支付的赔偿金额，保险人有权重新核定。不属于保险人赔偿范围或超出保险人应赔偿金额的，保险人不承担赔偿责任。

(8)保险人受理报案、现场查勘、核定损失、参与诉讼、进行抗辩、要求被保险人提供证明和资料、向被保险人提供专业建议等行为,均不构成保险人对赔偿责任的承诺。

(三)机动车全车盗抢保险

1.保险责任

保险期间内,被保险机动车的下列损失和费用,且不属于免除保险人责任的范围,保险人依照保险合同的约定负责赔偿:

(1)被保险机动车被盗窃、抢劫、抢夺,经出险当地县级以上公安刑侦部门立案证明,满60天未查明下落的全车损失;

(2)被保险机动车全车被盗窃、抢劫、抢夺后,受到损坏或车上零部件、附属设备丢失需要修复的合理费用;

(3)被保险机动车在被盗窃、抢劫、抢夺过程中,受到损坏需要修复的合理费用。

2.责任免除

在上述保险责任范围内,下列情况下,不论任何原因造成被保险机动车的任何损失和费用,保险人均不负责赔偿:

(1)被保险人索赔时未能提供出险地县级以上公安刑侦部门出具的盗抢立案证明;

(2)驾驶人、被保险人、投保人故意破坏现场、伪造现场、毁灭证据;

(3)被保险机动车被扣押、罚没、查封、政府征用期间;

(4)被保险机动车在竞赛、测试期间,在营业性场所维修、保养、改装期间,被运输期间。

下列损失和费用,保险人不负责赔偿:

(1)地震及其次生灾害;

(2)战争、军事冲突、恐怖活动、暴乱导致的损失和费用;

(3)因诈骗引起的任何损失,因投保人、被保险人与他人的民事、经济纠纷导致的任何损失;

(4)被保险人或其允许的驾驶人的故意行为、犯罪行为导致的损失和费用;

(5)非全车遭盗抢,仅车上零部件或附属设备被盗窃或损坏;

(6)新增设备的损失;

(7)遭受保险责任范围内的损失后,未经必要修理并检验合格继续使

用,致使损失扩大的部分;

(8)被保险机动车被转让、改装、加装或改变使用性质等,被保险人、受让人未及时通知保险人,且因转让、改装、加装或改变使用性质等导致被保险机动车危险程度显著增加而发生保险事故;

(9)投保人、被保险人或其允许的驾驶人知道保险事故发生后,故意或者因重大过失未及时通知,致使保险事故的性质、原因、损失程度等难以确定的,保险人对无法确定的部分,不承担赔偿责任,但保险人通过其他途径已经及时知道或者应当及时知道保险事故发生的除外;

(10)因被保险人违反"赔偿处理"中第(3)款规定,导致无法确定的损失。

3. 免赔率

保险人在依据保险合同约定计算赔款的基础上,按照下列方式免赔:

(1)发生全车损失的,绝对免赔率为20%;

(2)发生全车损失,被保险人未能提供《机动车登记证书》、机动车来历凭证的,每缺少一项,增加1%的绝对免赔率。

4. 保险金额

保险金额在投保时被保险机动车的实际价值内协商确定。

投保时被保险机动车的实际价值由投保人与保险人根据投保时的新车购置价减去折旧金额后的价格协商确定或其他市场公允价值协商确定。

折旧金额可根据保险合同列明的参考折旧系数表确定。

5. 赔偿处理

(1)被保险机动车全车被盗抢的,被保险人指导保险事故发生后,应在24小时内向出险当地公安刑侦部门报案,并通知保险人。

(2)被保险人索赔时,须提供保险单、损失清单、有关费用单据、《机动车登记证书》、机动车来历凭证以及出险当地县级以上公安刑侦部门出具的盗抢立案证明。

(3)因保险事故损坏的被保险机动车,应当尽量修复。修理前被保险人应当会同保险人检验,协商确定修理项目、方式和费用。对未协商确定的,保险人可以重新核定。

(4)保险人按下列方式赔偿:

①被保险机动车全车被盗抢的,按以下方法计算赔款;

赔款 = 保险金额 × (1 - 绝对免赔率之和)

②被保险机动车发生"机动车全车盗抢保险"保险责任中的第(1)和第(2)项列明的损失,保险人按实际修复费用在保险金额内计算赔偿。

(5)保险人确认索赔单证齐全、有效后,被保险人签具权益转让书,保险人赔付结案。

(6)被保险机动车发生保险事故,导致全部损失,或一次赔款金额与免赔金额之和达到保险金额,保险人按保险合同约定支付赔款后,保险责任终止,保险人不退还机动车全车盗抢保险及其附加险的保险费。

(四)机动车车上人员责任保险

1. 保险责任

①保险期间内,被保险人或其允许的驾驶人在使用被保险机动车过程中发生意外事故,致使车上人员遭受人身伤亡,且不属于免除保险人责任的范围,依法应当对车上人员承担的损害赔偿责任,保险人按照保险合同的约定负责赔偿。

②保险人依据被保险机动车一方在事故中所负的事故责任比例,承担相应的赔偿责任。

被保险人或被保险机动车一方根据有关法律法规规定选择自行协商或由公安机关交通管理部门处理事故未确定事故责任比例的,按照下列规定确定事故责任比例:

被保险机动车一方负主要事故责任的,事故责任比例为70%;

被保险机动车一方负同等事故责任的,事故责任比例为50%;

被保险机动车一方负次要事故责任的,事故责任比例为30%;

涉及司法或仲裁程序的,以法院或仲裁机构最终生效的法律文书为准。

2. 责任免除

在上述保险责任范围内,下列情况下,不论任何原因造成的人身伤亡,保险人均不负责赔偿:

(1)事故发生后,被保险人或其允许的驾驶人故意破坏、伪造现场、毁灭证据;

(2)驾驶人有下列情形之一者:

①事故发生后,在未依法采取措施的情况下驾驶被保险机动车或者遗弃被保险机动车离开事故现场;

②饮酒、吸食或注射毒品、服用国家管制的精神药品或者麻醉药品;

③无驾驶证,驾驶证被依法扣留、暂扣、吊销、注销期间;

④驾驶与驾驶证载明的准驾车型不相符合的机动车;

⑤实习期内驾驶公共汽车、营运客车或者执行任务的警车、载有危险物品的机动车或牵引挂车的机动车;

⑥驾驶出租机动车或营业性机动车无交通运输部门核发的许可证书或其他必备证书;

⑦学习驾驶时无合法教练员随车指导;

⑧非被保险人允许的驾驶人

(3)被保险机动车有下列情形之一者:

①发生保险事故时被保险机动车行驶证、号牌被注销的,或未按规定检验或检验不合格;

②被扣押、收缴、没收、政府征用期间;

③在竞赛、测试期间,在营业性场所维修、保养、改装期间;

④全车被盗窃、被抢劫、被抢夺、下落不明期间。

下列原因导致的人身伤亡,保险人不负责赔偿:

(1)地震及其次生灾害、战争、军事冲突、恐怖活动、暴乱、污染(含放射性污染)、核反应、核辐射;

(2)被保险机动车被转让、改装、加装或改变使用性质等,被保险人、受让人未及时通知保险人,且因转让、改装、加装或改变使用性质等导致被保险机动车危险程度显著增加;

(3)被保险人或驾驶人的故意行为。

下列人身伤亡、损失和费用,保险人不负责赔偿:

(1)被保险人及驾驶人以外的其他车上人员的故意行为造成的自身伤亡;

(2)车上人员因疾病、分娩、自残、斗殴、自杀、犯罪行为造成的自身伤亡;

(3)违法、违章搭乘人员的人身伤亡;

(4)罚款、罚金或惩罚性赔款;

(5)超出《道路交通事故受伤人员临床诊疗指南》和国家基本医疗保险同类医疗费用标准的费用部分;

(6)律师费,未经保险人事先书面同意的诉讼费、仲裁费;

(7)投保人、被保险人或其允许的驾驶人知道保险事故发生后,故意或者因重大过失未及时通知,致使保险事故的性质、原因、损失程度等难以确定的,保险人对无法确定的部分,不承担赔偿责任,但保险人通过其他途径已经及时知道或者应当及时知道保险事故发生的除外;

(8)精神损害抚慰金;

(9)应当由机动车交通事故责任强制保险赔付的损失和费用。

3.免赔率

保险人在依据保险合同约定计算赔款的基础上,在保险单载明的责任限额内,按照下列方式免赔:

被保险机动车一方负次要事故责任的,实行5%的事故责任免赔率;负同等事故责任的,实行10%的事故责任免赔率;负主要事故责任的,实行15%的事故责任免赔率;负全部事故责任或单方肇事事故的,实行20%的事故责任免赔率。

4.责任限额

驾驶人每次事故责任限额和乘客每次事故每人责任限额由投保人和保险人在投保时协商确定。投保乘客座位数按照被保险机动车的核定载客数(驾驶人座位除外)确定。

5.赔偿处理

(1)发生保险事故时,被保险人或其允许的驾驶人应当及时采取合理的、必要的施救和保护措施,防止或者减少损失,并在保险事故发生后48小时内通知保险人。被保险人或其允许的驾驶人根据有关法律法规规定选择自行协商方式处理交通事故的,应当立即通知保险人。

(2)被保险人或其允许的驾驶人根据有关法律法规规定选择自行协商方式处理交通事故的,应当协助保险人勘验事故各方车辆,核实事故责任,并依照《道路交通事故处理程序规定》签订记录交通事故情况的协议书。

(3)被保险人索赔时,应当向保险人提供与确认保险事故的性质、原因、损失程度等有关的证明和资料。

被保险人应当提供保险单、损失清单、有关费用单据、被保险机动车行驶证和发生事故时驾驶人的驾驶证。

属于道路交通事故的,被保险人应当提供公安机关交通管理部门或法院等机构出具的事故证明、有关的法律文书(判决书、调解书、裁定书、裁决书等)和通过机动车交通事故责任强制保险获得赔偿金额的证明材料。被保险人或其允许的驾驶人根据有关法律法规规定选择自行协商方式处理交通事故的,被保险人应当提供依照《道路交通事故处理程序规定》签订记录交通事故情况的协议书和通过机动车交通事故责任强制保险获得赔偿金额的证明材料。

6. 赔款计算

(1)对每座的受害人,当(依合同约定核定的每座车上人员人身伤亡损失金额－应由机动车交通事故责任强制保险赔偿的金额)×事故责任比例高于或等于每次事故每座赔偿限额时:

赔款＝每次事故每座赔偿限额×(1－事故责任免赔率)×(1－绝对免赔率之和)

(2)对每座的受害人,当(依合同约定核定的每座车上人员人身伤亡损失金额－应由机动车交通事故责任强制保险赔偿的金额)×事故责任比例低于每次事故每座赔偿限额时:

赔款＝(依合同约定核定的每座车上人员人身伤亡损失金额－
应由机动车交通事故责任强制保险赔偿的金额)×事故责任比例×
(1－事故责任免赔率)×(1－绝对免赔率之和)

6. 保险人按照《道路交通事故受伤人员临床诊疗指南》和国家基本医疗保险的同类医疗费用标准核定医疗费用的赔偿金额。

未经保险人书面同意,被保险人自行承诺或支付的赔偿金额,保险人有权重新核定。因被保险人原因导致损失金额无法确定的,保险人有权拒绝赔偿。

7. 保险人受理报案、现场查勘、核定损失、参与诉讼、进行抗辩、要求被保险人提供证明和资料、向被保险人提供专业建议等行为,均不构成保险人对赔偿责任的承诺。

(五)通用条款

1. 保险期间

除另有约定外,保险期间为一年,以保险单载明的起讫时间为准。

2. 其他事项

(1)保险人按照保险合同的约定,认为被保险人索赔提供的有关证明和资料不完整的,应当及时一次性通知被保险人补充提供。

(2)保险人收到被保险人的赔偿请求后,应当及时作出核定;情形复杂的,应当在三十日内作出核定。保险人应当将核定结果通知被保险人;对属于保险责任的,在与被保险人达成赔偿协议后十日内,履行赔偿义务。保险合同对赔偿期限另有约定的,保险人应当按照约定履行赔偿义务。

保险人未及时履行前款约定义务的,除支付赔款外,应当赔偿被保险人因此受到的损失。

(3)保险人依照前款(2)的约定作出核定后,对不属于保险责任的,应当自作出核定之日起三日内向被保险人发出拒绝赔偿通知书,并说明理由。

(4)保险人自收到赔偿请求和有关证明、资料之日起六十日内,对其赔偿数额不能确定的,应当根据已有证明和资料可以确定的数额先予支付;保险人最终确定赔偿数额后,应当支付相应的差额。

(5)在保险期间内,被保险机动车转让他人的,受让人承继被保险人的权利和义务。被保险人或者受让人应当及时书面通知保险人。

因被保险机动车转让导致被保险机动车危险程度发生显著变化的,保险人自收到前款约定的通知之日起三十日内,可以相应调整保险费或者解除保险合同。

(6)保险责任开始前,投保人要求解除保险合同的,应当向保险人支付应交保险费金额的3%的退保手续费,保险人应当退还保险费。

保险责任开始后,投保人要求解除保险合同的,自通知保险人之日起,保险合同解除,保险人按日收取自保险责任开始之日起至合同解除之日止期间的保险费,并退还剩余部分保险费。

(7)因履行保险合同发生的争议,由当事人协商解决,协商不成的,由当事人从下列两种合同争议解决方式中选择一种,并在保险合同中载明:

①提交保险单载明的仲裁委员会仲裁;

②依法向人民法院起诉。

本保险合同适用中华人民共和国(不含港、澳、台地区)法律。

(六)附加险

下面我们来介绍附加险。

附加险条款额法律效力优于主险条款。附加险条款未尽事宜,以主险条款为准。

2015年的车险示范性条款共有11个:玻璃单独破碎险、自燃损失险、新增加设备损失险、车身划痕损失险、发动机涉水损失险、修理期间费用补偿险、车上货物责任险、精神损害抚慰金责任险、不计免赔率险、机动车损失保险无法找到第三方特约险、指定修理厂险。

(一) 玻璃单独破碎险

投保了机动车损失保险的机动车,可投保本附加险。

1. 保险责任

保险期间内,被保险机动车风挡玻璃或车窗玻璃的单独破碎,保险人按实际损失金额赔偿。

2. 投保方式

投保人与保险人可协商选择按进口或国产玻璃投保。保险人根据协商选择的投保方式承担相应的赔偿责任。

3. 责任免除

安装、维修机动车过程中造成的玻璃单独破碎。

4. 本附加险不适用主险中的各项免赔率、免赔额约定。

(二) 自燃损失险

投保了机动车损失保险的机动车,可投保本附加险。

1. 保险责任

(1) 保险期间内,在没有外界火源的情况下,由于本车电器、线路、供油系统、供气系统等被保险机动车自身原因或所载货物自身原因起火燃烧造成本车的损失;

(2) 发生保险事故时,被保险人为防止或者减少被保险机动车的损失所支付的必要的、合理的施救费用,由保险人承担;施救费用数额在被保险机动车损失赔偿金额以外另行计算,最高不超过本附加险保险金额的数额。

2. 责任免除

(1) 自燃仅造成电器、线路、油路、供油系统、供气系统的损失;

(2) 由于擅自改装、加装电器及设备导致被保险机动车起火造成的损失;

(3) 被保险人在使用被保险机动车过程中,因人工直接供油、高温烘烤等违反车辆安全操作规则造成的损失;

(4) 本附加险每次赔偿实行 20% 的绝对免赔率,不适用主险中的各项免赔率、免赔额约定。

3. 保险金额

保险金额由投保人和保险人在投保时被保险机动车的实际价值内协

商确定。

4. 赔偿处理

全部损失,在保险金额内计算赔偿;部分损失,在保险金额内按实际修理费用计算赔偿。

(三)新增加设备损失险

投保了机动车损失保险的机动车,可投保本附加险。

1. 保险责任

保险期间内,投保了本附加险的被保险机动车因发生机动车损失保险责任范围内的事故,造成车上新增加设备的直接损毁,保险人在保险单载明的本附加险的保险金额内,按照实际损失计算赔偿。

2. 责任免除

本附加险每次赔偿的免赔约定以机动车损失保险条款约定为准。

3. 保险金额

保险金额根据新增加设备投保时的实际价值确定。新增加设备的实际价值是指新增加设备的购置价减去折旧后的金额。

(四)车身划痕损失险

投保了机动车损失保险的机动车,可投保本附加险。

1. 保险责任

保险期间内,投保了本附加险的机动车在被保险人或其允许的驾驶人使用过程中,发生无明显碰撞痕迹的车身划痕损失,保险人按照保险合同约定负责赔偿。

2. 责任免除

(1)被保险人及其家庭成员、驾驶人及其家庭成员的故意行为造成的损失;

(2)因投保人、被保险人与他人的民事、经济纠纷导致的任何损失;

(3)车身表面自然老化、损坏、腐蚀造成的任何损失;

(4)本附加险每次赔偿实行15%的绝对免赔率,不适用主险中的各项免赔率、免赔额约定。

3. 保险金额

保险金额为2 000元、5 000元、10 000元或20 000元,由投保人和保险人在投保时协商确定。

4. 赔偿处理

(1)在保险金额内按实际修理费用计算赔偿;

(2)在保险期间内,累计赔偿金额达到保险金额,本附加险保险责任终止。

(五)发动机涉水损失险

本附加险仅适用于家庭自用汽车,党政机关、事业团体用车,企业非营业用车,且只有在投保机动车损失保险后,方可投保本附加险。

1. 保险责任

保险期间内,投保了本附加险的被保险机动车在使用过程中,因发动机进水后导致的发动机的直接损毁,保险人负责赔偿;

发生保险事故时,被保险人为防止或者减少被保险机动车的损失所支付的必要的、合理的施救费用,由保险人承担;施救费用数额在被保险机动车损失赔偿金额以外另行计算,最高不超过保险金额的数额。

2. 责任免除

本附加险每次赔偿均实行15%的绝对免赔率,不适用主险中的各项免赔率、免赔额约定。

3. 赔偿处理

发生保险事故时,保险人在保险金额内计算赔偿。

(六)修理期间费用补偿险

只有在投保了机动车损失保险的基础上方可投保本附加险,机动车损失保险责任终止时,本保险责任同时终止。

1. 保险责任

保险期间内,投保了本条款的机动车在使用过程中,发生机动车损失保险责任范围内的事故,造成车身损毁,致使被保险机动车停驶,保险人按保险合同约定,在保险金额内向被保险人补偿修理期间费用,作为代步车费用或弥补停驶损失。

2. 责任免除

下列情况下,保险人不承担修理期间费用补偿:

(1)因机动车损失保险责任范围以外的事故而致被保险机动车的损毁或修理;

(2)非在保险人指定的修理厂修理时,因车辆修理质量不合格造成返修;

（3）被保险人或驾驶人拖延车辆送修期间；

（4）本保险每次事故的绝对免赔额为 1 天的赔偿金额，不适用主险中的各项免赔率、免赔额约定。

3. 保险金额

本附加险保险金额 = 补偿天数 × 日补偿金额。补偿天数及日补偿金额由投保人与保险人协商确定并在保险合同中载明，保险期间内约定的补偿天数最高不超过 90 天。

4. 赔偿处理

全车损失，按保险单载明的保险金额计算赔偿；部分损失，在保险金额内按约定的日补偿金额乘以从送修之日起至修复之日止的实际天数计算赔偿，实际天数超过双方约定修理天数的，以双方约定的修理天数为准。

保险期间内，累计赔偿金额达到保险单载明的保险金额，本附加险保险责任终止。

（七）车上货物责任险

投保了机动车第三者责任保险的机动车，可投保本附加险。

1. 保险责任

保险期间内，发生意外事故致使被保险机动车所载货物遭受直接损毁，依法应由被保险人承担的损害赔偿责任，保险人负责赔偿。

2. 责任免除

（1）偷盗、哄抢、自然损耗、本身缺陷、短少、死亡、腐烂、变质、串味、生锈、动物走失、飞失、货物自身起火燃烧或爆炸造成的货物损失；

（2）违法、违章载运造成的损失；

（3）因包装、紧固不善，装载、遮盖不当导致的任何损失；

（4）车上人员携带的私人物品的损失；

（5）保险事故导致的货物减值、运输延迟、营业损失及其他各种间接损失；

（6）法律、行政法规禁止运输的货物的损失；

（7）本附加险每次赔偿实行 20% 的绝对免赔率，不适用主险中的各项免赔率、免赔额约定。

3. 责任限额

责任限额由投保人和保险人在投保时协商确定。

4. 赔偿处理

被保险人索赔时,应提供运单、起运地货物价格证明等相关单据。保险人在责任限额内按起运地价格计算赔偿。

(八)精神损害抚慰金责任险

只有在投保了机动车第三者责任保险或机动车车上人员责任保险的基础上方可投保本附加险。

在投保人仅投保机动车第三者责任保险的基础上附加本附加险时,保险人只负责赔偿第三者的精神损害抚慰金;在投保人仅投保机动车车上人员责任保险的基础上附加本附加险时,保险人只负责赔偿车上人员的精神损害抚慰金。

1. 保险责任

保险期间内,被保险人或其允许的驾驶人在使用被保险机动车的过程中,发生投保的主险约定的保险责任内的事故,造成第三者或车上人员的人身伤亡,受害人据此提出精神损害赔偿请求,保险人依据法院判决及保险合同约定,对应由被保险人或被保险机动车驾驶人支付的精神损害抚慰金,在扣除机动车交通事故责任强制保险应当支付的赔款后,在本保险赔偿限额内负责赔偿。

2. 责任免除

(1)根据被保险人与他人的合同协议,应由他人承担的精神损害抚慰金;

(2)发生交通事故,仅因第三者或本车人员的惊恐而引起的损害;

(3)怀孕妇女的流产发生在交通事故发生之日起30天以外的;

(4)本附加险每次赔偿实行20%的绝对免赔率,不适用主险中的各项免赔率、免赔额约定。

3. 赔偿限额

本保险每次事故赔偿限额由保险人和投保人在投保时协商确定。

4. 赔偿处理

本附加险赔偿金额依据人民法院的判决在保险单载明的赔偿限额内计算赔偿。

(九)不计免赔率险

投保了任一主险及其他设置了免赔率的附加险后,均可投保本附加险。

1. 保险责任

保险事故发生后,按照对应投保的险种约定的免赔率计算的,应当由被保险人自行承担的免赔金额部分,保险人负责赔偿。

2. 责任免除

下列情况下,应当由被保险人自行承担的免赔金额,保险人不负责赔偿:

(1)机动车损失保险中应当由第三方负责赔偿而无法找到第三方的;

(2)因违反安全装载规定而增加的;

(3)发生机动车全车盗抢保险约定的全车损失保险事故时,被保险人未能提供《机动车登记证书》、机动车来历凭证的,每缺少一项而增加的;

(4)机动车损失保险中约定的每次事故绝对免赔额;

(5)可附加本条款但未选择附加本条款的险种约定的;

(6)不可附加本条款的险种约定的。

(十)机动车损失保险无法找到第三方特约险

投保了机动车损失保险后,可投保本附加险。

投保了本附加险后,对于机动车损失保险中列明的,被保险机动车损失应当由第三方负责赔偿,但因无法找到第三方而增加的由被保险人自行承担的免赔金额,保险人负责赔偿。

(十一)指定修理厂险

投保了机动车损失保险的机动车,可投保本附加险。

投保了本附加险后,机动车损失保险事故发生后,被保险人可指定修理厂进行修理。

二、机动车交通事故责任强制保险

(一)保险责任

在中华人民共和国境内(不含港、澳、台地区),被保险人在使用被保险机动车过程中发生交通事故,致使受害人遭受人身伤亡或者财产损失,依法应当由被保险人承担的损害赔偿责任,保险人按照交强险合同的约定对每次事故在下列赔偿限额内负责赔偿:

(1)死亡伤残赔偿限额为 110 000 元。

(2)医疗费用赔偿限额为 10 000 元。

(3)财产损失赔偿限额为2 000元。

(4)被保险无责任时,无责任死亡伤残赔偿限额为11 000元;无责任医疗费用赔偿限额为1 000元;无责任财产损失赔偿限额为100元。

死亡伤残赔偿限额和无责任死亡伤残赔偿限额项下负责赔偿丧葬费、死亡补偿费、受害人亲属办理丧葬事宜支出的交通费用、残疾赔偿金、残疾辅助器具费、护理费、康复费、交通费、被抚养人生活费、住宿费、误工费,被保险人依照法院判决或者调解承担的精神损害抚慰金。

医疗费用赔偿限额和无责任医疗费用赔偿限额项下负责赔偿医药费、诊疗费、住院费、住院伙食补助费,必要的、合理的后续治疗费、整容费、营养费。

(二)垫付与追偿

被保险机动车在下述1~4之一的情形下发生交通事故,造成受害人受伤需要抢救的,保险人在接到公安机关交通管理部门的书面通知和医疗机构出具的抢救费用清单后,按照国务院卫生主管部门组织制定的交通事故人员创伤临床诊疗指南和国家基本医疗保险标准进行核实。对于符合规定的抢救费用,保险人在医疗费用赔偿限额内垫付。被保险人在交通事故中无责任的,保险人在无责任医疗费用赔偿限额内垫付。对于其他损失和费用,保险人不负责垫付和赔偿。

(1)驾驶人未取得驾驶资格的;

(2)驾驶人醉酒的;

(3)被保险机动车被盗抢期间肇事的;

(4)被保险人故意制造交通事故的。

对于垫付的抢救费用,保险人有权向致害人追偿。

(三)责任免除

下列损失和费用,交强险不负责赔偿和垫付:

(1)因受害人故意造成的交通事故的损失;

(2)被保险人所有的财产及被保险机动车上的财产遭受的损失;

(3)被保险机动车发生交通事故,致使受害人停业、停驶、停电、停水、停气、停产、通讯或者网络中断、数据丢失、电压变化等造成的损失以及受害人财产因市场价格变动造成的贬值,修理后因价值降低造成的损失等其他各种间接损失;

(4)因交通事故产生的仲裁或者诉讼费用以及其他相关费用。

（四）保险期间

除国家法律、行政法规另有规定外，交强险合同的保险期间为一年，以保险单载明的起止时间为准。

（五）投保人、被保险人义务

（1）投保人投保时，应当如实填写投保单，向保险人如实告知重要事项，并提供被保险机动车的行驶证和驾驶证复印件。重要事项包括机动车的种类、厂牌型号、识别代码、号牌号码、使用性质和机动车所有人或者管理人的姓名（名称）、性别、年龄、住所、身份证或者驾驶证号码（组织机构代码）、续保前该机动车发生事故的情况以及保监会规定的其他事项。投保人未如实告知重要事项，对保险费计算有影响的，保险人按照保单年度重新核定保险费计收。

（2）签订交强险合同时，投保人不得在保险条款和保险费率之外，向保险人提出附加其他条件的要求。

（3）投保人续保的，应当提供被保险机动车上一年度交强险的保险单。

（4）在保险合同有效期内，被保险机动车因改装、加装、使用性质改变等导致危险程度增加的，被保险人应当及时通知保险人，并办理批改手续。否则，保险人按照保单年度重新核定保险费计收。

（5）被保险机动车发生交通事故，被保险人应当及时采取合理、必要的施救和保护措施，并在事故发生后及时通知保险人。

（6）发生保险事故后，被保险人应当积极协助保险人进行现场查勘和事故调查。发生与保险赔偿有关的仲裁或者诉讼时，被保险人应当及时书面通知保险人。

（六）赔偿处理

（1）被保险机动车发生交通事故的，由被保险人向保险人申请赔偿保险金。被保险人索赔时，应当向保险人提供以下材料：

①交强险的保险单。

②被保险人出具的索赔申请书。

③被保险人和受害人的有效身份证明、被保险机动车行驶证和驾驶人的驾驶证。

④公安机关交通管理部门出具的有关法律文书及其他证明；公安机关交通管理部门出具的事故证明，或者人民法院等机构出具的有关法律文书

及其他证明。

⑤被保险人根据有关法律法规规定选择自行协商方式处理交通事故的,应当提供依照《交通事故处理程序规定》规定的记录交通事故情况的协议书。

⑥受害人财产损失程度证明、人身伤残程度证明、相关医疗证明以及有关损失清单和费用单据。

⑦其他与确认保险事故的性质、原因、损失程度等有关的证明和资料。

(2)保险事故发生后,保险人按照国家有关法律法规规定的赔偿范围、项目和标准以及交强险合同的约定,并根据国务院卫生主管部门组织制定的交通事故人员创伤临床诊疗指南和国家基本医疗保险标准,在交强险的责任限额内核定人身伤亡的赔偿金额。

(3)因保险事故造成受害人人身伤亡的,未经保险人书面同意,被保险人自行承诺或支付的赔偿金额,保险人在交强险责任限额内有权重新核定。因保险事故损坏的受害人财产需要修理的,被保险人应当在修理前会同保险人检验,协商确定修理或者更换项目、方式和费用。否则,保险人在交强险责任限额内有权重新核定。

(4)被保险机动车发生涉及受害人受伤的交通事故,因抢救受害人需要保险人支付抢救费用的,保险人在接到公安机关交通管理部门的书面通知和医疗机构出具的抢救费用清单后,按照国务院卫生主管部门组织制定的交通事故人员创伤临床诊疗指南和国家基本医疗保险标准进行核实。对于符合规定的抢救费用,保险人在医疗费用赔偿限额内支付。被保险人在交通事故中无责任的,保险人在无责任医疗费用赔偿限额内支付。

(七)合同变更与终止

(1)在交强险合同有效期内,被保险机动车所有权发生转移的,投保人应当及时通知保险人,并办理交强险合同变更手续。

(2)在下列三种情况下,投保人可以要求解除交强险合同:

①被保险机动车被依法注销登记的;

②被保险机动车办理停驶的;

③被保险机动车经公安机关证实丢失的。

交强险合同解除后,投保人应当及时将保险单、保险标志交还保险人;无法交回保险标志的,应当向保险人说明情况,征得保险人同意。

(3)发生《机动车交通事故责任强制保险条例》所列明的投保人、保险人解除交强险合同的情况时,保险人按照日费率收取自保险责任开始之日起至合同解除之日止期间的保险费。

第四节 货物运输保险

货物运输保险是以运输途中的货物作为保险标的,保险人对由自然灾害和意外事故造成的货物损失负责赔偿责任的保险。根据运输方式的不同,货物运输保险可以分为陆上货物运输保险、海洋货物运输保险、航空货物运输保险、邮包保险四类。

一、陆上货物运输保险

陆上货物运输保险合同是指保险人与投保人之间达成的,以陆上运输过程中的货物作为保险标的,由保险人对于被保险货物因自然灾害或意外事故造成的损失承担赔偿责任的协议。陆上货物运输保险合同按其适用范围,分为国内陆上货物运输保险合同和国际陆上货物运输保险合同。

(一)国内陆上货物运输保险

国内陆上货物运输保险合同适用于国内贸易所涉及的货物在国内陆路上用汽车、火车、非机动车辆进行的运输活动。在我国,将其进一步分为国内铁路货物运输保险合同和国内公路货物运输保险合同。

1. 保险责任

我国的国内陆上货物运输保险合同分为基本险和综合险两个险别,其保险责任范围有所差异。

基本险的保险责任主要包括:

①因火灾、爆炸、雷电、冰雹、暴风、暴雨、洪水、地震、海啸、地陷、崖崩、滑坡、泥石流所造成的损失;②由于运输工具发生碰撞、搁浅、触礁、倾覆、沉没、出轨或隧道、码头坍塌所造成的损失;③在装货、卸货或转载时,因遭受不属于包装质量不善或装卸人员违反操作规程所造成的损失;④按国家规定或一般惯例应分摊的共同海损的费用;⑤在发生上述灾害、事故时,因纷乱而造成货物的散失以及因施救或保护货物所支付的直接合理的费用。

综合险的保险责任除包括基本险责任外,还包括:

①因受震动、碰撞、挤压而造成货物破碎、弯曲、凹瘪、折断、开裂或包装破裂致使货物散失的损失;②液体货物因受震动、碰撞或挤压致使所用容器(包括封口)损坏而渗漏的损失,或用液体保藏的货物因液体渗漏而造成保藏货物腐烂变质的损失;③遭受盗窃或整件提货不着的损失;④符合安全运输规定而遭受雨淋所致的损失。

2. 除外责任

由于下列原因造成保险货物的损失,保险人不负赔偿责任:

①战争或军事行动所造成的损失;②核事件或核爆炸所造成的损失;③保险货物本身的缺陷或自然损耗以及由于包装不善所造成的损失;④被保险人的故意行为或过失所造成的损失;⑤全程是公路货物运输的,盗窃和整件提货不着的损失;⑥其他不属于保险责任范围内的损失。

3. 保险责任的起讫期

保险责任的起讫期是自签发保险凭证和保险货物运离起运地发货人的最后一个仓库或储运处所时起,至该保险凭证上注明的目的地的收货人在当地的第一个仓库或储存处所时终止。但保险货物运抵目的地后,如果收货人未及时提货,则保险责任的终止期最多延长至以收货人接到《到货通知单》后的 15 天为限(以邮戳日期为准)。

(二) 国际陆上货物运输保险

国际陆上货物运输保险合同,适用于国际贸易的进出口货物及其他涉外经济活动的物品,在跨越国界的陆路上进行的运输活动。在我国,国际陆上货物运输保险限于使用火车、汽车进行的运输活动,使用其他陆上运输工具的货物运输活动则不予承保。

1. 保险责任

适用于国际陆上货物运输的陆上货物运输保险合同,分为陆运险和陆运一切险两个险别。

陆运险保险责任包括:①被保险货物在运输途中遭受暴风、雷电、洪水、地震等自然灾害,或由于运输工具遭受碰撞、倾覆、出轨,或在驳运过程中因驳运工具遭受搁浅、触礁、沉没、碰撞;或由于遭受隧道坍塌、崖崩或失火、爆炸意外事故所造成的全部或部分损失。②被保险人对遭受承保责任内危险的货物采取抢救、防止或减少货损的措施而支付的合理费用,但以不超过该批被救货物的保险金额为限。

陆运一切险保险责任除包括上列陆运险的责任外,还负责被保险货物在运输途中由于外来原因所致的全部或部分损失。

2. 除外责任

保险人对下列损失不承担保险责任:

①被保险人的故意行为或过失所造成的损失;②属于发货人责任所引起的损失;③在保险责任开始前,被保险货物已存在的品质不良或数量短差所造成的损失;④被保险货物的自然损耗、本质缺陷、特性以及市价跌落、运输延迟所引起的损失或费用;⑤陆上运输货物的战争险条款和罢工险条款规定的保险责任范围和除外责任。

3. 责任起讫

负"仓至仓"责任,自被保险货物运离保险单所载明的起运地仓库或储存处所、开始运输时生效,包括正常运输过程中的陆上和与其有关的水上驳运在内,直至该项货物运达保险单所载目的地收货人的最后仓库或储存处所或被保险人用作分配、分派的其他储存处所为止,如未运抵上述仓库或储存处所,则以被保险货物运抵最后卸载的车站满一定期限(如60天)为止。

二、海洋货物运输保险

海洋货物运输保险(Marine Cargo Insurance),简称"水险",是指保险人对于货物在运输途中因海上自然灾害、意外事故或外来原因而导致的损失负赔偿责任的一种保险。在国际货物买卖业务中,海洋货物运输保险是一个不可缺少的条件和环节。

(一) 保险责任

海洋运输货物保险条款所承保的险别,分为基本险和附加险两类。

1. 基本险

基本险有平安险(Free from Particular Average,简写为 F. P. A)、水渍险(With Average or With Particular Average,简写为 W. A 或 W. P. A)和一切险(All Risk,简写为 A. R.)三种。

(1)平安险的责任范围包括:①被保货物在运输过程中,由于自然灾害造成整批货物的全部损失或推定全损。被保货物用驳船运往或远离海轮的,每一驳船所装货物可视为一整批。②由于运输工具遭受意外事故造成货物全部或部分损失。③在运输工具已经发生意外事故的情况下,货物在此前后又在海上遭受自然灾害落海造成的部分损失。④在装卸或转运时,由于一件或数件货物落海造成的全部或部分损失。⑤被保人对遭受承保范围内的货物采取抢救、防止或减少货损的措施而支付的合理费用,但以不超过该批被救货物的保险金额为限。⑥运输工具遭难后,在避难港由于卸货所引起的损失,以及在中途港、避难港由于卸货、存仓及运送货物所产生的特别费用。⑦共同海损的牺牲、分摊和救助费用。⑧运输合同订有"船舶互撞责任条款",根据该条款规定应由货方偿还船方的损失。

(2)水渍险的责任范围包括:除平安险的各项责任外,还负责被保货物由于自然灾害造成的部分损失。

(3)一切险的责任范围包括:除平安险和水渍险的各项责任外,还负责被保货物在运输途中由于一般外来原因所造成的全部或部分损失。

2. 附加险

附加险别是基本险别责任的扩大和补充,它不能单独投保。附加险别有一般附加险、特别附加险、特殊附加险。

(1)一般附加险(General Additional Risks),亦称"普通附加险"。一般附加险共有11种:①偷窃、提货不着险;②淡水雨淋险;③短量险;④混杂、玷污险;⑤渗漏险;⑥碰损、破碎险;⑦串味险;⑧受潮受热险;⑨钩损险;⑩包装破裂险;⑪锈损险。

(2)特别附加险与一般附加险的不同之处有两点:一是特别附加险不包括在一切险责任范围以内;二是导致特别附加险的货物损失原因往往同政治、国家行政管理以及一些特殊的风险相关联。我国现行的特别附加险主要有6种:①交货不到险;②进口关税险;③舱面险;④拒收险;⑤黄曲霉(毒)素险;⑥出口货物到香港(包括九龙在内)或澳门存仓火险责任扩展条款。

(3)特殊附加险与特别附加险一样,不属于一切险责任范畴。特殊附加险承保的风险主要是战争和罢工这两种风险。

(二)除外责任

中国人民保险公司《海洋运输货物保险条款》中对海运基本险别的除外责任有下列五项:

①被保险人的故意行为或过失所造成的损失;②属于发货人责任所引起的损失;③在保险责任开始前,被保险货物已经存在的品质不良或数量短差所造成的损失;④被保险货物的自然损耗、本质缺陷、特性,以及市场跌落、运输延迟所引起的损失和费用;⑤战争险和罢工险条款规定的责任

及其除外责任。

（三）责任期限

按照国际保险业的习惯，海运保险基本险采用的是"仓至仓条款"，即保险责任自被保险货物运离保险单所载明的起运地发货人仓库或储存处所开始生效，包括正常运输过程中的海上、陆上、内河和驳船运输在内，直至该项货物到达保险单所载明目的地收货人的仓库为止，但最长不超过被保险货物卸离海轮后60天。

（四）涉及的费用

海上风险还会造成费用支出，主要有施救费用和救助费用。所谓施救费用，是指被保险货物在遭受承保责任范围内的灾害事故时，被保险人或其代理人或保险单受让人为了避免或减少损失，采取各种措施而支出的合理费用。所谓救助费用，是指保险人或被保险人以外的第三者采取了有效的救助措施之后，由被救方付给的报酬。保险人对上述费用都负责赔偿，但以总和不超过货物险保险金额为限。

（五）涉及的损失

海上货物运输的损失又称海损（Average），是指货物在海运过程中由于海上风险而造成的损失。海损也包括与海运相连的陆运和内河运输过程中的货物损失。海上损失按损失的程度可以分成全部损失和部分损失。

1. 全部损失

全部损失又称全损，是指被保险货物的全部遭受损失，有实际全损和推定全损之分。实际全损是指货物全部灭失或全部变质而不再有任何商业价值。推定全损是指货物遭受风险后受损，尽管未达实际全损的程度，但实际全损已不可避免，或者为避免实际全损所支付的费用和继续将货物运抵目的地的费用之和超过了保险价值。推定全损需经保险人核查后认定。

2. 部分损失

不属于实际全损和推定全损的损失，为部分损失。按照造成损失的原因可分为共同海损和单独海损。

在海洋运输途中，船舶、货物或其他财产遭遇共同危险，为了解除共同危险，有意采取合理的救难措施所直接造成的特殊牺牲和支付的特殊费用,称为共同海损。在船舶发生共同海损后,凡属共同海损范围内的牺牲和费用,均可通过共同海损清算,由有关获救受益方(即船方、货方和运费收入方)根据获救价值按比例分摊,然后再向各自的保险人索赔。共同海损分摊涉及的因素比较复杂,一般均由专门的海损理算机构进行理算(Adjustment)。

不具有共同海损性质,又未达到全损程度的损失,称为单独海损。该损失仅涉及船舶或货物所有人单方面的利益损失。

按照货物险保险条例,不论担保何种货运险险种,由于海上风险而造成的全部损失和共同海损均属保险人的承保范围。对于推定全损的情况,由于货物并未全部灭失,被保险人可以选择按全损或部分损失索赔。倘若按全损处理,则被保险人应向保险人提交"委付通知",把残余标的物的所有权交付保险人,经保险人接受后,可按全损得到赔偿。

三、航空运输货物保险

航空运输货物保险中保险公司承保通过航空运输的货物,保险责任是以飞机作为主体来加以规定的。航空运输货物保险也分为航空运输险和航空运输一切险两种。

航空运输险的保险责任主要包括:①被保险货物在运输途中遭受雷电、火灾、爆炸或由于飞机遭受恶劣气候或其他危难事故而被抛弃,或由于飞机遭受碰撞、倾覆、坠落或失踪意外事故所造成的全部或部分损失;②被保险人对遭受承保责任内危险的货物采取抢救、防止或减少货损的措施而支付的合理费用,但以不超过该批被救货物的保险金额为限。

航空运输一切险的保险责任除包括上列航空运输险的责任外,还负责被保险货物由于外来原因所致的全部或部分损失。

航空运输货物保险的责任期限采用"仓至仓条款"。

航空运输货物保险的除外责任与海洋运输货物保险基本相同。

四、邮包保险

邮包保险承保通过邮政局邮包寄递的货物在邮递过程中发生保险事故所致的损失。

以邮包方式将货物发送到目的地可能通过海运,也可能通过陆上或航空运输,或者经过两种或两种以上的运输工具运送。不论通过何种运送工具,凡是以邮包方式将贸易货物运达目的地的保险均属邮包保险。邮包保险按其保险责任分为邮包险(Parcel Post Risks)和邮包一切险(Parcel Post All Risks)两种。前者与海洋运输货物保险水渍险的责任相似,后者与海洋运输货物保险一切险的责任基本相同。

第五节 农业保险

农业是国民经济发展的基础,农业保险作为财产保险的一个有机组成部分,为农业发展发挥着重要的风险保障作用。

一、农业保险的含义

所谓农业保险,通常是指以农业生产经营过程中因灾害事故所造成的财产损失为保险标的的保险。农业保险是一个不断发展的概念。由于农业保险以农业为对象,而农业的内涵与外延是随着人类社会的发展而不断变化的,因此,不同时期、不同国家农业保险的内涵与外延也不尽相同,农业保险的概念也在不断地发展变化。

农业保险是国家为稳定国民经济基础、加强农业保护而实行的一种政策,是一定国家意志的体现,需要政府的扶持才能开展起来,而非一般的、以营利为目的保险合同买与卖的经济活动。因此,农业保险通常属于政策性保险的范畴。但农业保险的某些险种,也可以用商业保险的办法来经营。由于各国国情不同,开展农业保险的历史不同,所以,不同国家的农业保险的实际做法不尽相同。

我国保险公司在实际业务中,将农业保险界定为种植业保险和养殖业保险,即通常所说的"两业险"。本书中所使用的农业保险的概念,也是指种植业保险和养殖业保险。农业保险属于财产保险的一部分。

国外一些国家农业保险所包含的内容较为宽泛,通常涉及农业生产、农产品加工甚至销售过程,除为农业生产对象提供保险外,还包括与农业生产资料、农用机械、农用设备、农用设施、农产品储藏与运输、农产品初级加工、农业信贷、农产品销售等活动相关的保险,以及农业生产过程中的雇主责任保险和人身意外伤害保险等。

二、农业保险的特点

与财产保险的其他险种相比,农业保险有以下特点。

(一)农业保险标的具有生命性

农业保险的标的是具有生命周期的动植物,受生物学特性的强烈制约,保险标的的价值始终处于变化中,只有当它成熟或收获时才能最终确定,在此之前,只能说它是处于价值的孕育阶段,而不具备独立的价值形态。因此,农业保险在经营管理过程中必须适应这些规律,而不能违背。

(二)农业保险具有较强的地域性

农业生产及农业灾害的地域性,决定了开办农业保险也具有较强的地域性,即农业保险在险种类别、标的种类、灾害种类、频率和强度、保险期限、保险责任、保险费率等方面,表现出在某一区域内的相似性和区域外明显的差异性。

(三)农业保险具有明显的季节性

农业生产和农业灾害本身强烈的规律性和季节性,使农业保险在展业、承保、理赔、防灾防损等方面表现出明显的季节性,这就要求开展农业保险除要遵守保险经济规律外,还要按农业生产的自然规律办事,要严格把握农业生产的季节性变化特点来开展业务,组织业务管理。

(四)农业保险经营技术难度大,风险高

农业保险技术难度大表现为农业保险有三难,即展业难、承保难、理赔难。同时,农业保险经营中投保方的逆选择和道德风险较为严重。这是由于农业保险标的的生命性、多样性、分散性,农民保险意识淡薄,农业灾害部分损失时难以准确测定,以及灾害损失可能是几种灾害共同作用的结果,难于准确区分等原因造成的。从世界范围来看,农业仍未改变靠天吃饭的局面,农业仍是高风险产业,农业保险经营普遍亏损。

(五)大部分农牧业保险产品具有政策性

农业保险的政策性一方面体现在农业保险的非营利性,即国家开办农业保险的目的是为农业提供保护,而不是通过农业保险像商业性保险一样谋取盈利而获得财政收入,相反国家还必须拨付一定的财政资金用以扶持农业保险的开展;另一方面,农业保险的政策性体现在农业保险对政府推

动力的依赖性,即农业保险作为国家的农业保护政策,是一定的政府行为,其实施必须依靠政府强制力加以推动。如果缺少必要的法律、经济及必要的行政上的支持,农业保险将难以开展,难以达到保护农业的目的。

国内外实践表明,除农作物雹灾保险、火灾保险之外,大部分农牧业保险产品是政策性保险。

三、农业保险的分类

根据不同的划分标准,农业保险有不同的分类。常见的有以下几种。

(一)按农业生产的对象分类

按农业生产的对象分类,农业保险可分为以下几类。

1. 种植业保险

以植物生长过程中面临的风险作为保险标的的保险,即为种植业保险。它包括生长期农作物保险、收获期农作物保险、森林保险、园林苗圃保险等。

(1)生长期农作物保险。这是指以各种农作物在生长期间,因灾害事故造成的收获量价值或生产费用(成本)损失为保险标的的保险。

(2)收获期农作物保险。这是指以粮食作物或经济作物成熟后,在初加工过程中,因灾害事故造成的损失为保险标的的保险。

(3)森林保险。这是指以天然林场和人工林场为对象,以林木生长期间因灾害事故造成的林木价值或经营林木的生产费用损失为保险标的的保险。

(4)园林苗圃保险。这是指以生长中的各种经济林种为对象,以这些树苗、林种及其产品因灾害事故所造成的损失为保险标的的保险。

2. 养殖业保险

以饲养的畜、禽和水生动物等在养殖过程中因灾害事故所造成的损失为保险标的的保险,即为养殖业保险,包括牲畜保险、家禽保险、水产养殖保险等。

(1)牲畜保险。这是指以役用、乳用、肉用和种用的大牲畜为保险标的,保险人对在饲养使役期间因牲畜疾病或意外灾害造成的死亡、伤残以及因流行病而强制屠宰、掩埋所造成的经济损失承担保险责任的保险。

(2)家畜家禽保险。这是指以商品性生产的猪、羊、兔等家畜和鸡、鸭、鹅等家禽为保险标的,保险人对各种自然灾害和意外事故以及疾病、瘟疫造成家畜、家禽在饲养期间的死亡所造成的经济损失承担保险责任的保险。

(3)水产养殖保险。这是指以商品性的人工养鱼、养虾、养蟹和育珠等水产养殖产品为保险标的,保险人对养殖过程中因疾病、中毒(包括他人投毒)、盗窃、自然灾害和其他意外事故造成的水产品收获损失或养殖成本损失承担保险责任的保险。

3. 涉农保险

涉农保险,是指除种植和养殖业保险以外,其他为农业、农村、农民直接提供财产和人身保险保障的保险,包括涉及农业生产和农民生活等方面的财产保险和人身保险,包括涉及农用机械、农用设备、农用设施、渔船、渔业设施、农房等农业生产生活资料,以及农产品储藏和运输、农产品初级加工、农业信贷、农产品销售等活动的财产保险;涉及农民的寿命和身体等方面的人身保险。目前主要举办的涉农保险险种有:

(1)农机保险。农机保险,即农业机械保险,是指以拖拉机、农具、农用生产设备等农用机械为保险标的的保险。农机保险的基本保险责任包括农业机械、设备因灾害或意外事故导致的损失赔偿和农业机械、设备因此导致的民事损害责任赔偿等。

(2)涉农船舶保险和渔船保险。涉农船舶保险,是指以农业经营者用于运输农产品的货运船只、载人的客运船只和水上捕捞的渔船等各种船舶及水上装置为保险标的的保险。主要承保被保险船舶因恶劣天气、台风、海啸、地震、洪水等人力不可抗拒的灾害,以及船舶搁浅、触礁、沉没、碰撞、火灾、爆炸等意外事故所导致的标的物损失和应负的民事损害责任赔偿。

(3)农房保险。农房保险,是指以农民生活住房及农业生产用房为保险标的的保险。其中,农民生活住房是指农民拥有的、位于农村的、用于居住生活的房屋;农业生产用房指直接用于农业生产、放置农业生产工具和其他生产资料、存放成品和半成品、从事农林牧渔服务业的房屋。如库房、农产品初加工的生产用房和畜禽圈舍、水产养殖的房舍等。

农业保险按照对象分类示意图见图8-1。

```
                    ┌ 粮食作物保险
                    │ 经济作物保险
                    │ 其他作物保险
          ┌ 种植业保险┤ 林木保险
          │         │ 水果和果树保险
          │         │ 制种保险
          │         └ ……
          │         ┌ 大牲畜保险
          │         │ 小牲畜保险
          │         │ 家禽保险
农业保险 ┤ 养殖业保险┤ 水产养殖保险
          │         │ 特种养殖保险
          │         └ ……
          │         ┌ 涉农船舶保险和渔船保险
          │         │ 农机保险
          └ 涉农保险 ┤ 农房保险
                    │ 农、渔民短期意外伤害保险
                    └ ……
```

(二) 按保障程度分类

1. 成本型农业保险

成本型农业保险是指以农业生产成本确定保险金额的农业保险。农业生产成本是随生长期而渐进投入的，因此，农业成本保险一般采用变动保额、按生育期定额保险的方式进行。

2. 产量(产值)型农业保险

产量(产值)型农业保险是指以农业产品产出量(产出价值)确定保险金额的农业保险。由于农产品产量是生产过程结束时最终形成的，因此，产量或产值型农业保险一般采用定额保险的方式进行，即按正常产量的一定成数承保。不足额承保的目的，主要是控制道德风险。

(三) 按保险责任范围分类

1. 单一风险保险

单一风险保险是指只承保一种责任的保险，如小麦雹灾保险、林木火灾保险等。

2. 多风险（或综合风险）保险

多风险（或综合风险）保险是指承保一种以上可列明责任的保险，如水果保险可以承保风灾、冻害等。

3. 一切险保险

一切险保险除了不保的风险以外，对其他风险都予以承保，比如美国等国开办的农作物一切险保险，就承保了几乎农作物所有灾害事故损失责任。我国目前还没有开办这类险种。

第六节 工程保险

工程保险承保建筑工程、安装工程以及机器、设备安装过程中或使用中因自然灾害或意外事故而引起的损失。工程保险的保障范围不仅包括工程项目本身物资财产的损失，还包括由于工程项目对于第三者所造成的损害赔偿责任。

工程保险中，通常有如下两种险别：①建筑工程一切险，包括建筑工程第三者责任险；②安装工程一切险，包括安装工程第三者责任险。

一、建筑工程一切险

建筑工程一切险，简称建工险，承保各类以土木建筑为主体的民用、工业用和公共事业用的工程在整个建筑期间因自然灾害和意外事故造成的物资损失，以及被保险人依法应承担的第三者人身伤亡或财产损失的民事损害赔偿责任。建筑工程一切险包括物质损失保险和第三者责任保险。

（一）被保险人与投保人

建筑工程一切险的被保险人比较广泛，一般包括：①工程所有人，即建筑工程的最后所有者。②工程承包人，即负责承建该项工程的施工单位，可分为主承包人和分承包人，分承包人是向主承包人承包部分工程的施工单位。③技术顾问，即由所有人聘请的建筑师、设计师、工程师和其他专业顾问，代表所有人监督工程合同执行的单位或个人。④其他关系方，如贷款银行或债权人等。当存在多个被保险人时，一般由一方出面投保，并负责支付保费，申报保险期间的风险变动情况，提出原始索赔等。

在实务中，由于建筑工程的承包方式不同，所以其投保人也就各异。

承包方式主要分下面四种情况：

第一，全部承包方式。所有人将工程全部承包给某一施工单位，该施工单位作为承包人（或主承包人）负责设计、供料、施工等全部工程环节，最后以钥匙交货方式将完工的建筑物交给所有人。在此方式中，由于承包人承担了工程的主要风险责任，故而一般由承包人作为投保人。

第二，部分承包方式。所有人负责设计并提供部分建筑材料，施工单位负责施工并提供部分建筑材料，双方各承担部分风险责任，此时可由双方协商，推举一方为投保人，并在合同中写明。

第三，分段承包方式。所有人将一项工程分成几个阶段或几部分分别向外发包，承包人之间是相互独立的，没有契约关系。此时，为避免分别投保造成的时间差和责任差，应由所有人出面投保建筑工程一切险。

第四，施工单位只提供服务的承包方式。所有人负责设计、供料和工程技术指导；施工单位只提供劳务，进行施工，不承担工程的风险责任。此时应由工程所有人投保。

（二）物质损失保险

1. 保险责任

物质损失保险的保险责任包括：①在保险期限内，若保险单明细表中分项列明的被保险财产在列明的工地范围内，因本保险单除外责任以外的任何自然灾害或意外事故造成的物质损坏或灭失（以下简称"损失"），按保险单的规定负责赔偿。②对经保险单列明的因发生上述损失所产生的有关费用，保险公司亦可负责赔偿。③对每一保险项目的赔偿责任均不得超过保险单明细表中对应列明的分项保险金额以及保险单特别条款或批单中规定的其他适用的赔偿限额。但在任何情况下，在保险单项下承担的对物质损失的最高赔偿责任不得超过保险单明细表中列明的总保险金额。

2. 除外责任

物质损失保险的除外责任包括：①设计错误引起的损失和费用；②自然磨损、内在或潜在缺陷、物质本身变化、自燃、自热、氧化、锈蚀、渗漏、鼠咬、虫蛀、大气（气候或气温）变化、正常水位变化或其他渐变原因造成的被保险财产自身的损失和费用；③因原材料缺陷或工艺不善引起的被保险财产本身的损失以及为换置、修理或矫正这些缺点错误所支付的费用；④非外力引起的机械或电气装置的本身损失，或施工用机具、设备、机械装置失灵造成的本身损失；⑤维修保养或正常检修的费用；⑥档案、文件、账簿、票据、现金、各种有价证券、图表资料及包装物料的损失;⑦盘点时发现的短缺;⑧领有公共运输行驶执照的,或已由其他保险予以保障的车辆、船舶和飞机的损失;⑨除非另有约定,在被保险工程开始以前已经存在或形成的位于工地范围内或其周围的属于被保险人的财产的损失;⑩除非另有约定,在该保险单保险期限终止以前,被保险财产中已由工程所有人签发完工验收证书或验收合格或实际占有或使用或接收的部分。

(三) 第三者责任保险

1. 保险责任

第三者责任保险的保险责任包括:①在该保险期限内,因发生与本保险单所承保工程直接相关的意外事故引起工地内及邻近区域的第三者人身伤亡、疾病或财产损失,依法应由被保险人承担的经济赔偿责任,保险公司按下列条款的规定负责赔偿。②对被保险人因上述原因而支付的诉讼费用以及事先经保险公司书面同意而支付的其他费用,保险人亦负责赔偿。③保险公司对每次事故引起的赔偿金额以法院或政府有关部门根据现行法律裁定的应由被保险人偿付的金额为准,但在任何情况下,均不得超过保险单明细表中对应列明的每次事故赔偿限额。在保险期限内,保险公司在保险单项下对上述经济赔偿的最高赔偿责任不得超过本保险单明细表中列明的累计赔偿限额。

2. 除外责任

第三者责任保险的除外责任包括:①保险单物质损失项下或本应在该项下予以负责的损失及各种费用。②由于震动、移动或减弱支撑而造成的任何财产、土地、建筑物的损失及由此造成的任何人身伤害和物质损失。③下列四方面原因引起的赔偿责任:其一,工程所有人、承包人或其他关系方或他们所雇用的在工地现场从事与工程有关工作的职员、工人以及他们的家庭成员的人身伤亡或疾病;其二,工程所有人、承包人或其他关系方或他们所雇用的职员、工人所有的或由其照管、控制的财产发生的损失;其三,领有公共运输行驶执照的车辆、船舶、飞机造成的事故;其四,被保险人根据与他人的协议应支付的赔偿或其他款项,但即使没有这种协议,被保险人仍应承担的责任不在此限。

(四) 总的除外责任

总的除外责任包括以下几项:①战争、类似战争行为、敌对行为、武装冲突、恐怖活动、谋反、政变引起的任何损失、费用和责任;②政府命令或任何公共当局的没收、征用、销毁或毁坏;③罢工、暴动、民众骚乱引起的任何损失、费用和责任;④被保险人及其代表的故意行为或重大过失引起的任何损失、费用和责任;⑤核裂变、核聚变、核武器、核材料、核辐射及放射性污染引起的任何损失、费用和责任;⑥大气、土地、水污染及其他各种污染引起的任何损失、费用和责任;⑦工程部分停工或全部停工引起的任何损失、费用和责任;⑧罚金、延误、丧失合同及其他后果损失,⑨保险单明细表或有关条款中规定的应由被保险人自行负担的免赔额。

(五) 责任期限

与普通保险产品不同,建筑工程一切险的保险责任期限采用的是工程期限,而不是年度期限,即在保险单列明的建筑期限内,自投保工程动工日或自被保险项目被卸至建筑工地时起生效,直至建筑工程完毕经验收合格时终止。具体来说,责任期限主要包括以下三部分。

1. 建筑期

(1)保险责任的开始有两种情况:①工程破土动工之日;②保险工程材料、设备运抵至工地时。以先发生者为准,但不得超过保单规定的生效日期。

(2)保险责任的终止也有两种情况:一是工程所有人对部分或全部工程签发验收证书或验收合格时;二是工程所有人实际占有或使用或接受该部分或全部工程时。以先发生者为准且最迟不得超过保单规定的终止日期。在实际承保中,在保险期限终止日前,如其中一部分保险项目先完工验收移交或实际投入使用时,该完工部分自验收移交或交付使用时,保险责任即告终止。

2. 试车期

对于安装工程项目,如全部或部分是旧的机械设备,则试车开始时,保险责任即告终止。如安装的是新机器,则保险人按保单列明的试车期,对试车和考核引起的损失、费用和责任负责赔偿。

3. 保证期

保证期自工程验收完毕移交后开始,至保单上注明的加保日期或合同规定的日期期满时终止,以先发生者为准。保证期长短应根据合同规定来确定。保证期投保与否,由投保人自己决定,需要投保时,必须加批单,增收相应的保费。

二、安装工程一切险

安装工程一切险,简称安工险,是专门承保新建、扩建或改建的工矿企业的机器设备或钢结构建筑物在整个安装、调试期间,由于除外责任以外的一切危险造成保险财产的物质损失、间接费用以及安装期间造成的第三者财产损失或人身伤亡而依法应由被保险人承担的经济赔偿责任。与建筑工程一切险相似,安装工程一切险也包括物质损失保险与第三者责任保险两部分。建筑工程一切险和安装工程一切险是承保工程项目相辅相成的两个险种,两者在形式和内容上都基本一致,只是前者更侧重建筑工程相关风险的保障,后者更侧重安装工程相关风险的保障。

需要注意的是,安装工程一切险的除外责任与建筑工程一切险的除外责任第1、第2条两条有所差异,体现在以下两个方面:

其一,因设计错误、铸造或原材料缺陷或工艺不善引起的保险财产本身的损失,以及为换置、修理或矫正这些缺点错误所支付的费用,都属于除外责任范围。值得注意的是,安装工程一切险只是对设计错误等原因引起保险财产的直接损失及其有关费用不予负责赔偿,而对由于设计错误等原因造成其他保险财产的损失还是予以负责的。因为设计错误等原因造成保险财产的直接损失,被保险人可根据购货合同向设计者、供货方或制造商要求赔偿。

建筑工程保险也不承保因设计错误等原因引起的保险财产本身的损失及费用,同时也不负责因此种原因造成其他保险财产的损失和费用。

其二,由于超负荷、超电压、碰线等电气原因造成电气设备或电气用具本身的损失,安装工程一切险不予负责。也就是说,安装工程一切险只对由于电气原因造成其他保险财产的损失予以负责赔偿。而建筑工程一切险对于此种原因造成的任何损失都不负责。

三、机器损坏险

机器损坏险主要承保工厂机器本身的损失,对各类安装完毕并已转入运行的机器设备因人为的、意外的或物理性原因造成的物质损失负责。

(一)责任范围

在本保险期内,若本保险单明细表中列明的被保险机器及附属设备因下列原因引起或构成突然的、不可预料的意外事故造成的物质损坏或灭失

（以下简称"损失"），保险公司按保险单的规定负责赔偿：

①设计、制造或安装错误、铸造和原材料缺陷；②工人、技术人员操作错误、缺乏经验、技术不善、疏忽、过失、恶意行为；③离心力引起的断裂；④超负荷、超电压、碰线、电弧、漏电、短路、大气放电、感应电及其他电气原因；⑤除条款中除外责任规定以外的其他原因。

（二）除外责任

机器损坏险保险人的除外责任包括：

①机器设备运行必然引起的后果，如自然磨损、氧化、腐蚀、锈蚀、孔蚀、锅垢等物理性变化或化学反应；②各种传送带、缆绳、金属线、链条、轮胎、可调换或替代的钻头、钻杆、刀具、印刷滚筒、套筒、活动管道、玻璃、磁、陶及钢筛、网筛、毛毡制品、一切操作中的媒介物（如润滑油、燃料、催化剂等）及其他各种易损、易耗品；③被保险人及其代表已经知道或应该知道的被保险机器及其附属设备在本保险开始前已经存在的缺点或缺陷；④根据法律或契约应由供货方、制造人、安装人或修理人负责的损失或费用；⑤由于公共设施部门的限制性供应及故意行为或非意外事故引起的停电、停气、停水；⑥火灾、爆炸；⑦地震、海啸、雷电、飓风、台风、龙卷风、风暴、暴雨、洪水、冰雹、地崩、山崩、雪崩、火山爆发、地面下陷下沉及其他自然灾害；⑧飞机坠毁、飞机部件或飞行物体坠落；⑨机动车碰撞；⑩水箱、水管爆裂；⑪被保险人及其代表的故意行为或重大过失；⑫战争、类似战争行为、敌对行为、武装冲突、恐怖活动、谋反、政变、罢工、暴动、民众骚乱；⑬政府命令或任何公共当局没收、征用、销毁或毁坏；⑭核裂变、核聚变、核武器、核材料、核辐射及放射性污染；⑮保险事故发生后引起的各种间接损失或责任；⑯该保险单明细表或有关条款中规定的应由被保险人自行负担的免赔额。

（三）保险金额

保险单承保机器设备的保险金额，应为该机器设备的重置价值，即重新换置同一厂牌或相类似的型号、规格、性能的新机器设备的价格，包括出厂价格、运保费、税款、可能支付的关税以及安装费用等。

（四）停机退费

任何被保险锅炉、汽轮机、蒸汽机、发电机或柴油机连续停工超过三个月时（包括修理，但不包括由于发生保险责任范围内损失后的修理），停工

期间保险费按下列办法退还给被保险人(但如该机器为季节性工厂所使用者除外):

3个月~5个月,退费15%;

6个月~8个月,退费25%;

9个月~11个月,退费35%;

12个月,退费50%。

(五)赔偿处理

对被保险机器设备遭受的损失,保险公司可选择以支付赔款或以修复、重置受损项目的方式予以赔偿,但对被保险机器设备在修复或重置过程中发生的任何变更、性能增加或改进所产生的额外费用,保险公司不负责赔偿。

在发生本保险单项下被保险机器设备的损失后,保险公司按下列方式确定赔偿金额:

(1)可以修复的部分损失:以将被保险机器设备修复至其基本恢复受损前状态的费用扣除残值后的金额为准,修理时需更换零部件的,可不扣除折旧。但若修复费用等于或超过被保险机器设备损失前的价值,则按第②项的规定处理。

(2)全部损失或推定全损:以被保险机器设备损失前的实际价值扣除残值后的金额为准,但保险公司有权不接受被保险人对受损机器设备的委付。

(3)任何属于成对或成套的设备项目,若发生损失,保险公司的赔偿责任不超过该受损项目在所属整对或整套设备项目的保险金额中所占的比例。

(4)发生损失后,被保险人为减少损失而采取必要措施所产生的合理费用,保险公司可予以赔偿,但本项费用以被保险机器设备的保险金额为限。

保险公司赔偿损失后,由本公司出具批单将保险金额从损失发生之日起相应减少,并且不退还保险金额减少部分的保险费。如被保险人要求恢复至原保险金额,应按约定的保险费率加缴恢复部分从损失发生之日起至保险期限终止之日止按日比例计算的保险费。

被保险人的索赔期限,从损失发生之日起不得超过两年。

第七节 责任保险

责任保险的产生与发展被国际保险界称为整个保险业发展的第三阶段,具有非常广阔的发展前景。就国际平均水平而言,责任保险保费收入占整个财产保险业务的10%左右,在发达国家这一比例在20%以上,欧洲国家一般达到30%~40%,美国有些年份甚至达到50%左右[1]。2012年,责任保险原保险保费收入为183.77亿元,同比增长24.16%,占财产险业务的比例为3.45%,占财产险公司业务的比例为3.32%[2]。虽然我国责任保险在发展过程中面临的困难较多,但是发展潜力也非常巨大,近年来发展速度较快。

一、责任保险的概念与特点

(一)责任保险的概念

责任保险是指以被保险人依法应负的侵权损害赔偿责任和依据合同约定应负的合同(契约)责任为保险标的,当被保险人因此而遭受损失,保险人根据保险合同约定承担赔偿责任的一种财产保险。

理解责任保险的概念需要注意以下四个问题:第一,侵权损害赔偿责任是指因为行为人存在过错,或者在法律特别规定的场合下不问过错违反法律规定的义务,以作为或者不作为的方式侵害他人人身权利和财产权利及其利益依法应当承担的损害赔偿责任,即一般侵权损害赔偿责任和特殊侵权损害赔偿责任。第二,合同责任包括合同直接责任和合同间接责任。合同直接责任是指合同一方当事人不履行合同义务或者履行合同义务不符合约定,依法应该承担的责任,也就是违约责任。这种责任主要是经济赔偿责任,而且责任保险也只承保经济赔偿责任。合同间接责任是指合同一方当事人根据合同约定对另一方当事人造成他人(第三者)损害应负的赔偿责任,即合同约定的替代责任。第三,我们说责任保险既承保侵权损害赔偿责任又承保合同责任,其中的合同责任一般是指补偿性违约责任,不包括惩罚性违约责任(如惩罚性违约金、定金等),而且往往是和侵权赔

---

[1] 李文中.雇主责任险锐减 责任险欠收[N].证券日报,2005-3-1.
[2] 中国保险年鉴编委会.中国保险年鉴(2013)[M].中国保险年鉴社,2013:13.

偿责任产生法律竞合的违约责任,而对于不和侵权赔偿责任产生竞合的纯粹违约责任,责任保险很少予以承保,实践中主要以权利人为被保险人由信用保险或者保证保险来承保。第四,被保险人因依法应负侵权赔偿责任和依据合同约定应负合同(契约)责任而遭受的损失不限于被保险人应负的侵权之债或者合同之债,还可能包括因此而发生的法律费用。《保险法》第六十六条规定:"责任保险的被保险人因给第三者造成损害的保险事故而被提起仲裁或者诉讼的,被保险人支付的仲裁或者诉讼费用以及其他必要的、合理的费用,除合同另有约定外,由保险人承担。"

此外,需要指出的是:第一,由于行为人的侵权行为所产生的侵权责任的承担方式有很多种,如停止侵害、赔偿损失、赔礼道歉、修理等,但是责任保险只承保因承担赔偿损失责任给侵权行为人(被保险人)造成的经济损失,其他责任承担方式由于不会给责任行为人造成经济损失,不能成为责任保险的标的。第二,从侵权行为的数量来看,虽然在所有侵权行为中,特殊侵权行为所占的比例很低,不到10%[①],但是在我国的责任保险实践中,无论是从市场规模还是从理赔案件数量来看,保险公司承保和理赔的多数是特殊侵权赔偿责任。例如,雇主责任保险和交强险是我国责任保险中市场份额最大的两大险种,但是承保的恰恰都是特殊侵权赔偿责任。

(二)责任保险的特点

责任保险属于广义财产保险的范畴,经营中遵循财产保险的一般理论和原则。但是责任保险的保险标的是被保险人的侵权赔偿责任和合同责任,不是有形的物质财产,因此仍然存在一些区别于物质损失财产保险业务的特点。

1.民事法律制度的发展与完善是责任保险产生和发展的基础

只有民事法律制度,尤其是侵权法律制度不断发展和完善,人们在日常的生产经营活动和生活活动中违反相关民事法律制度的规定,需要承担民事损害赔偿责任,特别是侵权赔偿责任,行为主体才有投保责任保险的需求,希望通过投保该类保险来转嫁自己面临的责任风险。因此,民事法律制度的发展与完善是责任保险产生与发展的基础。

2.责任保险的补偿对象比较特殊

物质财产损失保险的补偿对象通常就是被保险人本人,一般不涉及第

[①] 杨立新.侵权法论[M].3版.北京:人民法院出版社,2005:16.

三人。责任保险对被保险人因侵权或者违约需要承担的对受害人的经济赔偿责任而遭受的损失给予补偿。因此,尽管其直接补偿对象是被保险人,但是这些保险金最终都会落入受害人的手中。也就是说,责任保险的直接补偿对象是被保险人,间接补偿对象是受害人。

3. 责任保险只有赔偿限额而无保险金额

在物质财产损失保险合同中,保险人承担的最高赔偿限度是保险金额,其一般根据投保时保险标的的实际价值来确定。责任保险承保的是被保险人依照法律规定或者合同约定应对第三者承担的经济赔偿责任和由此引发的法律费用,而第三者及被保险人应该承担的赔偿金额和法律费用事先都不能确定,这就会造成保险人承担保险赔偿责任的高度不确定性,使保险人面临巨大的经营风险。因此,为了有效控制这种经营风险,稳定保险经营,保险人多数情况下会在责任保险合同中约定一系列赔偿限额作为其承担赔偿责任的最高限度。当然,并不是所有责任保险都必须在合同中约定赔偿限额。例如,英国的保险公司很多时候在责任保险合同中不约定任何赔偿限额,而是按被保险人的实际损失来承担赔偿责任。

4. 责任保险的承保基础比较特殊

物质财产损失保险一般采用事故发生制保单承保,即保险人对任何发生在保险期限内属于保险责任范围内的事故负责赔偿,而不论事故被发现和提出索赔是在什么时候,只要索赔在法律上有效就可以。但是责任保险中有相当一部分业务经常采用索赔发生制保单承保,即保险人对发生在保单追溯期(如果有)内和保单有效期内,且在保险有效期内和延长报告期(如果有)内向保险人报告发生并向保险人提出索赔的事故负责赔偿。追溯期是保险人向被保险人提供的从保险期限开始时间向前追溯到一定日期的前溯期间;延长报告期也称扩展报告期,是保险人向不再打算续保的被保险人提供的一部分用来报告发生在追溯期开始之后且保险期限结束之前的保险事故的额外期间。通常对于在保险期限或者延长报告期内报告且发生在追溯期或者保险期限内的保险事故,保险人都负责赔偿。对于那些具有较长潜伏期的责任风险(如医疗责任风险、环境责任风险等)而言,采用期内索赔制保单承保对保险人和被保险人双方都是有利的。

5. 责任保险的费率有不断上涨的内在要求

尽管责任保险和物质财产损失保险都属于财产保险,在理论上保险费率决定于保额损失率,但是物质财产损失保险的费率主要受自然灾害和意外事故的发生概率影响,而责任保险的费率主要受被保险人的赔偿责任大小影响。由于下面两个方面的原因,责任保险被保险的赔偿责任有不断上升的趋势,结果必然导致责任保险费率有上涨的内在要求:第一,从世界范围来看,侵权责任法在立法和司法两个方面都越来越倾向于保护受害人,被保险人需要承担赔偿责任的概率和赔偿责任大小都呈现上升趋势。第二,很多责任保险的保险责任都涉及人身伤亡的赔偿责任,而人身伤亡的赔偿责任通常和社会人均收入水平紧密挂钩,在那些经济发展速度较快的国家和地区(如我国),必然会导致被保险人赔偿责任的快速增大。即使是财产赔偿责任也会由于存在较高的通货膨胀而导致赔偿责任呈现增大趋势。也就是说,责任保险不能简单地根据过去的保额损失率来确定现在和未来的费率,否则在经济快速增长的国家和地区很容易使责任保险经营陷入"亏损,提高费率,再亏损……"的无限循环之中。

6. 责任保险赔偿处理的方式比较特殊

通常情况下,责任保险的赔偿处理同物质财产损失保险相比要复杂得多。这主要体现在:第一,由于责任保险赔偿的是被保险人因承担对第三人的损害赔偿责任而遭受的经济损失,因此赔偿处理的时候一般涉及第三方,而物质财产损失保险的赔偿处理一般不涉及第三方。第二,责任保险的赔偿责任产生后,被保险人承担的赔偿金额通常由法院或仲裁机构根据致害人责任的大小及受害人的财产或人身的实际损害程度来裁定,并受到赔偿限额和免赔额的限制和调整。第三,责任保险和其他补偿性保险产生竞合时赔偿处理比较复杂,对这种情况的处理在世界各国的相关法律法规中都没有给出明确规定,一般需要根据实际情况决定具体处理方法。第四,责任保险理赔过程中针对某一事故受害人的所有索赔都应在受害人第一次提出索赔时对应的保险单项下进行赔偿。

二、责任保险的法律基础

(一)民事法律责任的构成要件

法律责任是由特定法律事实所引起的对损害予以赔偿、强制履行或者接受惩罚的特殊义务(即因违反第一性义务而引起的第二性义务),并且以违法或违约为前提的其他法律责任为补充。法律责任一般分为刑事法律责任、民事法律责任和行政法律责任。民事法律责任主要包括侵权责任和违约责任。作为责任保险的承保对象的民事损害赔偿责任一般需要具备以下要件：

1. 损害事实的存在

虽然有的学者认为,侵权责任和违约责任都不必然以有损害事实的存在为前提。但是可以肯定的是,责任保险承保的侵权责任和违约责任都是以存在损害事实为前提的。某些轻微的特殊的侵权行为如果没有造成损害,则不需要承担经济赔偿责任,因此也不能构成责任保险的标的。至于国外责任保险可能承保的惩罚性赔款,更是以普通损害赔偿责任的存在为前提。虽然理论上认为违约责任不以损害事实的存在为前提,但是就责任保险而言,对于不以损害事实为前提的违约金或者保证金支付责任,责任保险是不会予以承保的,因为这会诱发严重的道德风险。责任保险所能够承担的违约责任应该都是以填补受害人的损害为限的。

2. 发生违法或者违约行为

一般认为,侵权责任和违约责任都是以行为人的行为违法为前提的。不过,违约行为的违法性主要表现为违反受到法律保护的合同,往往不是指违反某具体的法律条款,且有人认为如果存在不可抗力等阻却违法的事由,即使行为人客观上违反了受到法律保护的合同,也不具有违法性。因此,违约行为的违法性不是一种严格意义上的违法。至于侵权责任中的主体部分——一般侵权责任肯定是以行为人的行为违法为前提的。至于有些特殊侵权行为是否违法存在争议,产生这一争议的原因就在于对违法行为是做广义理解还是狭义理解。

3. 行为与损害结果之间要存在因果关系

就责任保险所承保的民事损害赔偿责任而言,损害事实必须是行为人的违法行为或者违约行为所致,责任人才会在法律上负有赔偿责任,责任保险也才会承保这种赔偿责任。

4. 行为人主观上存在过错

通常认为,只有侵权行为人主观上存在过错,才对其行为造成的损害负赔偿责任。行为人的过错包括故意和过失两种,前者是已经预见到损害事实,却希望促成其形成;后者知道行为可能出现的损害事实,却主观判断不可能发生。但无论故意或过失,只要存在过错,并且造成损害事实,行为人就应当承担赔偿责任。不过,在一定条件下根据法律规定,即使行为人无过错,但给受害人造成了损害,也要承担损失赔偿责任。例如,雇主赔偿责任即是如此。另外,学者一般认为违约责任也不以行为人主观上存在过错为前提,这主要是源于对《合同法》第107条的理解。

(二)民事法律责任的归责原则

1. 侵权责任的归责原则

(1)过错责任原则。过错责任原则是以行为人主观上的过错作为归责的根本依据,行为人只有在存在过错的前提下才承担侵权法律责任,如果行为人不存在过错,则不需要承担法律责任。过错责任原则调整的是一般侵权行为。

(2)过错推定原则[①]。这是指在法律特别规定的场合,从损害事实的本身推定加害人有过错,并据此确定造成他人损害的行为人赔偿责任的归责原则,也称作举证责任倒置。过错推定原则主要适用于一些专家侵权责任、事故责任、物件致害责任等一部分特殊侵权责任,在此不一一列举。

(3)无过错责任。这是指在法律有特别规定的情形下,以已经发生的损害结果为价值判断标准,与该损害结果有因果关系的行为人,不问其有无过错,都要承担侵权赔偿责任的归责原则。无过错责任原则主要适用于产品侵权责任、高危险作业责任、环境污染责任、雇主责任(工伤责任)、机动车致害非机动车驾驶人或者行人的交通事故等特殊侵权责任,不再一一列举。

至于公平责任原则,仅仅适用于双方都无过错的"侵权"形态,适用范围非常狭小,且不是所有双方无过错的损害纠纷必须适用该原则,因此不认为其是一个独立的归责原则。

2. 违约责任的归责原则

既然违约责任不以行为人主观上存在过错为构成要件,那么违约责任的归责原则就应该是无过错责任原则。不过,《合同法》还是规定了一些适用过错推定原则的情形,如供电人责任、承揽人责任、建筑工程合同中的承包人过错责任等,不再一一列举;有时还适用过错责任原则,如预期违约责任和加害给付责任即应如此。

(三)侵权责任和违约责任的竞合

民事关系的复杂性以及民事违法行为性质的多重性,使得侵权责任和违约责任常常发生竞合。例如,因产品存在缺陷而遭受损害的消费者既可

---

① 很多学者认为,过错推定原则在本质上仍然属于过错责任原则,不是一个独立的归责原则。但是考虑到它与过错责任原则之间还是存在诸多差异,笔者同意其为一个独立的归责原则。

以向致害人提起侵权之诉,也可以提起违约之诉。《合同法》第一百二十二条规定:"因当事人一方的违约行为,侵害对方人身、财产权益的,受损害方有权选择依照本法要求其承担违约责任或者依照其他法律要求其承担侵权责任。"而且,随着侵权法的覆盖范围不断扩大和合同义务来源的多元化,侵权责任和违约责任的竞合是广泛存在的。

尽管受害人既可以提起侵权之诉,也可以提起违约之诉,但是不同的损害赔偿请求权对受害人利益的影响有很大的不同。受害人具体选择赔偿请求权时,应该主要考虑诉讼管辖地、赔偿范围、举证责任、诉讼时效、责任构成要件和免责条件,以及产生损害赔偿责任之前双方之间有无特定的权利义务关系等因素,综合比较后选择对自己更有利的赔偿请求权。责任保险通常只负责被保险人由于侵权应该承担的赔偿责任,如果受害人按违约提起诉讼,保险人也只负责被保险人按照侵权法最多应该承担的那部分赔偿责任,超过的部分属于责任保险合同责任免除的范围,由被保险人自己承担。

三、责任保险的赔偿限额

责任保险的标的是被保险人的民事损害赔偿责任,不具有固定价值,而且赔偿责任因民事损害程度的大小而不同,很难准确预计。因此,不论何种责任保险,其保险合同中均不会出现保险金额,而是在承保时由保险合同双方当事人约定保险赔偿限额,以此确定保险人承担保险责任的上限。受害人的索赔超过责任保险赔偿限额的部分,仍须由被保险人自行承担。从国内外的保险实践来看,责任保险的赔偿限额通常有以下几种类型:

(1)每次责任事故或同一原因引起的一系列责任事故的赔偿限额。通常,每次事故责任赔偿限额又可以分为财产损失赔偿限额和人身伤亡赔偿限额,有的责任保险会细分出更多的分项赔偿责任限额。例如,我国现行机动车交通事故责任强制保险对每次事故设置有死亡伤残赔偿限额、医疗费用赔偿限额和财产损失赔偿限额。

(2)保险期限内累计赔偿限额。保险期限内累计赔偿限额也可以分为累计的财产损失赔偿限额和累计的人身伤害赔偿限额。

(3)在某些情况下,保险人也将财产损失和人身伤亡二者合成一个限额,或者只规定每次事故和同一原因引起的一系列责任事故的赔偿限额,而不规定累计赔偿限额。例如,我国的机动车第三者责任保险就是如此。

以上这些赔偿限额可以在每张保单中独立使用,也可以在一张保单中同时使用。例如,国内的环境责任保险合同中通常设有每次事故赔偿限额、每次事故每人人身伤亡赔偿限额、每次事故每人医疗费赔偿限额、每次事故财产赔偿限额、每次事故清污费用赔偿限额、每次事故施救费用赔偿限额、累计赔偿限额、法律费用赔偿限额。

四、责任保险的赔偿处理

保险人在处理责任赔偿时应掌握的原则是:

第一,损害事件属于保险责任范围。这是指责任事故发生的原因、发生的地点和范围等都符合合同事先约定。

第二,被保险人收到第三者的赔偿请求。如果责任事故已经发生,第三者也受到了损害,但若第三者(即受害人)不向被保险人请求赔偿,被保险人就无利益损失发生,保险人对被保险人也不必承担赔偿责任。只有在损害事故发生后,被保险人收到第三者赔偿请求,且保险人接到被保险人的通知和索赔请求,保险人才代替被保险人承担对受害人的经济赔偿责任或承担对被保险人的经济损失补偿责任;如果被保险人不向保险人请求经济赔偿,受害人一般不得直接向保险人索赔,法律另有规定和合同另有约定的除外。《保险法》第六十五条第2款规定:"责任保险的被保险人给第三者造成损害,被保险人对第三者应负的赔偿责任确定的,根据被保险人的请求,保险人应当直接向该第三者赔偿保险金。被保险人怠于请求的,第三者有权就其应获赔偿部分直接向保险人请求赔偿保险金。"《道路交通安全法》第七十六条规定:"机动车发生交通事故造成人身伤亡、财产损失的,由保险公司在机动车第三者责任强制保险责任限额范围内予以赔偿;不足的部分,按照下列规定承担赔偿责任:……"

第三,保险人拥有责任事故赔偿的参与权。被保险人对于第三人的赔偿责任的承诺、和解或拒绝以及赔偿金额的确定,保险人有权参与,对于被保险人私自和受害人达成的赔偿协议,保险人有权拒绝承担保险责任。

保险人对于符合责任保险合同约定的保险赔偿责任,在赔偿限额以内按照被保险人的实际损失且扣除免赔部分后赔付。

五、责任保险的主要险种

实践中,独立承保的责任保险主要有以下四种:

(一)公众责任保险

公众责任保险是指当行为人在公众场所从事生产、经营活动或者在日常生活中,由于过失或者意外事故造成他人人身伤亡或者财产损失时,以被保险人依法应该承担的各种民事损害赔偿责任为保险标的的一种责任保险。国内常见的公众责任险的种类主要有场所责任保险、电梯责任保险、承运人责任保险、家庭责任保险、环境污染责任保险等。在英美保险市场上,除雇主责任保险、交通工具第三者责任保险以及机械设备第三者责任保险以外的责任保险统称为公众责任保险。

(二)产品责任保险

产品责任保险是以产品的生产商、销售商或者修理商等为被保险人,以他们依法应该承担的因其生产、销售或者修理的产品存在缺陷给消费者或者第三人造成人身伤害或者财产损失而引起的经济赔偿责任作为保险标的的一种责任保险。

产品的制造者、销售商、修理商等一切可能对由产品缺陷引发的事故造成的损害负有赔偿责任的人,都具有保险利益,成为产品责任保险的合格被保险人。以上各方都可以投保产品责任保险,成为共同被保险人。实务操作时根据具体情况,可以由他们中的任何一人投保,也可以由他们中的几方或全体联名投保。除投保人本人外,可以将其他有关各方作为被保险人(必要时将加收保费),并在保险合同中约定"交叉责任条款",即"各被保险人相互之间的赔偿责任在保险赔偿金范围内互不追偿"。

(三)雇主责任保险

雇主责任保险是以被保险人(雇主)因其工作人员在保险期间从事本职工作或与工作有关的活动时遭受职业伤害或者视同职业伤害而依法应该承担的经济赔偿责任作为保险标的的一种责任保险。

雇主责任保险可以实名承保也可以不记名承保,具体选择何种方式承保由保险人根据投保单位的性质、员工流动性大小和控制经营风险的需要同雇主协商后确定。雇主责任保险承保的对象是各行业的雇主,即与雇员存在劳动合同关系,依《社会保险法》《工伤保险条例》以及其他侵权法律法规需要承担雇员在受雇期间从事与工作有关的活动时遭受伤害的赔偿责任的自然人或法人都可以投保雇主责任保险来转嫁风险。

(四)职业责任保险

职业责任保险是以各种专业技术人员(及其服务单位)为被保险人,以其从事专业技术工作时因疏忽或者过失造成合同相对方或者他人人身伤害或者财产损失,依法应该承担的民事损害赔偿责任为保险标的的一种责任保险。

这里的专业技术人员应该是指依照国家相关法律法规,参加国家相关部门组织的统一考试且成绩合格取得职业资格,并经政府主管部门注册备案,颁发注册执业证书,在企业或事业单位从事专业技术工作的人员。此外,1983年以前评定了专业技术职称但没有参加统一的专业技术职业资格考试,在企业或者事业单位从事专业技术工作的人员也应该包括在内,可以成为相应职业责任保险的被保险人。那些具有专业技术职称或者专业技术职业资格证书,但是现在并不从事专业技术工作的人员不能成为职业责任保险的被保险人。在当代社会,医生、会计师、律师、建筑设计师、经纪人、代理人、工程师等专业技术人员均存在职业责任风险,可以通过投保相应的职业责任保险来转嫁该风险。

常见的职业责任保险有医疗(师)责任保险、律师责任保险、会计师责任保险、建筑设计(师)责任保险、美容师职业责任保险、保险代理人责任保险、保险经纪人责任保险、保险公估人责任保险等,但是不应包括董事及高级管理人员责任保险(D&O保险)。由于不同职业的技术服务领域的技术内容差别巨大,面临的职业责任风险也是千差万别的,因此职业责任险并无统一条款及保单格式,一般由保险人根据不同种类的职业责任设计制定专门保单承保。

第八节　信用保险与保证保险

一、信用保险、保证保险的概念与特点

(一)信用保险和保证保险的概念

信用保证保险是由保险人为信用关系中权利人面临的义务人的信用风险提供保险保障的一类保险业务,这类保险业务在本质上是保险人为义

务人向权利人提供信用担保。

1. 信用保险的概念

国内外保险实践中,对于信用保险概念的理解并不统一,大致可以分三种,或者说三个层次。第一个层次,也是最广义上的信用保险,指的是所有为权利人面临的义务人的信用风险提供保障的保险,包括保证保险、信用人寿保险以及信用健康保险以及最狭义的信用保险等;第二个层次,也就是较狭义的信用保险,指的是为权利人面临的义务人的信用风险提供保障的财产保险,也就是排除了最广义的信用保险中的人身保险类产品,包括保证保险和最狭义的信用保险;第三个层次,也就是最狭义的信用保险,指的是权利人(投保人)向保险人投保,当义务人不履行其义务给权利人造成经济损失时,由保险人按照保险合同约定对权利人(被保险人)给予赔偿的保险。以下所说的信用保险都是指最狭义的信用保险。

2. 保证保险的概念

保证保险指的是由义务人(投保人)向保险人投保的,当义务人不履行其义务或履行义务不适当给权利人造成经济损失时,由保险人按照合同约定,对权利人(被保险人)给予赔偿的保险。将其同信用保险合在一起,人们习惯称之为信用保证保险,它和信用保险最大的区别就是投保人不同。

(二)信用保险和保证保险的联系与区别

信用保险和保证保险作为财产保险经营的两项保险业务,既存在联系又相互区别。

1. 信用保险和保证保险的联系

信用保险和保证保险的联系主要表现在以下几个方面:

第一,信用保险和保证保险本质上都是一种信用担保形式。虽然现代信用保险和保证保险所承保的义务人的信用发生了扩展,不再限于商业信用和银行信用,而是向道德、法律等方面的信用扩展,但是无论是信用保险还是保证保险,早期都是保险人向权利人担保义务人的信用,提高义务人的信用水平,为了促进信用交易的完成而产生的,现在也仍然没有改变这一基本属性。

第二,信用保险和保证保险都属于财产保险业务。国外保证保险业务主要由符合条件的保险公司出具保函或者保证书经营,且依赖于风险的汇集和分散技术,在本质上具有保险属性。不过,根据我国的法律环境,保证担保业务是不被承认为保险业务的,而保单式保证保险虽然也具有保证担保的性质,但是除了经营中运用风险汇集分散技术,在本质上具有保险属性外,在形式上保证保险合同和信用保险合同一样,都具备《保险法》关于保险合同要素的规定。也就是说,信用保险和保证保险都属于财产保险业务。

第三,信用保险和保证保险所承保的都是权利人面临的义务人的信用风险,也就是信用保险和保证保险都是以义务人的信用风险作为保险标的,以权利人作为被保险人的。

第四,信用保险合同和保证保险合同产生纠纷,通常都应该适用《保险法》。虽然保证保险相较于信用保险而言其保证担保属性更为明显,形式上也比较接近《担保法》中的保证,但是除非合同纠纷的症结在于该保险的担保本质,不是合同的一些形式上的问题,且不能依据《保险法》得到有效解决,才应该适用《担保法》的规定。

2. 信用保险和保证保险的区别

信用保险和保证保险的区别主要表现在以下几个方面:

第一,信用保险投保人一般是权利人,而保证保险的投保人一般是义务人。

第二,信用保险合同是利己合同,保证保险合同属于利他合同。信用保险是权利人为自己的利益向保险人投保,发生保险事故后由保险人对其遭受的损失进行补偿;而保证保险是义务人为权利人的利益向保险人投保,发生保险事故后由保险人对权利人遭受的损失进行赔付。

第三,信用保险的保险人一般在赔付之后通过向义务人追偿来减少自己的损失,保证保险的保险人既可以通过赔付后向义务人追偿来减少自己的损失,也可以在义务人投保时要求其提供反向担保,发生赔付后运用反向担保条件来减少自己的损失。另外,实践中也有很多保证保险的保险人赔偿了被保险人(权利人)的损失后并不向义务人追偿。

第四,当前国内保险实践中,保证保险相对于信用保险而言,部分险种(主要是一些贷款保证保险)承保条件非常严格,合同将承保风险限定于因义务人的死亡、伤残给权利人带来的损失(客观信用风险),而将义务人故意违约风险(主观信用风险)予以剔除,而信用保险普遍承保义务人故意违约的风险。

第五,实务中,信用保险合同中通常约定有专门的"保密条款",合同双方除负有保守对方的商业秘密和个人隐私的义务外,还需要遵守"未经对方同意,不得向任何人披露该保险合同的存在"的保密义务。保证保险合同一般没有类似条款,双方只负有依据《合同法》等法律的规定为对方保守一般商业秘密或者个人隐私的义务。

二、信用保险和保证保险的主要险种

（一）信用保险的主要险种

目前国内常见的信用保险主要险种有:

1. 国内短期贸易信用保险

国内短期贸易信用保险是指被保险人在国内按照短期信用条件出售货物或者劳务,在买方到期不能按期付款时,由保险人赔偿被保险人因此遭受的经济损失的一种信用保险。

国内短期贸易信用保险要求信用交易活动双方必须都是在中国境内注册的法人企业。如果卖方不是在国内注册的企业,或者不具有法人资格,则不能成为国内短期贸易信用保险的被保险人;如果买方不是在国内注册的企业,或者不具有法人资格,卖方仍不能就此笔信用交易向信用保险机构投保国内短期贸易信用保险。

国内短期贸易信用保险承保的信用交易标的只限于货物或者劳务,其他有形资产、无形资产、金融资产等的信用交易均不在国内短期贸易信用保险的承保范围之内。其承保的信用交易的授信期限一般在180天以内,一定条件下可以向保险人申请展延。信用交易的方式通常包括银行汇票、商业汇票、本票、托收承付、支票等。不过,国内短期信用保险通常不承保试销合同和寄售合同。

国内短期贸易信用保险只承保国内的商业性信用风险,包括买方无力偿付债务或者买方拖欠款项,不承保政治性信用风险。

2. 出口信用保险

出口信用保险是指由国际贸易中的本国出口商向保险人投保,保险人承诺赔偿因各种商业原因或者政治原因导致进口商违约给出口商所造成的经济损失的一种财产保险。

出口信用保险承保的风险同国内贸易信用保险承保的风险相比要复杂得多,分为两大类:

一类是商业风险,即由于进口商的原因造成的出口商的收汇风险,主要有买方拒收、拒付、迟付、破产等风险。

另一类是政治风险,即由非进口商所能控制的政治原因造成的收汇风险,主要有政府没收、禁止汇兑或者延迟汇兑、禁止进口、撤销进口许可、变更进口货物的质检标准、战争、暴动等。

另外,对于资本性或者半资本性货物而言,出口信用保险还可以承保由于非出口商方面的商业或者政治原因导致贸易合同终止给出口商造成的损失。世界各国政府往往运用出口信用保险来支持本国商品,特别是资本性货物和半资本性货物的出口,因此出口信用保险业务一般都得到本国政府的扶持或者由政府设立部门直接经营,具有较强的政策性,该类保险不是纯粹的商业保险。一直以来,短期出口信用保险的商业化经营有一定程度的发展,但是中长期出口信用保险由于期限长,保险人承担的风险巨大且不稳定等原因,普遍需要本国政府的扶持。

3. 进口预付款信用保险

进口预付款信用保险是国际贸易中进口商向保险人投保的,当其按进口合同约定支付预付款后,因海外供应商不能履行贸易合同,并不退还预付款给其造成损失,由保险人按照保险合同约定给予赔偿,且保险期限和信用交易期限都不超过1年的信用保险。

进口预付款信用保险承保的信用风险也可以分为商业风险和政治风险。

4. 海外投资保险

海外投资保险指投资人(被保险人)因投资所在国的基本政治风险而遭受的损失,由保险人按照保险合同的约定进行赔偿的一种信用保险。基本政治风险包括汇兑限制、征收、战争及政治暴乱。由于海外投资保险(主险)只保政治性信用风险,不保商业性信用风险,因此又称为政治风险保险。不过,中国出口信用保险公司的海外投资保险产品都可以附加承保违约,这里的违约可以是东道国政府违约,也可以是经保险人同意的其他主体的违约,即海外投资保险附加承保的违约风险既可以是政治性信用风险,也可以是商业性信用风险。另外,中国出口信用保险公司的海外投资(股权)保险还可以附加承保营业中断损失。

海外投资保险的被保险人通常应该是在境内注册成立的企业或者金融机构,但由外资控股的企业或者金融机构除外。另外,在境外注册成立的企业或者金融机构如果95%以上的股份被境内企业、机构所控制,则可以由该境内企业或者机构投保。海外投资保险适用的投资形式主要有股权投资、股东贷款、股东担保、金融机构贷款以及其他经过批准的投资形式。海外投资保险最常见的业务品种是股权保险和债权保险。

海外投资保险有两个保险期限,即承诺保险期限和初始保险期限。其中,承诺保险期限至少相当于项目的投资回收期,一般在3~20年。初始保险期限一般为3年。在初始保险期限届满之后,被保险人(投保人)每年有权选择是否续保,但是保险人无权拒绝续保,因为保险人之前已经给了被保险人一个比初始保险期限长得多的承诺保险期限。与两个保险期限相对应,海外投资保险还有两个保险金额,分别是最高保险金额和当期保险金额。其中,最高保险金额在初始保险期限开始时由投保人(被保险人)进行选择并经保险人同意;当期保险金额是当前保险期限保险人所承担的赔偿责任限额,当期保险金额在当期保险期限开始时由被保险人进行选择并经保险人同意。

5. 信用卡保险

信用卡保险是信用卡经营单位(发卡人)向保险公司投保的,当其在经营信用卡业务过程中持卡人及其他人由于合同列明的不法行为给其造成损失且无法追回时,由保险人按照保险合同约定给予赔偿的一种信用保险。

保险人对被保险人经营信用卡业务因下列原因引起而无法向责任方追回的损失,按照合同约定负责赔偿:①持卡人使用被保险信用卡非善意透支;②被保险信用卡遗失或被盗后被他人冒用;③被保险人的职工单独或与他人串通利用被保险信用卡营私舞弊,贪污或挪用公款;④任何人使用伪造的被保险信用卡。

在多数信用保证保险条款中都会约定由于保险事故所引起的相关法律费用由保险人按照合同约定承担,但是信用卡保险条款中明确约定调查处理费和法律费用属于责任免除项。

(二)保证保险的主要险种

目前国内保险市场上常见的保证保险险种有:

1. 贷款保证保险

贷款保证保险是由借款人向保险人投保,因其不能按照借(贷)款合同的约定按期偿还借款使贷款人遭受的损失,由保险人按照保险合同的约定负责赔偿的一种财产保险。

目前国内保险市场上常见的贷款保证保险有个人消费贷款保证保险、

个人汽车消费贷款保证保险、个人住房抵押贷款保证保险、国家助学贷款保证保险、小额贷款保证保险等。

贷款保证保险的赔偿限额(有的条款称作保险金额)一般是贷款的本金和利息之和,也有少数保险公司的贷款保证保险合同中约定的赔偿限额为出险时的贷款本金余额。贷款保证保险的保险期限通常自《借款合同》生效日零时起至《借款合同》约定的清偿全部本息之日 24 时止。贷款保证保险的被保险人通常应该是发放贷款的金融机构,但是国内也有少数保险公司在保险合同中约定借款人为被保险人。这实际上使其变成了一种责任保险。而且,实务中为了控制借款人的主观信用风险,贷款保证保险一般要求投保人(借款人)用其他财产向保险人或者发放贷款的金融机构提供担保。

2. 产品质量保证保险

产品质量保证保险是由产品生产商或者销售商向保险人投保的,因产品质量存在缺陷造成产品本身的损失,由保险人承担赔偿责任的一种财产保险。

目前国内各家保险公司的产品质量保证保险合同关于被保险人和保险责任的约定不尽相同,具体体现在几个方面:①关于被保险人的约定。有的保险公司在保险合同中约定产品生产商或者销售商为被保险人,有的保险公司在合同中约定产品生产商或者销售商为被保证人,有的保险公司约定产品用户为被保险人,还有的保险公司将产品用户称作权益人。纵观各家保险公司的合同条款,将生产商或者销售商约定为被保险人、产品用户约定为权利人的情形最多。②关于保险责任的约定。有的保险公司承保应该由产品生产者(销售者)对用户承担的赔偿产品本身损失的责任,有的保险公司仅承保应由产品生产者(销售者)对用户承担的赔偿产品本身损失但没有履行的责任,最多的是承保依法应由生产者或者销售者(被保险人)承担的修理、更换或者退货责任以及由此引起的鉴定费用、运输费用和交通费用。

总之,当前国内的产品质量保证保险普遍约定产品的生产者或者销售者为被保险人,保险责任是由于产品缺陷而造成的被保险人应承担的产品本身的损失赔偿责任和相关费用。从保险合同的这些基本要素来看,这实际上是一种以被保险人(义务人)的赔偿责任为保险标的责任保险,而不是真正以义务人的信用为保险标的,以权利人为被保险人,以补偿权利人遭受的损失为保险责任的保证保险。欧美国家的保险公司通常将产品质量保证保险与产品责任保险结合起来一同承保。这大概也是产品质量保证保险将产品生产商、销售商确定为被保险人的原因。

当前国内产品质量保证保险采用的承保基础也是责任保险合同中常用的期内索赔式,只要是发生在追溯期和保险合同有效期内的索赔案件,保险人就依据合同约定予以赔偿。

产品的生产商、销售商投保产品质量保证保险通常需要交纳预收保险费。预收保险费按照投保人预计当年产品销售额或上年产品实际销售额,乘以保险单约定的费率确定。保险合同期满时,投保人应将保险期内已经发生的实际销售额书面告知保险人,作为调整保险费的依据。无论保险合同因任何原因终止,保险人均按照投保人在保险期内的实际销售额结算应收保险费。应收保险费与预收保险费的差额多退少补。但是,如果结算出的应收保险费低于保险单明细表列明的最低保险费,则保险人以最低保险费作为应收保险费,退还预收保险费多余的部分。

3. 雇员忠诚保证保险

雇员忠诚保证保险是由雇主向保险人投保其因雇员的不诚实行为而使雇主遭受损失,由保险人予以赔偿的一种财产保险。

雇员忠诚保证保险也称作雇员诚实保证保险,从其定义分析,其理应归属于信用保险而不是保证保险的范畴。之所以如此,需要简单考证一下雇员忠诚保证保险的发展与演变。在国外,早期雇员忠诚保证保险的确都是由雇员(义务人)向保险公司投保,要求保险公司为其向雇主提供信用担保,好让雇主"放心"雇用自己。但是,一方面保险人为了操作的方便,逐渐用总括保单代替原有实名保单,由雇主投保代替雇员投保,另一方面也是因为很多国家法律逐渐禁止雇主要求员工提供担保,结果,雇员忠诚保证保险就发展成了今天的信用保险操作模式,不过名称一直沿用了下来。

我国《劳动合同法》第九条规定:"用人单位招用劳动者,不得扣押劳动者的居民身份证和其他证件,不得要求劳动者提供担保或者以其他名义向劳动者收取财物。"而且,在《劳动合同法》颁布实施之前,我国很多地方性法规也已经有相似规定,禁止用人单位要求员工向其提供担保。因此,即使国内很多保险公司开展业务仍然沿用"雇员忠诚保证保险"这一名称,且具名承保,但是实际投保人却是雇主,不是雇员。而且,国内也有少数保险公司已经在经营管理中将其归入信用保险的范畴,称作"雇员忠诚信用保险"。

雇员忠诚保证保险通常以索赔发生制作为承保基础,一般约定有追溯期、发现期和延长报告期。追溯期根据被保险人的要求确定;发现期一般为6个月,被保险人需要从保险合同结束开始或者从雇员退休、死亡、被解雇开始之日起6个月内发现雇员的不忠诚行为;延长报告期为12个月,被保险人需要在发现期雇员的不忠诚行为的12个月内向保险人报告并提出索赔。

雇员的不诚实行为成为保险责任一般需要满足三个条件:第一,雇员有盗窃、贪污、侵占、非法挪用、伪造等行为;第二,该行为对雇主造成损失;第三,该行为的目的是为该雇员自己获取经济利益,或通过其他人或其他机构为该雇员获取经济利益,但不包括该雇员在正常雇佣过程中赚取的工资、佣金、费用、奖金、利润分成或年金。

4. 建筑工程质量保证保险

由于我国《产品质量法》明确规定建设工程不适用该法的相关规定,因此产品质量保证保险并不能用来承保建筑工程。于是,国内的一些保险公司为建筑工程专门设计了建筑工程质量保证保险。

建筑工程质量保证保险是由建筑工程施工承包人或者开发商向保险人投保的,因建筑工程的潜在缺陷造成工程本身的损坏,由保险人承担赔偿责任的一种财产保险。实务中该保险产品的被保险人和名称比较混乱,有保险公司将其命名为"建筑工程质量保证保险",但是被保险人是建筑施工单位或者开发商;有保险公司将其命名为"建筑工程质量责任保险",但是被保险人是建筑工程的产权人;有的保险公司干脆将其命名为"建筑工程质量保险",回避命名的争议。建筑工程的寿命长达数十年,相关法规又规定建筑工程实行质量保修制度,保险期限应按照保证建筑物在合理寿命期限内正常使用,维护使用者合法权益的原则确定。但是,在此期间建筑施工单位和开发商很有可能申请注销,如果将施工单位或者开发商确定为被保险人,显然不利于通过保险手段来维护建筑工程产权人和使用人的权益。因此,本书以为将其命名为"建筑工程质量保证保险"并约定建筑工程产权人为被保险人更科学合理。

复习思考题

1. 什么是责任保险？应该如何理解其承保的侵权责任和违约责任之间的关系？
2. 什么是责任保险的事故发生制保单和索赔发生制保单？
3. 简述民事法律责任的构成要件和民事法律责任的归责原则。
4. 什么是责任保险的事故赔偿限额和累计赔偿限额？
5. 什么是信用保险、保证保险？二者有哪些区别？有何联系？
6. 什么是出口信用保险？它的承保风险有哪些？

案例分析

一、案情简介：

某年7月15日，5岁的豆豆随妈妈到某商场四楼儿童用品部的冷饮销售处买饮料喝，在喝完饮料后，豆豆独自跑到位于电梯旁边的果皮箱扔饮料盒，不慎摔下了电梯。豆豆被迅速送往该市人民医院急救，但因原发性脑干损伤，小豆豆抢救无效死亡。因该商场已在某保险公司投保了"顾客团体意外伤害险"，事故发生后，豆豆父母得到了保险公司3万元赔偿金，之后豆豆父母又向商场进行索赔。该商场认为，商场投保"顾客团体意外伤害保险"，目的就是为了维护消费者的利益，也可以减少自身风险，而保险公司赔付的保险金就是商家对顾客承担的责任，因此不同意在保险公司赔偿之后再承担任何赔偿责任。

二、不同观点：

1. 虽然说豆豆是在商场内受伤致死的，商场应负一定责任，但是商场已经为在该商场的顾客购买了人身意外伤害险，并且保险公司也根据意外伤害险的规定向豆豆父母给付了保险金，因此，商场不用再向受害人父母进行赔偿。

2. 商场需不需要另外再向受害人父母进行赔偿，要看商场在这起事故中需要负有多大的责任。如果说最终确定商场需要承担的责任大于保险公司已经赔付的3万元，那么商场还要就其责任中超过3万元的部分进行赔偿。如果商场需要承担的责任小于3万元,那么就不需要再另行赔偿了。

3. 商场向保险公司投保的险种是意外伤害保险,就其性质来说并不是对商场应负责任的补偿。如果商场投保的是场所责任保险的话,那么保险公司已经赔付的3万元才可以看作是对商场应负责任的代替赔偿。在这种情况下,索赔事情才可以依据第二种观点进行处理。因此,商场必须另外向受害人父母进行赔偿,数额取决于商场应负法律责任的大小。

问题:

1. 该顾客团体意外伤害保险合同是否有效?
2. 实践中很多企事业单位通过投保团体人身意外伤害保险来替代相应的责任保险以规避自己应该承担的民事损害赔偿责任风险,这种处理方式是否存在问题?

分析提示:

1. 《保险法》对人身保险合同保险利益的规定;
2. 《保险法》对人身保险合同受益人指定和变更的规定。

第九章

人身保险

学习要点
- 掌握人身保险的特征
- 掌握传统人寿保险的险别
- 掌握新型人寿保险的险别
- 理解人寿保险的重要条款
- 理解意外伤害保险的特征
- 理解健康保险的共性规定
- 认识健康保险的特征

第一节 人身保险概述

一、人身保险的定义

以人的寿命和身体作为保险标的的保险就是人身保险。人身保险的保险标的是人的生命或身体。人的生命有生存和死亡两种状态,因此人身保险就有死亡保险和生存保险两种险别,提供对因疾病或意外而死亡或到某一期限之后仍然存活时的经济给付。人的身体有健康和疾病、生理机能正常与不正常、劳动能力(即人赖以谋生的手段)存在与丧失等状态存在,也就有健康保险和意外伤害保险等各险种,可以对被保险人的身体遭受疾病或意外伤害而导致的支出增加或收入损失进行补偿(给付)。

二、人身保险的特点

与财产保险相比,人身保险的特点主要表现在以下几个方面。

(一)保险金额的确定

在财产保险中,保险人和被保险人根据保险标的的实际价值,按照被保险人对该保险标的的保险利益来确定保险金额,并作为保险人赔偿责任的最高限额。投保人在保险价值的限度以内,可以足额投保或不足额投保,但不可超额投保。

但人身保险的保险标的是人的生命和身体,而人的生命和身体不是商品,不能用货币来衡量其实际价值大小。人身保险提供保险保障的目的,是为了使遭受不幸事故的被保险人及其家属获得物质上的帮助或经济上的支持,从而不至于使家庭生活因不幸事故的发生而遭受灾难性的打击。保险金额过低,一旦不幸事件发生,则不足以体现保险的保障功能;保险金额过高,可能会产生"逆选择"或道德风险,甚至会危害被保险人的生命,也容易导致保险合同失效或退保。

从理论上看,人身保险中保险金额的确定主要有"生命价值"方法和"人身保险设计"方法。一般来说,主要根据投保人的投保愿望和缴纳保费的能力,由保险当事人双方通过协商确定保险金额。

(二)保险利益的确定

人身保险中对保险利益的要求不同于财产保险:

第一,在财产保险中,投保人对保险标的的保险利益一般应不超出保险标的的实际价值,如果保险金额超过保险价值,超过部分因无可保利益而无效。而人身保险的保险标的——人的生命和身体是很难用金钱来衡量的。因此,从理论上来说,人身保险没有金额上的限制,人身保险的可保利益没有量的规定性,只是考虑投保人有无可保利益。

第二,在财产保险中,保险利益不仅是订立保险合同的前提条件,而且也是维持保险合同效力、保险人支付赔款的条件,一旦投保人对保险标的丧失保险利益,即使发生保险事故,保险人也不负赔款责任。而在人身保险中,保险利益只是订立保险合同的前提条件,并不是维持保险合同效力、保险人给付保险金的条件。只要投保人在投保时对被保险人具有可保利益，即使此后投保人与被保险人的关系发生了变化，投保人对被保险人已丧失了保险利益，也并不影响保险合同的效力。

（三）保险金的给付

人身保险属于定额给付性保险（医疗费用保险等除外），补偿原则不适用于人身保险。保险事故发生时，被保险人既可以有经济上的损失（残废、死亡等），也可以没有经济上的损失（如生存至保险满期），即使存在经济上的损失，也不一定能用货币估价。所以，在人身保险中，只要保险合同中约定的保险事故发生，保险人就要按照约定给付保险金，而不论被保险人有无损失及损失金额多少，也不存在比例分摊、代位追偿、重复投保和超额投保问题。但人身保险中的医疗费用保险可以采用定额给付方式，也可采用补偿方式，当采取补偿方式时，适用补偿原则，即保险人对被保险人给付的医疗费用保险金不超过被保险人实际支出的医疗费。

三、人身保险的分类

按照不同的标准，人身保险可作不同的分类。

（一）按保险责任分类

按照保险责任的不同，人身保险可以分为人寿保险、人身意外伤害保险和健康保险。

1. 人寿保险

人寿保险是以被保险人的生命为保险标的，以被保险人生存或死亡为给付保险金条件的人身保险。人寿保险所承保的风险可以是生存，也可以是死亡，也可同时承保生存和死亡。人寿保险是人身保险主要的和基本的种类，在全部人身保险业务中占绝大部分。

2. 人身意外伤害保险

人身意外伤害保险，简称意外伤害保险，是以被保险人因遭受意外伤害事故造成死亡或残废为保险事故的人身保险。在全部人身保险业务中，意外伤害保险所占的比重虽然不大，但由于保费低廉，只需付少量保费便可获得保障，同时团体保险投保简便且无须检验身体，所以承保人次很多。

3. 健康保险

健康保险是以被保险人医疗、疾病致残、生育，或因疾病、伤害不能工作使收入减少为保险金给付条件的人身保险。

本章根据人身保险合同责任的不同,分别对人寿保险、人身意外伤害保险和健康保险等人身保险种类进行介绍。

(二)按保险期限分类

按照保险期限长短的不同,人身保险可以分为保险期间在一年以上的长期业务和保险期间在一年以下(含一年)的短期业务。人寿保险一般属于长期业务。健康保险也可以是长期业务,这类保险的储蓄性比较强。而意外伤害保险及人寿保险中的定期保险大多为短期业务,其保险期间为一年或几个月。

(三)按承保方式分类

按照承保方式不同,人身保险可分为个人保险和团体保险两大类。个人保险是指一张保险单只为一个人或一个家庭提供保障的保险。团体保险是指一张总的保险单为某一团体或单位的所有员工或其中的大多数员工(我国保监会要求至少为总人数的75%,且绝对人数不少于8人)提供保险保障的保险。团体保险又可细分为团体人寿保险、团体年金保险、团体意外伤害和团体健康保险等。

另外,按照实施方式的不同,人身保险可以分为自愿保险和强制保险。按保单能否分红,人身保险可分为分红保险和不分红保险;按被保险人是否参加体检,人身保险可分为验体保险和免验体保险;按被保险人的危险程度,人身保险又可分为健体保险和次健体保险(或弱体保险)等。

第二节 人寿保险

人寿保险简称"寿险",它和人身意外伤害保险、健康保险一起构成了人身保险的三大基本险别。

一、传统人寿保险

传统人寿保险可分为死亡保险、生存保险、生死两全保险和年金保险。

(一)死亡保险

死亡保险,是仅在被保险人保险期间内死亡的条件下,保险人才给付保险合同所约定金额的保险。死亡保险有如下特征:①只对死亡事故给付。死亡保险只对被保险人在保险期间内的死亡承担保险责任,如果保期满时被保险人仍然生存,则保险人不给付;②保险费比较低;③死亡保险是利他型保险。在死亡保险中,保险人在被保险人死亡时对受益人给付保险金额,被保险人自己不能享受保险金。根据保险期限是一定时期还是终身,死亡保险又可分为定期死亡保险和终身死亡保险,简称定期寿险和终身寿险。

1. 定期寿险

所谓定期寿险,是指在保险合同有明确的保险期限,当被保险人在保险期间内(如1年、5年、10年、20年)死亡时,保险人向其受益人给付保险金;如保险期间届满,被保险人仍然生存,则保险合同终止,保险人也不承担给付责任。定期寿险是人寿保险业务中产生最早、也最简单易行的一种。其适用对象主要有三种:一种是在短期内急需得到保障的人,如出差和旅游;另一种是需要大额保障而经济能力有限的人,如贫困家庭的主要收入来源者;其三是在借贷合同中作为信用保证。在实际业务中,为适合保户的需要,定期寿险以短期为主,并产生了几种变化形式:一是平准型定期寿险,即保险金额在保险期间内保持不变;二是递增型定期寿险,即保险金额在保险期间内每隔一定时间(通常是1年,3年)按照一定比例递增;三是递减型定期寿险,即保险金额在保险期间内每隔一定时间(通常是1年,3年)按照一定比例递减。

2. 终身寿险

终身寿险是以被保险人终身为保险期间,通常视作定期寿险的特殊形式。它提供被保险人终身的死亡保障,一般到生命表的终极年龄100岁或105岁为止。只要保险合同效力维持,不论被保险人在100岁或105岁以前的何时死亡,保险人都向其受益人给付保险金。投保人投保终身寿险的目的,一般是为了在被保险人死亡后,作为受益人的家属得到一笔收入。终身寿险的保险费高于定期寿险,而低于养老寿险。因此,从保险成本的角度看,终身寿险是最贵的定期寿险。终身寿险具有现金价值,被保险人可以中途退保领取现金价值,也可在保单现金价值额度内贷款。

终身寿险的保险费有两种缴纳方式:其一是终身缴费。按这种方法缴费,保险费比较低,但被保险人生存时要按时缴费。其二是限期缴费,即要求被保险人在规定的期限内缴纳保险费。如果规定的期限是一年,次数是一次时,则要求投保人在投保时一次性缴清全部保费,即趸缴保费。

(二)生存保险

生存保险是以被保险人于保险期满时仍然生存为保险金给付条件的保险。从保险金给付的条件(保险责任)来看,生存保险与死亡保险正好相反;死亡保险是被保险人在期内死亡才给付,期满生存则不给付;生存保险是期内死亡不给付,期满生存才给付。

生存保险主要是应保户在一定期间后的资金需要而设计的,如筹备子女的教育资金、婚嫁金、创业基金,或因年老退休或配偶死亡所需的养老资金等。由此可见,生存保险是以储蓄为主,有人也称之为储蓄保险。但生存保险与储蓄又不尽相同,因为在保险期内死亡的人得不到任何给付,而期满生存的人得到的保险金中,除自己缴纳的保险费和利息外,还包括在期内死亡的人所缴纳的保费。

目前市场上纯粹的生存保险并不多见,大多采用年金保险的形式。

(三)生死两全保险

生死两全保险,又称生死合险或储蓄保险,是指无论被保险人在保险期内死亡还是生存到保险期满,保险人均给付保险金的保险。从保险责任来看,生死两全保险是生存保险与死亡保险的叠加。由于同时考虑到生存与死亡这两种生命状态,既提供强大的储蓄功能,又能防止储蓄期间的死亡风险,因此,该险种既可以保障被保险人退休后生活的需要,又可以解除由于被保险人死亡而给家庭生活带来的后顾之忧。但是,生死两全保险的保险费率比较高,除长期的生死两全保险与终身寿险的费率相差不大外,短期的生死两全保险比其他寿险的费率高很多。

生死两全保险有两项基本用途:一是提供老年退休基金,二是为遗属提供生活与教育费用。由于生死两全保险的储蓄性强于终身寿险,属于高度储蓄性保险产品,故其还有一些特殊用途,如作为投资工具,或作为半强迫性储蓄工具,还可作为个人借贷中的债务抵押品。生死两全保险一般规定一个期限,期限的表示方法有两种:一种是以特定的年数表示,如10年、15年、20年的两全保险;另一种是以特定的年龄表示,如55岁、60岁、65岁的两全保险。保险费通常在整个保险期间按年、半年、季或月缴付,也可以限期缴清。

(四)年金保险

年金保险是生存保险中一类特殊的险别,由于其特殊性及其在市场中的重要地位,这里专门加以介绍。生存保险的保险金可以一次性给付,也可以分期给付。如果保险金按事先约定的周期分期给付,便是年金保险。给付周期可以是一年、半年、季或月,但多按月给付。年金保险的保险责任与生存保险相同:当被保险人在约定的保险期内生存时,保险人给付保险金;如果被保险人在约定的保险期内死亡,保险人不给付保险金。投保人投保年金保险的目的一般是为了保障年金领取者晚年的经济生活。在年金保险中,保费可以采用一次缴清及趸缴方式,也可以采取按月或按年的分期缴费方式。但不论采取何种方式,在开始领取年金以前,投保人必须缴清所有的保费,年金领取日往往就是缴费截止日。

按照不同的标准,年金保险可划分为不同的种类。

1. 按年金给付开始的时间划分

按照年金给付开始的时间,分为即期年金和延期年金。即期年金是指投保人支付所有的保费后,年金受领人立即开始按期领取年金。即期年金一般采取趸缴保费方式。延期年金是指保险合同成立后,经过一定期间或达到一定年龄后且被保险人仍然生存时才开始给付年金,延期年金的保费可以采取分期缴纳的方式,也可以采取趸缴的方式。

2. 按照给付条件的不同划分

按照给付条件的不同,分为生存年金和确定年金。生存年金是以年金受领人的生存为给付年金的条件,即年金受领人在合同规定的期限内生存,才可以按期领取年金,也称生命年金。确定年金不受年金受领人是否生存的限制,而按合同的约定为给付年金的条件,也称固定年金。

3. 按被保险人数的不同划分

按照被保险人数的不同,分为个人年金、联合及生存者年金和联合年金。个人年金,又称单生年金,被保险人仅为一人,并以其生存作为给付条件。联合及生存者年金,又称联合及最后生存者年金,被保险人有两人以上,而年金给付继续到其中的最后生存者死亡为止。此种年金的投保人通常为夫妻。联合年金是以两个或两个以上的被保险人均生存作为给付条件,只要有一人先行死亡,保险金就停止给付。

4. 按给付期限的不同划分

按照给付期限的不同,分为定期年金、终身年金和最低保证年金。定期年金是指保险人在约定的期限内给付年金,并以约定期满与被保险人死亡两者之间的先发生者作为终止给付年金的时间。终身年金是指保险人以被保险人的死亡作为给付年金的终止时间。最低保证年金,是指在保证给付年限内年金领取人死亡的情况下,保险人继续向其指定的受益人支付年金领取人没有领完的金额,直至保证给付年限满期为止。

5. 按给付额是否变动划分

按照给付额是否变动,分为定额年金和变额年金。定额年金,是指每期给付的金额按合同的规定保持不变。变额年金,是指每期给付的年金金额随其投资账户的投资收益的变动而不断变动。

二、新型人寿保险

与传统型寿险产品相比,新型寿险产品是保险产品与其他金融产品充分而巧妙的结合,这类产品既考虑到投保人和被保险人的方便和利益,同时注意到保险人自身经营风险的分散。这类产品目前主要有以下几种。

(一)变额人寿保险

变额人寿保险,也称投资连接寿险。按美国全国保险监督官协会制定的《变额人寿保险示范法规》的观点,变额人寿保险基本上是一种普通终身寿险,提供可变的死亡和/或生存保险金给付;而从法律意义上讲,变额人寿保险既属于保险范畴又属于证券范畴。它具有以下特点:①保费是固定的,但保额在一个最低给付限额的基础上却是可以变动的。②分账管理。保险公司对变额人寿保险实行分账管理,每位投保人的保费分为两部分(两个账户),一个是保障账户,另一个是投资账户。投资账户的资金所形成的基金专门用来投资,但由于同其他寿险产品所形成的保险基金的投资是分开的,因此也称分离账户。对分离账户的投资,保单所有人拥有投资选择权,并要承担投资风险,即利差损风险,而保险公司只承担死亡率和费用变动的风险,即死差损风险和费差损风险。③现金价值随保险公司的投资组合和投资业绩的变动而变动。

(二)万能人寿保险

万能人寿保险,又称综合人寿保险,也是创新型寿险中的主流产品。它在投保人缴纳保费时间、交费期限、每次交费数额、交费方式、给付方式和时间等方面都富有弹性,极大地方便了客户,满足了客户的需要。由于它的这一特点,这种产品还可以与银行、投资基金和其他金融机构进行业务竞争。

(三) 万能变额人寿保险

万能变额寿险，是在变额寿险产品的基础上，又吸收了万能寿险产品的弹性交费等优点而设计的创新产品。它改变了变额人寿保险缴费固定的特点，死亡给付金额、保费、保险期限在一定的限制条件内都可以变动，因而产品的灵活性大大增加。

该产品可以为被保险人提供终身保护，也可以提供一段时期的保护，通常最短的期限为10年，从而能灵活地适应被保险人的需求。被保险人可以在购买保单时选择一个死亡给付金额，并在一定的限度内，选择一个他们能接受的保费。保单生效后，死亡给付金额将与所缴纳的保费同方向变动。根据投保人所缴纳的保费与对保障的需求程度，保单可以在终身寿险和定期寿险之间转化。在一定的期限内，随着保费的增加或减少，保险期限也可以随之延长或缩短。加上分离账户的收益变动，其保险金给付额也会与投保时的基本保证有较大差异。

三、人身保险合同的常用条款

保险条款是保险合同中规定当事人之间权利义务的条文，人身保险合同的常用条款是指人身保险合同中对某些事项的固定化、统一化和规范化的规定，通常更多地应用于人寿保险中。人身保险合同的常用条款主要有：不可抗辩条款、年龄误告条款、不丧失价值条款、宽限期条款、复效条款、受益人条款及自杀条款等。

（一）不可抗辩条款

不可抗辩条款，又称不可争条款，是指人身保险合同生效满一定期限（通常为一年或两年）后，就成为不可争议的文件，除由于投保人欠缴保险费以外，保险人不得以投保人在投保时违反最大诚信原则、没有履行告知义务等理由否定保险合同的有效性。

在人身保险合同中列入不可抗辩条款，是保护被保险人利益、限制保险人权利的一项措施。最大诚信原则是保险的基本原则之一，要求投保人在投保时如实申报被保险人的职业、年龄、健康状况等重要事项，以便保险人决定是否承保以及承保的费率。如果投保人没有履行如实告知义务，保险人有权宣告保险合同无效，以保护保险人的正当权益。但在实际业务中，人身保险一般是长期性的保险合同，有时确实是被保险人在投保时由于种种原因遗漏，而使填报的内容不够准确详尽。若保险人当时没有及时指出,却在合同订立许多年后,保险人再以投保人在投保时违反最大诚信原则为由主张保险合同无效,则可能此时被保险人年龄已大,身体健康状况可能已发生变化,不再符合投保条件,或者虽然符合投保条件,但需要支付更多的保险费,从而极大地损害了被保险人的利益。尤其是死亡保险中,保险金是给付于受益人,如果保险人拒付,实质上是由受益人承担了被保险人的误告责任,这是很不合理的。另外,该条款的引进也在一定程度上防止了保险人的道德风险。如果允许保险人在保险合同生效多年后,以投保人在投保时违反最大诚信原则为由主张保险合同无效,就可能出现保险人的道德风险问题。即保险人在知道投保人投保时隐瞒了一些重要事实的情况下,仍予以承保,如果不发生保险事故,则按合同规定收取保险费;如果发生了保险事故,则主张合同无效,拒绝履行给付义务。这对投保人显失公平,也不利于保险市场的长期发展。

该条款也适用于保险合同失效后的复效,但为了防止逆选择,在办理复效手续时,保险人仍要求投保人如实告知,必要时可对被保险人的健康状况进行审查,并且可争时间又重新开始,从复效时起,经过争辩期后成为不可争合同。

(二) 年龄误告条款

年龄误告条款规定,如果被保险人在投保时误报年龄,保险合同并不因此而失效,但保险人可以根据被保险人的真实年龄对保险合同予以调整,调整的方法通常有两种:退还多缴保险费或调整保险金额。

在人身保险中,被保险人的年龄是确定保险费率的一个重要依据,也是判断能否承保的条件。不同年龄的人由于死亡率的不同,即使投保的险种、保险的期限以及保险金额都相同,所缴纳的保险费也是不同的。因此,要求投保人在申请投保时如实填写被保险人的真实年龄,如果所报年龄大于或小于投保时被保险人的真实年龄,所缴纳的保险费必然多于或少于实际应缴保费,或在同等保费的条件下,合同保险金额少于或多于实际可投保的金额,造成双方权利、义务的不对等,因此需要对原有承保状况进行调整。一般规定,在投保时被保险人的真实年龄超过保险公司规定的最高年龄而误告时,保险合同自始无效,保险人退还保险费。当被保险人投保时的年龄在投保范围内误告而多缴保费时,保险人可退还多缴保费或增付保险金;当由于年龄误告而少缴保费时,保险人可按真实年龄减少保额。

【例9-1】某人投保10年定期寿险,保险金额为5万元,投保年龄为40

岁,趸缴保费 3 189 元。5 年后,该被保险人死亡。保险人在理赔时发现,此被保险人投保时的真实年龄为 42 岁,而 42 岁的人趸缴保费为 3 559 元。所以,实际保险金额应调整为:

$$50\ 000 \times \frac{3\ 189}{3\ 559} = 44\ 800(元)$$

即保险人给付保险金 44 800 元即可。

反之,如果被保险人投保时的真实年龄为 40 岁,申报年龄为 42 岁,理赔时保险人有两种做法:其一是退还投保人多缴保费 370 元(3 559 元 - 3 189元),实际支付受益人 50 370 元(50 000 元 + 370 元)。其二是将实际保险金额作如下调整:

$$50\ 000 \times \frac{3\ 559}{3\ 189} = 55\ 800(元)$$

我国《保险法》第五十四条规定:"投保人申报的被保险人年龄不真实,并且其真实年龄不符合合同约定的年龄限制的,保险人可以解除合同,并在扣除手续费后,向投保人退还保险费,但是自合同成立之日起逾二年的除外。投保人申报的被保险人年龄不真实,致使投保人支付的保险费少于应付保险费的,保险人有权更正并要求投保人补缴保险费,或者在给付保险金时,按照实付保险费与应付保险费的比例支付。投保人申报的被保险人年龄不真实,致使投保人实付保险费多于应付保险费的,保险人应当将多收的保险费退还投保人。"

(三)不丧失价值条款

不丧失价值条款,又称不没收条款,是指当投保人无力或不愿继续缴纳保险费时,长期人身险保险单现金价值的权利依然由投保人享有,不因保险合同效力中止而丧失。也就是说,即使保险单失效了,保险单上的现金价值所有权归投保人不变,享用的方式按照保险合同的规定,可由投保人任意选择。

在人寿保险中,除定期寿险之外的大部分保险单,在缴纳一定时期(一般为两年或三年)的保险费之后,都具有一定量的现金价值,且大部分险种的现金价值量是不断递增的。这部分现金价值如同储蓄存款一样为投保人所拥有。

投保人处置失效保单现金价值的方式一般有三种:一是办理退保,领取退保金。二是将原保险单改为缴清保险,即在原保单的保险期限和保险责任保持不变的情况下,将保险单上的现金价值作为趸缴保险费,重新确定保险金额。缴清保险的保险金额比原保单上的保险金额要小。三是将原保险单改为展期保险,即将保险单上的现金价值作为趸缴保险费,用以购买与原保单保险金额相同的死亡保险,保险期限相应缩短,缩短的程度取决于原保单现金价值的量。

我国《保险法》第五十九条第2款规定:"保险人依照前款规定解除保险合同,投保人已交足二年以上保险费的,保险人应当按照合同约定退还保险单的现金价值;投保人未交足二年保险费的,保险人应当在扣除手续费后,退还保险费。"可见,对于已经失效的人身保险单,其现金价值并不丧失。

（四）宽限期条款

宽限期条款,是指对于没有按时缴纳续期保费的投保人,保险人给予一定的宽限期(有的为1个月,有的为2个月),只要投保人在宽限期内续缴了保费,保单继续有效。在宽限期内发生保险事故的,即使保险人没有缴费,保险人仍给付保险金,但要从保险金中扣除当期应缴的保险费和利息。如宽限期满投保人仍未缴付保险费,保险合同自宽限期满翌日停止效力。

一般保单到期没有续缴保险费,应立即失效,但考虑到人身保险合同是长期性合同,缴费期限有的长达几十年。在这个漫长的过程中,不可避免地会出现一些影响投保人按时缴费的因素,如遗忘、外出未归、经济暂时困难等。规定一个宽限期,不仅方便投保人,避免轻易让保单失效,对保险人来说也有利于保持较高的续保率。

我国《保险法》第58条规定:"合同约定分期支付保险费,投保人支付首期保险费后,除合同另有约定外,投保人超过规定的期限六十日未支付当期保险费的,合同效力中止,或者由保险人按照合同约定的条件减少保险金额。"

（五）复效条款

复效条款,是指人寿保险单因投保人欠缴保费而失效后,自失效之日起一定时间内(一般为两年),投保人可以申请复效,经保险人审查同意后,投保人补缴失效期间的保险费和利息,保险合同即可恢复效力。

复效与重新投保不同。复效时原来的保险合同中权利、义务保留不变,如保险责任、保险期限、缴费标准、满期给付的日期都按原合同规定办理。而重新投保则一切都重新开始,此时由于被保险人年龄增大,费率会随之增加;此外,身体状况也可能发生了较大变化,出现加费因素甚至不符合投保条件。所以,一般来讲,复效优于重新投保,投保人大都愿意申请复效。

如果投保人在两年内不申请复效,则缴费不足两年的保险合同效力中止,保单也将永久失效。

(六)受益人条款

在含有死亡责任的人身保险合同中,受益人是十分重要的关系人,因此,很多国家的人身保险合同中都有受益人条款。受益人条款通常包括两方面的内容:一是明确规定受益人;二是明确规定受益人的更换。

人身保险中的受益人通常分为指定受益人和未指定受益人两类。指定受益人按其请求权的顺序分为原始受益人和后继受益人。许多国家在受益人条款中都规定:"如果受益人在被保险人之前死亡,这个受益人的权利将转回被保险人,被保险人可以另再指定受益人。"这个再指定受益人就是后继受益人。当保单所有人或被保险人未指定受益人时,如果被保险人没有遗嘱指定受益人,那么,被保险人的法定继承人就成为受益人,这时保险金变成被保险人的遗产。

保单所有人或被保险人除了指定受益人外,如果保单赋予保单所有人或被保险人有变更受益人的权利,则他就拥有变更受益人的权利。变更受益人无须征求受益人同意,但必须遵循一定的程序,否则变更无效。现在最通常的手续是书面通知保险公司。这种不需要受益人同意就能变更的受益人,称为可变更受益人。如果需要受益人同意才能变更的受益人,称为不可变更受益人。

(七)自杀条款

自杀条款一般规定,被保险人在保单生效后的两年内自杀(包括复效),保险人不给付保险金,但退还所缴保费。但如果自杀发生在保单生效两年以后,保险人应按保险合同约定给付保险金。如我国《保险法》第66条规定:"以死亡为给付保险金条件的合同,被保险人自杀的,除本条第二款规定外,保险人不承担给付保险金的责任,但对投保人已支付的保险费,保险人应按照保险单退还其现金价值。以死亡为给付保险金条件的合同,自成立之日起满二年后,如果被保险人自杀,保险人可以按照合同给付保险金"。

在很长一段时期内,人身保险业务一直将自杀作为除外责任,认为,保险人对自杀风险承担保险责任会助长道德危险,并直接影响保险人的经济核算。但后来,人们感到自杀完全免除责任不合理,并普遍接受和采用自杀条款。其原因主要有:①保险人精算保险费的死亡率中包括各种死亡因素,其中也有自杀,也就是说,投保人已经给自杀风险缴了费、投了保。②领取死亡保险金的是受益人,受益人往往就是依靠被保险人提供经济来源的人。如果对自杀一概不负给付保险金的责任,必将损害受益人的利益。③自杀的原因有多种,并非都是蓄意骗取保险金。规定在两年内自杀不赔,两年后自杀给付,在一定程度上可以排除这种风险。

第三节 意外伤害保险

在国际上,通常将意外伤害保险和健康保险称为第三类保险。我国1995年开始实施的《保险法》规定,只有寿险公司可以经营第三类保险,2002年修订的《保险法》规定,第三类保险不仅寿险公司可以经营,产险公司也可以经营,从而与国际上的通行规定相一致。

一、意外伤害保险的含义

意外伤害保险,是指以被保险人的身体或劳动能力为保险标的的保险,在保险期间内,当被保险人遭受非本意的、外来的、突然的意外事故,以致死亡、身体残废、暂时或永久丧失劳动能力,由保险人给付保险金。

在意外伤害保险中,被保险人的死亡或伤残必须是由意外伤害而致的,如果是由于疾病、年老、生育等原因引起的,保险人不负任何责任。

意外伤害保险与人的生命因素没有直接联系,在制定意外伤害保险的保险费率时,被保险人的年龄、性别等生命因素通常不多考虑,保险人承保时通常也不限制被保险人的身体条件。被保险人所从事职业的性质才是费率厘定时考虑的主要因素。

意外伤害保险保障的项目主要有:基本保险项目和派生保险项目。基本保障项目包括:①死亡给付。当意外事故发生致使被保险人死亡的,保险人给付死亡保险金。在法律上发生效力的死亡包括两种情况:一是生理死亡,即已被证实的死亡;二是宣告死亡,即按照法律程序推定的死亡。②残疾给付。这里的残疾包括两种意思:一是人体组织的永久性残缺(或称缺损),如肢体断离等;二是人体器官正常机能的永久丧失,如丧失视觉、听觉、嗅觉、语言的机能,运动障碍等。当意外事故发生致使被保险人身体残疾的,保险人给付残疾保险金。

派生保障项目主要有两种:一是死亡给付派生的丧葬给付和遗属生活费给付等;二是由残废给付派生的医疗费给付和误工(死亡前和残废的结果发生前所支付的医疗费及收入损失)给付等。

二、意外伤害的界定

伤害,是指外来的致害物以某种方式破坏性地接触或作用于人的身体的客观事实。致害物、伤害对象、伤害事实是构成伤害的三个要素,缺一不可。致害物是指对受害者直接造成伤害的物体或物质,可以是物理类的、化学类的或生物类的。伤害对象是指致害物所侵害的客体,即人体的某个部位或某几个部位,是指对人的生理上的伤害,是对人的生理机能造成了破坏,而不是指心理上或权利上的伤害。伤害事实是指致害物破坏性地接触或作用于人体的客观事实,通常有烧伤、烫伤、爆炸、碰撞、坠落、跌倒、坍塌、掩埋、倾覆、触电、急性中毒、辐射等引起的伤害。

意外伤害保险保障的范围并不是所有的伤害,而是由意外伤害所引起的人员伤亡。意外伤害应该由以下三个要素构成:首先,意外伤害是非本意的,即事故的发生不是本人意志的结果,事故发生的结果是受害者不能预见到的、非故意的或违背受害者主观愿望的。如行人被飞来之物砸伤、工人在操作中不慎触电致死等。其次,是外来的,即伤害是由受害者自身以外的原因造成的,而不是由被保险人自身原因造成的。如被保险人因疾病而死亡或伤残,就不属于意外伤害。最后,是突然的,即引致伤害的原因是突然出现,而不是早已存在的或长年累月形成的,受害者在面临风险时来不及预防。

"非本意"、"外来的"和"突然的"这三要素都是构成意外伤害保险的"意外"不可缺少的要素。但是,由满足这三个要素的"意外"事故所造成的伤害并不一定都属于意外伤害保险保障的范围。

三、意外伤害保险的内容

(一)保险金额

意外伤害保险的保险金额确定与人寿保险相同。由于人的生命和身体是无法用货币来衡量的,投保人就根据保障的需要和经济上的支付能力来确定自己投保的保险金额。

(二) 费率的计算

意外伤害保险费率依据损失率而非死亡率、利率来计算。在计算费率时，一般不需要考虑被保险人的年龄、性别等因素，故并不以生命表为依据。这是因为，被保险人所面临的风险是与其职业、工种或从事的活动密切相关的，被保险人遭受意外伤害的概率并不因被保险人的年龄、性别不同而有较大的差异。在其他条件相同的情况下，被保险人职业、工种或从事活动的危险程度越高，应缴的保险费越多。因此，意外伤害的承保条件较宽，高龄者可以投保，对被保险人也不必进行体检。

(三) 保险责任

意外伤害保险的保险责任与人寿保险中的定期死亡保险责任有交叉。对于因意外伤害所致的死亡，两者都负责；但对于疾病等非意外伤害所致的死亡，意外伤害保险不负责，定期死亡保险负责；对意外伤害引起的伤残，意外伤害保险负责，定期死亡保险不负责。

此外，意外伤害保险的保险责任由三个必要条件构成，即：被保险人在保险期限内遭受了意外伤害；被保险人在责任期限内死亡或残废；被保险人所遭受的意外伤害是其死亡或残废的直接原因或近因。

(四) 保险期间

意外伤害保险的保险期间较短，并与责任期限存在不一致性。意外伤害保险的保险期间一般为一年，有些极短期意外伤害保险的保险期间往往只有几天、几个小时。但责任期限并不随着保险期限的结束而终止。

责任期限是意外伤害保险特有的概念，是指从被保险人遭受意外伤害之日起的一定期限，通常为90天、180天、360天或13周、26周、52周。意外伤害保险强调被保险人在遭受伤害后的死亡或残疾必须发生在责任期限内。只要被保险人遭受的意外伤害事故发生在保险有效期间，而且自遭受意外伤害之日起的一定时期内，造成了死亡、残疾的后果，保险人都要承担保险责任，给付保险金，包括期间的医疗费用和误工损失。

(五) 赔偿方式

在意外伤害保险中，采用定额赔偿的方式，按保险合同中约定的金额赔偿，而不管被保险人实际损失的多少。一般在意外伤害保险中分别列明死亡保险金额和伤残保险金额。当被保险人因意外伤害而死亡时，支付死亡保险金的全部，保单同时终止。当被保险人因意外伤害致残时，根据伤残程度按比例赔付伤残保险金，但赔付总数不超过伤残保险金额。被保险人在保险期限内多次遭受意外伤害时，保险人对每次意外伤害造成的残废或死亡均按保险合同的规定给付保险金，但给付总额累计不超过保险金额。

四、意外伤害保险的分类

（一）按投保对象分类

按投保对象的不同，意外伤害保险可分为团体意外伤害保险和个人意外伤害保险两类。

1. 团体意外伤害保险

团体意外伤害保险是意外伤害保险中最主要的险种，主要包括团体人身意外伤害保险、学生团体平安保险等。

团体意外伤害保险有以下几个特点：一是投保人与被保险人不是一个人，投保人是一个整体单位，被保险人是单位的人员，如学校的学生、企业的员工等；二是保险责任是死亡责任，以被保险人死亡作为给付保险金的条件，所以投保人在订立保险合同时，应经被保险人书面同意，并认可保险金额；三是保险金额一般没有上限规定，仅规定最低保额；四是保险费率低，团体意外伤害保险由于是单位投保，降低了保险人管理成本等方面的费用，保险费率因此降低；五是在通常情况下，保险费缴纳是在保险有效期开始之日一次缴清，保险费缴清后保单方能生效。

2. 个人意外伤害保险

个人意外伤害保险是指只承保一名被保险人的意外伤害保险。机动车驾乘人员人身意外伤害保险、航空人身意外伤害保险、旅客意外伤害保险和旅游意外伤害保险等都是个人意外伤害保险的主要险种。

个人意外伤害保险有以下四个特点：一是大多属于自愿保险，但有些险种属于强制性保险；二是多数险种的保险期间较短；三是投保条件相对宽松，一般的个人意外伤害保险对保险对象均没有资格限制，凡是身体健康、能正常工作或正常劳动者均可作为保险对象；四是保险费率低，而保障范围较大，由于一般的个人意外伤害保险不具有储蓄性，所以保险费仅为保险金额的千分之几，甚至万分之几。

(二)按实施方式分类

按实施方式的不同,意外伤害保险可分为自愿性的意外伤害保险和强制性的意外伤害保险。

1. 自愿性的意外伤害保险

自愿性的意外伤害保险是投保人根据自己的意愿和需求投保的各种意外伤害保险。例如,我国现开办的中小学生平安险、投宿旅客意外伤害保险就是其中的险种。这些险种均采取家长或旅客自愿投保的形式,由学校或旅店代收保费,再汇总交保险公司。

2. 强制性的意外伤害保险

强制性的意外伤害保险是由政府强制规定有关人员必须参加的一种意外伤害保险,它是基于国家保险法令的效力构成的被保险人与保险人的权利和义务关系。例如,我国政府早在1951年公布的"铁路旅客意外伤害强制保险条例"、"轮船旅客意外伤害保险条例"和"飞机旅客意外伤害强制保险条例"中规定:凡在国内搭乘火车、轮船和飞机旅行的人都必须缴纳规定的保险费,一旦发生事故后,由中国人民保险公司按上述3个条例的规定予以赔偿。

(三)按承保风险分类

按照所承保风险的不同,意外伤害保险可分为普通意外伤害保险和特种意外伤害保险两类。

1. 普通意外伤害保险

普通意外伤害保险承保由普通的风险而导致的各种意外伤害事件。普通意外伤害保险投保手续比较简单,由保险公司事先拟定好条款,投保方只需作出"是"与"否"的附合。在实际业务中,许多具体险种均属此类意外伤害保险,如我国现开办的团体人身意外伤害保险、个人平安保险。

2. 特种意外伤害保险

特种意外伤害保险承保在特定时间、特定地点或由特定原因而发生或导致的意外伤害事件。由于"三个特定",相对于普通意外伤害保险而言,其发生保险风险的概率更大些,故称之为特种意外伤害保险。例如在游泳池或游乐场所发生的意外伤害,江河漂流、登山、滑雪等激烈的体育比赛或活动中发生的意外伤害等。实际开办此类业务时,大多采取由投保方和保险方协商一致后签订协议的方式办理。

（四）按险种结构分类

按险种结构划分，意外伤害保险划可分为单纯意外伤害保险和附加意外伤害保险两类。

1. 单纯意外伤害保险

单纯意外伤害保险的保险责任仅限于意外伤害。我国目前开办的团体人身意外伤害保险、公路旅客意外伤害保险、学生团体人身意外伤害保险、驾驶员意外伤害保险等，都属于单纯意外伤害保险。

2. 附加意外伤害保险

附加意外伤害保险包括两种情况：一种是其他保险附加意外伤害保险，另一种是意外伤害保险附加其他保险责任。例如，我国目前开办的简易人身保险，以生存到保险期满或保险期限内死亡为基本保险责任，附加意外伤害造成的残废，属于生死两全保险附加意外伤害保险。又如，住宿旅客意外伤害保险，其保险责任包括旅客由于意外伤害造成的死亡、残废以及旅客随身携带行李物品的损失，属于意外伤害保险附加财产保险。

第四节 健康保险

一、健康保险的概念

健康保险是指以人的身体为对象，当出现合同中约定的被保险人患病支出医疗费用或因病致残造成收入损失时，由保险人履行补偿责任的保险。

健康保险是人身保险的一种。在有的国家，往往把健康保险和人身意外伤害保险归为一类，称为意外伤害和健康保险或意外伤害和疾病保险，这实际上是将健康保险归类到除人寿保险之外的其他人身保险业务。我国的健康保险有时被称为疾病保险，一般不包括人身意外伤害保险，习惯上是指在保险有效期内，对被保险人因疾病、分娩及其所造成的残疾或死亡，保险人按照合同的规定，承担给付保险金责任的保险。

制定健康保险的费率时，主要考虑被保险金的职业、年龄、保额等因素。

二、健康保险的主要特征

（一）承保风险

健康保险所承保的疾病风险具有如下几个特点：其一，疾病是由被保险人自身内在的原因引起的,而非由明显的外来因素引起;其二,疾病不是由长期存在的原因引起的,而是由偶然的原因引起的;其三,疾病是由于非先天的原因引起的。先天性疾病和保险合同订立前存在的疾病应排除在健康保险承保风险范围之外。

(二)补偿性质

一般说来,健康保险属于补偿性质的保险,它是为被保险人因病发生的医疗费用和因病残疾后的收入损失提供补偿的保险。鉴于健康保险的补偿性质,一些国家(如日本)把医疗费用保险划入损害(财产)保险范畴,允许损害保险公司承保。

健康保险的给付方式主要有两种:一是补偿式给付。补偿式健康保险实际上属于费用损失保险,适用财产保险中通行的补偿原则。它的特点是,保险人在保险金额的限度内,按被保险人实际支出的医疗费给付医疗保险金,亦即保险金给付额不能超过被保险人实际支出的医疗费。二是定额给付式。定额给付式健康保险适用人寿保险中通行的定额给付原则,保险人不问被保险人实际支出的医疗费是多少,只是按照约定的金额给付医疗保险金。

(三)承保标准

疾病是健康保险的主要风险,因而保险人对疾病产生的因素需要相当严格的审查。在承保标准方面,一般有以下几种规定。

1. 观察期

由于仅仅依据以前的病历难以判断被保险人是否已经患有某些疾病,为了防止已经患有疾病的被保险人投保,有时要在保单中规定一个观察期,期限一般为半年。被保险人在观察期内因疾病支出医疗费及收入损失,保险人不负责,观察期结束后保单才正式生效,亦即观察期内所患疾病推定为投保以前就患有的,观察期结束后所患疾病可推定为投保以后患有的。

2. 次健体保单

对于不能达到标准条款规定的身体健康要求的被保险人,则一般按照次健体保单来承保。这时可能采用的方法有两种:一是提高保费,二是重新规定承保范围。

3. 特殊疾病保单

对于被保险人所患的某种特殊疾病,保险人制定出特种疾病条款,以承保规定的特殊疾病。

（四）成本分摊

为了尽可能地控制道德风险，健康保险特别是医疗保险一般采用下述方法进行成本分摊。

1. 规定绝对免赔额

健康保险规定绝对免赔额，只有超过免赔额才能得到费用补偿，补偿金额为超过免赔额以上部分或包括免赔额。免赔额的计算方式一般有三种：一是单一赔款免赔额，即针对每次赔款计算数额；二是全年免赔额，即按全年赔款总额计算免赔额；三是集体免赔额，针对团体投保而言，小额的医疗费用由被保险人自己承担。

2. 规定相对免赔比例

在医疗保险中，对超过免赔额以上的医疗费用，规定一个给付比例，如70%或90%，其余由被保险人自己负担。保险人与被保险人共同分摊医疗费用，既保障了被保险人的经济利益，促进被保险人对医疗费用的节约，也有利于保险人经营的稳定。在残疾收入保险中也规定给付比例，如被保险人完全残疾，残疾给付按原来实际收入的75%或85%计算，目的在于鼓励被保险人积极寻求力所能及的劳动以达到自我补偿。

3. 规定给付限额

在合同中规定最高保险金额，超出部分由被保险人自己负担，保险人通常采用这种方法控制总支出水平。

三、健康保险的分类

依照不同的目的，按不同的标准划分，健康保险有多种类型。

（一）按承保内容的不同划分

按承保内容的不同，可分为医疗保险和残疾收入保险。

医疗保险，又称"医疗费用保险"，是为被保险人因疾病所支出的医疗费用提供补偿的保险。按照保险责任的不同，医疗保险分为住院医疗保险、门诊医疗保险、手术费用保险、高额医疗费用保险、重大疾病保险、牙科费用保险、眼科费用保险等。在当代社会，随着经济的发展和人们收入水平的增长，人们的平均寿命不断延长，对医疗服务的需求日益增长。与此同时，随着科技的发展，新的检验和治疗手段不断出现，医疗费用日益昂贵，普通收入水平的社会阶层往往难以承担，因此对医疗保险的需求与日俱增。

残疾收入保险，又称残疾收入补偿保险、丧失工作能力补偿保险、失能所得保险、停工损失保险，是为被保险人因疾病致残后不能工作或不能正常工作时所造成的收入损失进行补偿的保险。

失能收入损失保险，也可以作为人寿保险或意外伤害保险的附加险承保。作为意外伤害保险的附加险承保的收入损失保险，只负责被保险人因遭受意外伤害而失能致使收入减少的补偿。

（二）按投保对象的不同划分

按投保对象的不同，可分为个人健康保险和团体健康保险。

个人健康保险是保险公司与保单所有人之间的一种合同，是只对某一个人或某几个人提供健康保障的保险。团体健康保险是保险公司与团体保单持有人（雇主或购买团体健康保险的其他法定代表）之间的合同，它对主合同下的一群人提供保障。

（三）按险种结构的不同划分

按险种结构的不同，可以分为健康保险主险和健康保险附加险。

健康保险主险，即单独开办的一张保险单所承保的责任仅限于健康保险或包括健康在内的几项保险责任的组合。

健康保险附加险，即附加于主险之上，而且必须与主险同时投保的健康保险。

复习思考题

1. 试分析人身保险和财产保险的区别。
2. 试比较人寿保险、意外伤害保险和健康保险的异同。
3. 试举例说明保险公司对投保人年龄误告的处理方法。
4. 在人寿保险中如何确定受益人？
5. 试述意外伤害保险保障的项目。
6. 健康保险有哪些共性规定？

案例分析

案例1：离婚影响受益人的权益吗？

案情：李某系某公司秘书,1997年12月7日在某保险公司购买了数份以其本人为被保险人的人身综合保险,其中死亡保险金为8万元,她在保单上载明的受益人为丈夫孙某。1999年10月李某与丈夫夫妻感情破裂,经法院调解离婚。2000年3月12日,李某在外地出差途中遭遇车祸,头部严重受伤,在送往医院的途中死亡。李某的父亲在清理女儿的遗物时发现了李某的保险单,于是持保险单等相关材料向保险公司提出领取保险金申请。孙某在得知这一消息后也向保险公司提出领取保险金的申请。保险公司在收到两份申请后,认为是一个新问题,到底该给付给谁一时决定不下。于是孙某、李父分别将保险公司告上法院,要求保险公司给付死亡保险金。一审法院将两案并案审理后,判决保险公司支付孙某8万元保险金,驳回了李父的诉讼请求。

问题：第一,人身保险合同中受益人是如何指定的？第二,人身保险合同中投保人指定的受益人与被保险人离婚后是否丧失受益权？

【简要分析】首先是关于受益人的指定。投保人或被保险人既可以在订立合同时就确定受益人,也可以在合同成立后指定受益人,对所指定的受益人,无须事先征得其本人或保险人的同意,只需在保险单上注明。如果指定的受益人不止一人,其受益顺序和受益份额的分配应在保险单上详细写明,否则视为所有受益人对保险金额享有同等的份额。我国《保险法》第62条明确规定："被保险人或者投保人可以指定一人或者数人为受益人。受益人为数人的,被保险人或者投保人可以确定受益顺序和受益份额；未确定受益份额的,受益人按照相等份额享有受益权。"在保险实务中,投保人或被保险人有时往往以身份来标明受益人,如投保人或被保险人只指明继承人、配偶、子女等为受益人的。投保人或被保险人可以指定任何第三人为受益人,原则上不受限制。但有时法律基于某种特定考虑,明确规定只有对被保险人有保险利益的人,才可成为受益人,无保险利益的人即使被指定为受益人,也无权请求给付保险金。

其次是人身保险合同中投保人指定的受益人与被保险人离婚后是否丧失受益权。在人身保险合同中,受益人一般都是被保险人的利益关系人。

法律之所以允许投保人或被保险人指定这个人作为受益人,主要目的在于当被保险人发生保险事故后,他可以从保险人处领取一定数额的保险金,用以弥补由于其利害关系人遭受不幸而带来的物质上或精神上的损害和负担。根据我国《保险法》第22条的规定,受益人是指人身保险合同中由被保险人或者投保人指定享有保险金请求权的人。也就是说,受益人是根据投保人或被保险人的意思指定的,体现着指定人的意志。但同时,根据《保险法》第63条规定:被保险人或者投保人可以变更受益人并书面通知保险人。也就是说,指定人在保险事故发生前的任何时间都可以随时变更受益人,这也同样应是指定人的自由意志。因此,在人身保险合同中,当李某与孙某离婚后,李某完全有"自由意志"予以变更受益人,从而使离婚后的孙某不再成为保单的受益人。但事实上她并没有这样做,而仍继续保留了受益人为孙某。

就本案的具体情况来看,在继承关系和保险关系并存的情况下,是应当优先考虑保险受益人的领受制度的。同时由于本案中确实存在有合格且无放弃权利的"受益人"孙某,保险金的给付排除遗产继承是必然的。综上所述,尽管李某与孙某已经离婚,但投保人与被保险人并没有申请变更被保险人,本案中孙某是该保险合同的受益人,保险公司应将保险金支付给孙某。

案例2:人寿保单复效也应如实告知吗?

案情:贾某于1998年5月3日向某人寿保险公司投保康乐险附加住院安心险一份,在按期缴纳了1998年、1999年两年的保险费后,没有按期缴纳2000年的保险费。2000年7月28日,贾某以"排便困难二月余"为原因到医院检查,被诊断为直肠癌,在医院做了直肠癌根除手术。9月9日,贾某向人寿保险公司申请办理复效手续,并在健康声明书中告知为正常。保险公司同意了贾某的复效申请,保险合同效力恢复。

11月,贾某因病情恶化,抢救无效死亡。保险合同中指明的受益人贾某的儿子向人寿保险公司提出支付死亡保险金申请。保险公司接到受益人的申请后,及时了解到贾某在申请复效时没有向保险公司如实告知其患直肠癌的情况,于是拒绝了受益人的申请,并单方解除了保险合同。贾某的儿子不服,向法院提出诉讼。

一审法院经审理后认为,被保险人在申请复效时没有履行如实告知义务,且该未如实告知的事实足以影响保险公司决定是否同意承保或者提高保险费率。因此,保险公司有权解除保险合同并对发生的事故不承担保险责任。据此,法院判决驳回贾某儿子的诉讼请求。原告不服并提起上诉,二审法院经审理后驳回上诉,维持原判。

问题:第一,人身保险合同中的复效条款的内容是什么? 第二,在对人身保险合同复效时是否也要履行告知义务?

【简要分析】贾某在宽限期外被确诊患癌症,且在未履行如实告知义务的情况下办理了复效手续。本案争议的焦点是对人身保险合同中的复效条款的理解。我国《保险法》第五十九条第1款规定:依照前条规定合同效力中止的,经保险人与投保人协商并达成协议,在投保人补缴保险费后,合同效力恢复。但是,自合同效力中止之日起二年内双方未达成协议的,保险人有权解除合同。本案中双方所使用的康乐险条款也规定:"除本合同另有约定外,投保人逾宽限期仍未交付保险费的,则本合同自宽限期满的次日零时起中止效力。""本合同效力中止后二年内,投保人申请恢复合同效力的,应填写复效申请书,并按本公司规定提供被保险人健康声明书或本公司指定医疗机构出具的体检报告书,经本公司审核同意,双方达成复效协议,自投保人补交保险费及利息(按计算保险费的预定利率计算)的次日零时起,合同效力恢复。"

申请复效一般须具备下列条件:首先,复效申请的时间不得超过复效申请的保留期限。复效申请的保留期限一般为两年,效力中止或失效时间超过两年就不能申请复效。但是投保人如果已经办理退保手续并已领取退保金的,则不能申请复效。其次,被保险人符合投保条件,投保人此时仍应履行如实告知义务。在失效期间,被保险人健康状况或职业可能会有所变化。如果健康恶化,或所变更的职业危险性增大,其复效申请就可能被保险公司拒绝。投保人要求复效时,也要根据最大诚实信用原则,如实履行告知义务,被保险人必须提交体格检验书或健康声明书等材料。这样要求是为了避免身体健康状况不好的被保险人可能作出的逆向选择。再次,被保险人必须一次缴清效力中止或失效期间的保险费。最后,复效的申请必须得到保险公司的同意。

在本案中,因被保险人于宽限期外确诊为癌症,即癌症的出险时间发生于保单失效期间,故保险公司不承担保险责任。虽然被保险人在确诊为癌症后申请办理保单复效,但投保人在复效时并未将上述情况向保险公司如实告知,可以视为故意告知不实。因此,根据《保险法》的规定,保险公司可以解除复效的保险合同并拒付保险金。法院对此案的判决是正确的。

第十章

再保险

学习要点

- 认识再保险的概念、特点和意义
- 理解临时再保险合同、合同再保险合同和预约再保险合同的特点,以及比例再保险和非比例再保险的业务安排方式
- 掌握成数再保险、溢额再保险与成数溢额复合再保险,以及超额赔款再保险和赔付率超赔再保险的操作要点

再保险是保险市场的重要组成部分,它既是直接保险①人扩大其业务必不可少的手段之一,也是直接保险人最重要的风险管理手段之一。学习保险不可不了解再保险。本章重点介绍再保险的概念、特点、作用,再保险的安排类型等内容。

---

① 保险人与投保人直接就其财产或人身等保险标的所达成的保险交易就是直接保险,也叫原保险。一般的财产保险公司和寿险公司所经营的主要业务是直接保险业务。

第一节 再保险概述

一、再保险的概念

在现代保险业的发展中,再保险是其直接保险经营的重要环节和经营内容,因为它不仅是保险人扩展其业务而且是其进行风险管理不可缺少的工具和途径之一。

再保险亦称分保,是保险人在原保险(直接保险)合同的基础上,通过签订再保险合同,将其承担的风险和责任部分转嫁给其他保险人的经营活动。在国际上,再保险又称保险人的保险。接受风险责任转嫁的一方叫再保险人或分保接受人、分保分入人;向再保险人转嫁风险责任的一方叫原保险人(直接保险人)或分保分出人。再保险同原保险一样,都是对保险风险和责任的承担、分散和转移。再保险合同与原保险合同在权利、义务等方面也有许多相同处,特别是再保险合同与原保险合同所适用的保险原则,如保险利益原则、最大诚信原则和损失补偿原则等都是相同的。

但再保险也有自己的特点,这些特点主要是:

其一,再保险与原保险转移风险的层次不同。再保险和原保险都是对保险风险的分散和转移,但原保险是对保险风险的第一层次的分散和转移,承担该风险分散和转移的中介是原保险人;再保险是在原保险分散风险的基础上,对保险风险的第二层次的分散和转移,它对风险的分散和转移更广泛,承担风险分散和转移的中介是再保险人。

其二,再保险是独立的保险业务,再保险合同因而是独立的合同。再保险虽然是在原保险的基础上产生的,再保险业务与原保险业务有连续性,但再保险是独立的业务。原保险人的保险业务是否需要再保险,完全由原保险人根据自己对风险责任的承受能力、所承担风险责任的性质和自身经营状况决定。再保险合同也就是独立的合同,与原保险中的被保险人无关,对该被保险人不负任何义务和责任。原保险合同的效力,也不因再保险合同而受影响。被保险人发生保险事故时,投保人对再保险人没有索赔权,反过来,再保险人也不能要求原保险的投保人缴付保险费。当再保险人不履行赔偿义务时,原保险人也不能以此为理由拒绝或迟延履行对被保险人的索赔义务。

其三，再保险双方当事人具有共同利害关系，即共命运关系，利益共享，风险共担，因而具有合作性质；而原保险双方当事人的利益是不一致的，一方收入或盈利，另一方就会支出或受损。

其四，再保险的标的仅仅是原保险人承担的责任，具有责任性，因而再保险合同（包括人身再保险合同）都是补偿性合同；而原保险的保险标的有物质财产，有责任，也有人身及其相关利益，因而原保险合同有补偿性合同也有给付性合同。

二、再保险与大数法则

大数法则是保险业赖以建立的数理基础。保险人利用随机事件（保险标的因灾害事故发生损失）的不确定性将在大数中消失的规律性，来分析承保标的的损失发生的稳定性。按照大数法则，保险公司承保每类标的的风险单位数必须足够大，否则缺少一定的数量基础，就不能获得必然的数量规律，即该类业务的损失概率。但是任何一家保险公司所承保的同类业务的风险单位数量都是有限的，所承保的保险风险就难以得到有效分散，这必然影响到保险公司的财务稳定性和偿付能力。而通过再保险就可以增加风险单位数量，扩大直接保险的风险分散面。

随着科学技术的进步和社会经济的不断发展，出现了许多不同性质的巨大保险金额的高峰险位。例如，核电站、发射人造卫星、航天飞船等，往往标的只有一个，责任必然很大。对这类风险，单个保险人往往不敢贸然承保，因为一旦风险事故发生，必将威胁到保险人自身的生存。而通过再保险，就可将高峰险位在保险同业中分散消化。这样，一方面把许多保险人的承保能力集合在一起，实际上起到了联合聚集保险资金、扩大承保能力的作用；另一方面，按照风险分散原则，在一个或几个保险人中不可实现的大数法则，在同业间、国际大范围内则可得以体现。

因此，保险中的大数法则，其"大数"不仅单纯表现为标的风险单位数目之大，还可以通过再保险，表现为保险人数目之大。

三、再保险的作用

再保险具有独特的、多方面的重要作用。

（一）再保险对分保分出人的作用

1. 分散风险，均衡业务质量

根据大数法则,保险人承保标的的风险单位越多,风险的分散就越彻底,保险的财政稳定性就越好。但这里有一个条件,即不仅要求保险标的的性质(特别是损失经验)一致,还要求保险金额大致相等。前者通过承保时的风险选择易于满足,但保险金额却很难限定在某一额度范围。这样,当某类业务中有少量保额相当高的承保标的时,将使该类业务的稳定性变差。而通过再保险,将超过一定标准的责任转移出去,自留的同类业务其保额实现了均衡化,既不减少所接受的业务量,又达到了提高直接保险经营的财务稳定性的目的。

2. 控制责任,稳定业务经营

由于承保风险的偶然性,保险公司各年的赔付率必然呈现一定的波动,造成保险业务经营的不稳定。而通过再保险,在损失较少的年份,虽然因支付分保费而使盈利有所减少,但在损失较大特别是巨额损失的年份,则可减少其赔偿金额,从而将自身的责任限定在一定范围,使每年能获得均衡的利润。鉴于此,很多国家的保险管理当局,为了使保险公司将其承保责任控制在一定范围内,对保险公司的偿付能力和经营管理以及是否恰当地安排再保险和再保险人的资信等,都做了严格规定。

3. 扩大承保能力,增加业务量

保险公司的承保能力,受其资本和公积金等自身财政状况的限制。资本薄弱的财产保险公司,不能承保超过自身财力的大额业务[①]。即使是资本雄厚的保险公司,也不敢轻易承保大额业务。这势必影响业务来源及业务量。但有了再保险的支持,保险公司就可大胆承保超过自身财力的大额业务,从而扩大了业务量。由于保险公司通过再保险将超过自身财力的部分责任转移了出去,因而它所承担的责任仍控制在正常标准的范围之内。

4. 降低营业成本,提高经济效益

再保险可以使分出公司降低经营成本,提高经济效益,这是由于:

第一,再保险使分出公司增加了业务量,保费收入自然会增加,而管理费并不会按比例增加。

第二,在发生损失时,分出公司向再保险人分摊赔款,因而与没办理再

---

① 我国《保险法》第99条规定,"经营财产保险业务的保险公司当年自留保险费,不得超过其实有资本金加公积金总和的四倍",第100条还规定,"保险公司对每一危险单位……所承担的责任,不得超过其实有资本金加公积金总和的百分之十;……"。

保险相比,减少了赔款支出,从而降低了自身的赔付率。

第三,增加了直接保险人可运用资金。有些国家的保险法规定,保险公司在计算未满期责任准备金时不能扣除营业费用。但保险公司办理再保险(主要是比例再保险)后,不仅要在分保费中扣存未满期责任准备金,而且要扣除分保佣金。此外,保险公司办理再保险后,在从投保人那里收到保险费和支付再保险费之间有一定的时间差,特别是合同分保,再保险费要在季度末或半年之末才支付。这样,分出公司就保持了一定的可运用资金。

分出公司通过再保险一方面降低了经营的业务成本;另一方面又增加了佣金收入和可运用资金,这必然增加获利机会,提高经济效益。

(二) 再保险对分保接受人的作用

1. 扩大风险分散面

再保险人对自己所接受的分保业务,也要寻求风险的分散,争取风险单位的大量化。在许多情况下(直接保险人兼营再保险),再保险人同时也是直接承保人,当他接受分出公司分来的同类业务时,无疑扩大了同类业务的风险单位数,风险分散面也就扩大了,特别是业务来自不同地区时,从而实现了风险在空间地域上的分散。

2. 节省营业费用

相对来说,再保险公司接受分入业务所负担的费用,比直接承保业务所负担的费用更少,因为再保险公司不必为招揽业务而到处设立分支机构或代理机构,也不必为处理赔款而培训和设置许多专职理赔人员。此外,再保险可依靠少数几个合同,分入大量的业务,从而节省了直接承保费用。由于再保险合同是在保险同业之间签订的,所需的人力、物力要少于直接业务。虽然再保险公司在接受分入业务收取分保费的同时,还要支付佣金,分担赔款,但由于营业费用的节省,收支相抵,往往收益很大。当今世界上再保险公司不断设立,这也是原因之一。

(三) 再保险对被保险人的作用

1. 加强安全保障,提高企业信用

被保险人在发生保险事故后虽然一般不能直接向再保险人请求赔款,但保险业务办理再保险后,再保险人要承担再保险合同中所约定的对原保险人的分摊赔偿责任,这样,原保险中的被保险人对其保单更加信任,增加了其投保财产和人身的安全感。同时,由于被保险人的保险财产因再保而获得了进一步保障,也就比较容易得到银行的融资,为其企业经营提供了便利。

2. 简化了投保手续

在缺乏再保险的情况下,投保人若有大额财产业务,可能不得不与多个保险人洽商才能解决风险转移和分散的问题。若保险人有庞大的再保险网络做后盾,投保人只需与一个保险人洽商即可,从而节省了时间和人力。而且,投保人与一个保险人打交道,在同一保单下,权利和义务的规定是一致的,若与多家保险公司签订保险合同,内容难免会有出入,容易使被保险人蒙受损失。

除了上面讨论的作用外,由于再保险往往是在国际范围内进行的,所以通过再保险业务的开展,可增进对国际保险和再保险市场的了解,便于学习和引进新的经验和技术,提高保险经营管理水平。此外,再保险也是国际经济合作的重要手段之一,做好了可为国家创造外汇收入。再保险所聚集的巨额准备金也是国民经济建设的重要资金渠道之一。

第二节 再保险安排类型 I

根据再保险合同的时限特点,再保险可分为临时再保险、合同再保险和预约再保险。

一、临时再保险

临时再保险是最古老的再保险安排方式,它是分出公司根据业务需要将某保单或某风险单位的风险或责任进行临时分出的再保险合同安排。临时再保险有如下特点:

第一,对于临时再保险业务,分出公司和接受公司有自由选择权。分出公司可以视风险程度和自留能力来决定是否分出,不具强制性。接受公司也可以根据分出业务的质量和承受能力来决定是否接受。所以,临时再保险所涉及的业务对双方均可以灵活、自由地协商安排,为双方发展业务和稳定业务经营服务。

第二,临时再保险以个别保单或风险单位为合同安排的基础。由于临时再保险是对风险或责任的临时分出,所以一般是分出公司对个别特殊保单或风险单位采取的临时处理措施。

第三，临时再保险业务条件清楚，分保费支付及时。临时安排分保，分出公司须将分出业务的具体情况和分保条件毫无保留地告诉接受公司，以便接受公司决定承保与否。但这样往往不利于分出公司。临时再保险是逐笔办理，支付保险费也较迅速，有利于接受公司的资金运用。

第四，临时再保险业务手续烦琐，时间性强。由于临时再保险是逐笔安排，所以手续烦琐，费用开支也较大。另外，由于临时再保险只有在接受公司同意接受之后，分保安排完毕，分出公司才能承保原保险标的，时间性强，所以分出公司必须迅速将业务情况和分保条件告知接受公司，以免贻误时机，影响业务的争取。如果原保险保单生效后发生了赔案，此时原保险业务还没分出去，分出公司就要承担全部责任。

由于临时再保险的上述特点，它适合于以下三类业务：

其一，新开办的或者不稳定的业务。分出公司新开办的业务，由于业务量少，尚不够条件组织合同再保险，或者对一些虽可以组织合同再保险，但业务经营尚不够稳定的业务，运用临时分保方法，可以逐步取得经验，为业务的进一步发展创造条件。

其二，合同规定的除外业务或不愿置于合同的业务。如航空险安排合同再保险合同时，有的将劫持险作为除外责任。分出公司对这类业务只能安排临时分保。有的业务质量较差，但分出公司出于竞争需要，通融承保，可又不愿置于合同，以免影响合同质量，于是采取临时分保方法，将承担的责任转让出去。

其三，超过合同再保险的限额或需要安排超赔保障的业务。分出公司与接受公司订立的分保合同，其承保能力有一定限额，如遇有较大保额的业务，超过了合同再保险的合同限额，分出公司就需要运用临时再保险安排分保，以增强其承保能力。分出公司对于已纳入合同再保险的业务，为了本身的安全，或者为了合同再保险双方的利益，可对其自留额部分或全部安排临时超赔分保，以减少所承担的责任。

二、合同再保险

合同再保险是分出公司就某类业务与接受公司预先订立合同，分出公司按照合同的规定将这类业务的有关风险或责任转让给接受公司的再保险安排。由于合同将该类业务的业务范围、地区范围、除外责任、分保手续费、自留额、合同最高限额、账单编制和付费等各项分保条件用文字予以固定,明确双方的权利和义务,所以合同再保险也称固定再保险。

合同再保险有如下特点:

第一,合同再保险对于分出公司和接受公司在合同范围内均具有约束力。合同再保险合同一经双方签订,双方就得共同遵守合同的各项规定,分出公司有义务将合同范围内的业务分出,接受公司有义务接受按合同规定分出的所有业务,没有自由选择权。

第二,合同再保险一般是不定期,或者期限较长,分保条件比较优越。由于合同再保险是预先签订的,所以往往不定期限,或者期限较长,因而业务比较多。分保条件比临时再保险优越,对双方都有利。

第三,合同再保险以分出公司某种险别的全部业务为基础。凡是该类业务,包括来自分支机构、代理机构的业务,分出公司必须纳入合同进行分保,不能挑选,以免分出人的逆选择,同时简化了手续。这与临时再保险只限于某一笔业务某个风险单位的情况完全不同。

合同再保险适用于各种形式的比例和非比例再保险方式。

三、预约再保险

预约再保险是介于合同再保险与临时再保险之间的一种再保险安排,其特点是:

第一,预约再保险对于接受公司具有合同再保险性质,对分出公司则具有临时再保险性质。分出公司就某类业务与接受公司签订了预约再保险合同后,对自己手里的该类业务可自由选择分出或不分出。对接受公司来说却没有挑选余地,凡是分出的属于预约再保险范围内的业务,都必须接受,如同接受合同再保险业务一样。

第二,预约再保险较临时再保险手续简便,节省时间。分出公司根据自己的业务需要,随时决定将合同范围内的业务纳入合同,接受公司又没有讨价还价的余地,这就比临时再保险逐笔安排再保险简便,也节省时间。

第三,接受公司对预约再保险的业务质量不易掌握。特别是那些由经纪人中介订立的预约合同业务,更难了解。

第四,预约再保险业务的稳定性较差。分出公司往往是将稳定性好的业务自留,而将稳定性较差的业务分出,以稳定自己的经营,获得较大收益。这也对接受人不利。

预约再保险与合同再保险相比,有许多不同之处。例如,预约再保险佣金较少，也没有盈余佣金；预约再保险保险期限较短，常为1年；同时，预约再保险应用范围较小，常用于某一特定风险，在支付再保险费时，没有留存保费准备金的规定。

预约再保险一般适用于火险和水险的比例再保险方式。分出公司如有大额业务，超过合同分保限额的保额就可运用预约再保险来安排。

第三节　再保险安排类型 II

再保险根据责任分配方式分成两大类，一类是比例再保险，另一类是非比例再保险。

一、比例再保险

比例再保险是以保险金额为基础来确定分出公司自留责任额（称作自留成分）和接受公司分入责任额的再保险业务方式。在比例再保险中，分出公司的自留额和接受公司的责任额都表示为保额的一定比例，该比例也是双方分配保费和分摊赔款的依据。

比例再保险的实际操作方式主要有三种，即成数再保险、溢额再保险与成数溢额复合再保险。

（一）成数再保险

1. 成数再保险的基本操作

成数再保险，是指原保险人将每一风险单位的保险金额，按约定的比率向再保险人分保的方式。按照这种再保险方式，不论分出公司承保的每一风险单位的保额大小，只要是在合同规定的限额（合同限额）之内，都要按照双方约定的比率来分担责任，每一风险单位的保险费和发生的赔款，也按双方约定的固定的比率进行分配和分摊。所以，这种再保险方式的最大特点是绝对化的、按比例的再保险，这也是最简便的再保险方式。在实际运用中，成数再保险的接受人数量一般没有限制，各个再保险人在整个分出的责任额中所接受的份额也不必相同。

由于成数再保险对每一风险单位都按一定比例分配责任，故在遇到巨额风险责任时，将使原保险人和再保险人承担的责任仍然很大。因此，为了使承担的责任有一定范围，每一份成数再保险合同都按每一风险单位或每张保单规定一个最高责任额（合同限额），分出公司与接受公司在这个最高责任额中各自承担一定的份额。

例如,某一成数再保险合同,每一风险单位的最高责任额(合同限额)规定为 500 万元,自留成分为 45%,分出责任为 55%(称作 55%的成数再保险合同),则合同双方的责任分配如表 10-1 所示。

表 10-1　成数分保责任分配表　　　　单位:元

	保险金额	自留责任 45%	分出责任 55%	其他
第一笔	800 000	360 000	440 000	0
第二笔	2 000 000	900 000	1 100 000	0
第三笔	5 000 000	2 250 000	2 750 000	0
第四笔	6 000 000	2 250 000	2 750 000	1 000 000

在本例中,第四笔业务保额 600 万元,超过了最高责任限额,分出公司在该合同项下只能安排 500 万元再保险,余下 100 万元保额需寻求其他方式处理,否则将复归分出人承担。

2. 责任、保费和赔款的计算

关于责任、保费和赔款的计算,可举例说明如下。

例如,假定某分出公司组织一份海上运输险的成数分保合同,规定每艘船的合同最高责任限额(合同限额)为 1 000 万美元,分出公司的自留额为 20%,即 200 万美元,分出责任额为 800 万美元,即 80%。假定在该合同项下有五笔业务,每笔业务的保额、保费收入和赔款情况及其计算如表 10-2 所示。

表 10-2　成数分保计算表　　　　单位:万美元

船名	总额 100%			自留 20%			分出 80%		
	金额	保费	赔款	自留额	保费	自负赔款	分保额	分保费	分摊赔款
A	200	2	0	40	0.4	0	160	1.6	0
B	400	4	10	800	0.8	2	320	3.2	8
C	600	6	20	120	1.2	4	480	4.8	16
D	800	8	0	160	1.6	0	640	6.4	0
E	1 000	10	0	200	2	0	800	8	0
总计	3 000	30	30	600	6	6	2 400	24	24

成数分保的分出额有时要分给若干家接受公司,每家接受公司接受的责任为合同最高责任限额的一定比例(或分出总额的一定比例),一旦各公司承担的责任的百分比确定,则保费和赔款就按相应百分比来计算。

3．成数再保险的特点

成数再保险有如下两个优点和两个缺陷:

优点一:合同双方利益一致。成数再保险对每一风险单位的责任均按保险金额由分出和接受公司按比例承担。因此,不论业务良莠、大小,不论经营的结果是盈是亏,双方利害关系一致。因此,成数分保合同很少发生争执。

优点二:手续简化,节省人力和费用。从上面计算实例就可以看出,采用成数分保,保额、保费分配与赔款分摊都很简单,因此,分保实务和分保账单编制的手续简化,节省人力、时间和管理费用。

缺陷一:缺乏弹性。对分出公司来说,虽然手续简便,但按固定比例分配保额,便失去了灵活性,质量好的业务不能多留,质量差的业务也不能少留,这样往往不能满足分出公司获得准确再保险保障的需求。

缺陷二:不能均衡风险责任。由于成数再保险的每笔业务的保险金额均按固定比例变动,分出人对于危险度高低、损失的大小无法加以区别并作适当安排,因而它不能使风险责任均衡化,也就是说,原保险的保险金额高低不齐的问题依然存在。虽然合同通常有最高责任额的限制,但这只能起到防止责任累积的作用,而且有了该最高责任额的限制,对于超过限额的部分,还需另作其他再保险安排。

4．成数再保险的运用

成数再保险的上述特点,决定了它比较适合应用于:

(1)新创办的公司。这类公司由于缺乏经验,采用成数再保险,可以得到再保险人在风险分析、承保审定、赔款处理技术等方面的帮助。

(2)新开办的险种。这类业务由于缺乏实际经验和统计资料,采用成数再保险方式比较稳妥。

(3)汽车险、航空险。其出险频率高,赔款频繁,成数再保险可发挥其手续简便、双方共命运的优势。

(4)保额和业务质量比较平均的业务。例如,粮食运输及其运输船舶,每船的保额大致相同,采用成数分保时限额不会太高,业务比较稳定,并可收取较高的分保佣金,同时免去了责任累积之虑。

(5)各类转分保业务。转分保业务由于其手续烦琐,采用其他方式分保比较困难,一般也都采用易于计算的成数再保险。

(6)由于成数再保险条件优惠,在国际交往中往往用作再保险业务交换(分保双方都是直接保险人,既分出业务也接受分入业务),争取回头业务。

(7)属于同一保险公司系统的母公司和子公司之间以及集团分保内部,为简化分保手续,一般也采用成数分保方式进行分保。

此外,成数再保险还可与其他再保险方式混合使用。

(二)溢额再保险

1. 溢额再保险的概念及基本操作

溢额再保险,是分出公司对每一风险单位的保额确定一个自留额,只将保额超过自留额的部分即溢额分给再保险人承担,并分别按照自留额和溢额对保额的比例来分配保费和分摊赔款的再保险业务方式。

溢额再保险与成数再保险的共同之处是:都以保险金额为基础来确定分保关系,自留额与分出额都表示成原保险保险金保额(总保额)的一定比例关系。溢额分保与成数分保的区别在于:溢额分保的自留责任是一个确定的自留额,不随总保额的大小而变动,也就是说,它对总保额的比例因保额不同而变动;而成数再保险的自留额表现为总保额的固定百分比,随总保额的大小不同而变动。例如,某溢额分保的自留额确定为 40 万元,每笔业务或每个风险单位保额超出 40 万元的部分(溢额)便分给接受人。现有 3 笔业务,保额分别为 40 万元、80 万元和 200 万元。则第一笔业务就无须分保,第二笔业务要分出 40 万元,第三笔业务则要分出 160 万元。溢额与保险金额的比例即为分保比例。本例中第二笔业务的分保比例为 50%,第三笔业务的分保比例为 80%。

在溢额再保险中,自留额是厘定再保险限额的基本单位,超过自留额的部分即溢额通常是以自留额的一定倍数(再保险中称为线数)来限定的。例如,某溢额再保险合同的限额(或称合同容量)为 20 线,则一线的责任为再保险限额的 5%。假定自留额为 100 万元,则合同限额(或合同容量)即为 2 000 万元。溢额再保险线数的确定要根据原保险人的业务内容和自留能力(如平均保额大小及其与平均自留额的关系、最高保额的大小与自留额的关系、巨额标的承保状况等)综合考虑。

由于原保险人承保业务的保额增加或由于业务的发展,分出公司有时需要设置不同层次的溢额,依次称为第一溢额、第二溢额等。当第一溢额的分保限额不能满足分出公司的业务需要时,则可组织第二甚至第三溢额、第四溢额。

2. 溢额再保险责任、保费和赔款分摊的计算

了解了溢额再保险的危险单位、自留额、线数和合同的限额及其关系,以及溢额分保比例之后,计算各自责任、保费和赔款分摊就比较容易了。

【例10-1】某海上货运险溢额分保合同,危险单位按每一条船一个航次划分,自留额为10万美元。第一溢额合同限额为10线,第二溢额合同限额为15线,原保险人承保了四条船(船次),有关责任、保费和赔款的计算如表10-3所示。

表10-3 分层溢额分保计算示意表 单位:美元

		A轮 50 000	B轮 500 000	C轮 2 000 000	D轮 2 500 000	共 计
总保额	总保额					
	总保费	500	5 000	20 000	25 000	50 500
	总赔款	0	10 000	20 000	100 000	130 000
自留责任	自留额	50 000	100 000	100 000	100 000	
	分保比例	100%	20%	5%	4%	
	分保费	500	1 000	1 000	1 000	3 500
	分摊赔款	0	2 000	1 000	4 000	7 000
第一溢额	分保额	0	400 000	1 000 000	1 000 000	
	分保比例	0	80%	50%	40%	
	分保费	0	4 000	10 000	10 000	24 000
	分摊赔款	0	8 000	10 000	40 000	58 000
第二溢额	分保额	0	0	900 000	1 400 000	
	分保比例	0	0	45%	56%	
	分保费	0	0	9 000	14 000	23 000
	分摊赔款	0	0	9 000	56 000	65 000

3. 溢额再保险的特点

溢额再保险主要有两个特点:

(1)可以灵活确定自留额。对分出公司来讲,根据自己不同的业务种类、质量和性质灵活确定自留额,这不论在业务的选择上,还是在节省分保费支出等方面,都具有优越性;分出公司在第一溢额外,尚可洽定第二、第三溢额,对大额业务的处理也有较大弹性。虽然如此,接受公司由于不必顾虑逆选择,且在合同容量较大时,业务量也较多,接受公司可经常保有稳

定的业务来源。

(2) 比较烦琐费时。例如,水上货运险在办理溢额再保险时,要根据业务单证按每条船、每一航次进行登卡登记和管理限额,并计算出不同分保比例以及按该比例逐笔计算分保费,如发生赔款,也得一笔笔按不同比例分摊。在编制分保账单和统计分析方面,此类保险也比较麻烦。

(三) 成数、溢额混合再保险

成数、溢额混合再保险,是将成数再保险和溢额再保险组织在一个合同里,以成数再保险的合同限额,作为溢额再保险的自留额,另外安排一个一定线数的溢额分保合同,或者先安排一个溢额再保险,就溢额再保险的自留责任安排一个成熟分保合同。在实际运用中有下面两种方式。

1. 成数合同之上的溢额合同

这种混合方式是分出公司先安排一个成数合同,规定合同的最高限额,当保险金额超过这个限额时,再另订一个以成数分保合同现额作为自留额的溢额的分包合同。

例如,成数分保合同对某类危险的最高责任限额为50万元,保险金额在50万元以下业务,全部由成数合同处理,且由分出公司自留其中的40%,其余60%按合同中约定的百分比分配给若干家接受公司。考虑到有的风险单位的保额超出合同限额,因此在这个成数再保险合同基础上,另订立一份溢额再保险合同,其合同限额为成数合同最高限额50万元的一定线数(例如6线,即300万元),该溢额分保合同的接受人在5线(250万元)责任之内承担一定份额的分保责任(例如1线,50万元)。因此,成数分保合同的分出人所承保的某一业务的保险金额如果超过500万元时,超过部分就归溢额合同处理(见表10-4)。

表10-4 成数、溢额混合分保的责任分配表

保险金额	成数分保合同(溢额分保的自留额)			溢额分保合同的分保额
	保险金额	自留40%	分出60%	
100 000	100 000	40 000	60 000	0
500 000	500 000	200 000	300 000	0
1 000 000	500 000	200 000	300 000	500 000
2 000 000	500 000	200 000	300 000	1 500 000
2 500 000	500 000	200 000	300 000	2 000 000

2. 溢额合同之内的成数合同

这种混合方式是分出公司先安排一个溢额分保合同,但对其自留额部分按另订的成数分保合同处理。

例如,一个自留额50万元,责任限额为5线的溢额分保合同,规定对于自留额部分,分出公司有权另订成数分保合同。如将其中的60%分出,则分出公司实际上只保留了成数部分即原溢额合同自留部分的40%的责任。在这种混合合同中,成数部分限额即溢额的自留额,称为优先额(Priority),即表示这一部分业务在溢额合同分配之前,由参加成数合同的接受公司优先承受。参加成数合同的接受公司,是否也是参加溢额合同的接受公司,实际操作中没有限制。

成数溢额混合再保险合同安排,可视分出公司的需要和业务质量而定。它通常适用于转分保业务和海上保险业务,多在特殊情况下采用。如某种业务若组织成数再保险合同则要支付较多的分保费,而组织溢额再保险合同,保费和责任又欠平衡,这种情况下就可以采用这种混合再保险方式,来协调这种的矛盾。

二、非比例再保险

非比例再保险是一种以赔款作为再保险双方当事人确定责任的基础的再保险业务方式。对于分出公司的赔款超过一定赔款额度或标准时,其超过部分由接受公司负责赔付,直至某一额度或标准为止。由于它的这一特点,一般又称其为超过损失再保险。从概念可知,非比例再保险合同有两个限额:一是分出公司根据自身财力确定的自负赔款责任额即起赔点,二是接受公司承担的最高赔款责任额。

非比例再保险有多种方式,其中以超额赔款再保险和赔付率超赔再保险为代表,运用最多。

(一)超额赔款再保险及其运用

超额赔款再保险,简称超赔分保,即对原保险人因同一原因所发生的任何一次损失,或因同一原因所导致的各次赔款的总和,超过约定的自负赔款责任额时,其超过部分由接受公司负责到一定额度。在实务中,超赔再保险又有险位超赔再保险和事故超赔再保险之分。

1. 险位超赔再保险

险位(风险单位)超赔再保险是以每次保险事故中每一风险单位所发

生的赔款来计算自负责任额和再保险责任额的。假若一个风险单位总赔款金额不超过自负责任额,则全部损失由分出公司赔付;若一个风险单位总赔款金额超过自付责任额,则超过部分由接受公司负责到约定限额。

险位超赔再保险在一次事故中的赔款计算,有两种情况:一是分别计算所有发生损失的风险单位都按合同分摊赔偿责任,没有险位限制;二是对每次事故中的损失,接受人负责摊赔的险位有限制,一般有2~3个险位的限额,即对于每次保险事故中的损失,接受公司只摊赔2~3个风险单位的损失。

【例10-2】有一超过100万元以后的900万元的火险险位超赔分保合同,在一次保险事故中有三个风险单位受损,各个风险单位损失分别是150万元、160万元和180万元。如果对每次事故中的受损风险单位无限制,则赔款分摊如表10-5所示。

表10-5　险位超赔的赔款分摊　　　　　　单位:元

风险单位	发生赔款	分出公司承担赔款	接受公司承担赔款
Ⅰ	1 500 000	1 000 000	500 000
Ⅱ	1 600 000	1 000 000	600 000
Ⅲ	1 800 000	1 000 000	800 000
共　计	4 900 000	3 000 000	1 900 000

但假如每次事故有风险单位限制,例如险位限额的2倍,则赔款分摊方式便如表10-6所示。这种情况下,由于接受公司只承担了两个风险单位的赔款,所以第三个风险单位的损失由分出公司自己负责。

表10-6　(限额)险位超赔的赔款分摊　　　　单位:元

风险单位	发生赔款	分出公司承担赔款	接受公司承担赔款
Ⅰ	1 500 000	1 000 000	0
Ⅱ	1 600 000	1 000 000	600 000
Ⅲ	1 800 000	1 500 000	800 000
共　计	4 900 000	3 500 000	1 400 000

在有险位限制的情况下,若发生损失的风险单位损失额不等,则依合同约定方式计算摊赔额。

2. 事故超赔再保险

事故超赔再保险是以一次巨灾事故所发生的赔款总和来计算分出公司自负责任额和接受公司再保险责任额的。这种再保险方式，是以一次事故、群体风险所导致的总赔款为基础，不管列入摊赔的保单数目有多少，保额有多大，其目的是保障一次事故造成的责任累积，常用于巨额和巨灾风险的再保险，故又称为异常灾害再保险。

事故超赔分保的最高责任额，依当事人的协议而定，通常依起赔点的大小、业务内容与密集程度以及过去赔款的经验等情况来决定。如果起赔点太高，即将接受责任额度定得过低，不仅分出公司要承担较大赔款责任，也不能满足分出公司的需要；若起赔点太低，即接受公司的最高责任额度太高，分出公司的保费损失较多，则接受公司责任可能过分沉重。于是，便产生了分层再保险的做法，即将整个超赔保障数额分成若干层，便于不同的再保险人接受。这样，每一层的再保险额度虽然不高，但各层次额度累计会达到很高的金额，且各层的接受公司责任额不至于过分沉重，保费也相对低廉，对分保双方都有利。

在这种合同中，第一层的起赔点就是分出公司的自负责任额；第二层的起赔点或称基数为第一层自负责任额与该层再保险责任额的合计；第三层起赔点则为第二层起赔点加上第二层再保险责任额之和，以下各层类推。

【例10-3】某保险人对一超过500万元以上、由接受公司负责至1亿元的巨灾事故超赔再保险，分为四层安排如下：

第一层：超过500万元以上的500万元；
第二层：超过1 000万元以上的1 500万元；
第三层：超过2 500万元以上的2 500万元；
第四层：超过5 000万元以上的5 000万元。

即第一层接受人承担500万元的赔款责任，第二层接受人承担1 500万元的赔款责任，第三层接受人承担2 500万元的赔款责任，第四层接受人承担5 000万元的赔款责任，累计赔款责任1亿元。

事故超赔再保险，涉及一次事故的划分。在实务中，有的巨灾事故如台风、洪水、地震等，在合同中对一次事故用时间长短来界定，有的还有地区范围规定。例如，台风、飓风、暴风雨连续48小时算一次事故，地震、洪水连续72小时算一次事故；洪水还规定地理上的界限，如以河谷或分水岭划分。不同的划分标准会导致分保双方最终的赔款责任不同。

3. 超额赔款再保险的运用

超额赔款再保险在火灾保险、海上保险、意外伤害保险等方面都有广泛运用。

在火灾保险方面,主要出于两个方面的考虑:一是弥补比例再保险的不足;二是防备异常灾害损失,例如大火、风暴、地震等灾害损失。这些异常灾害往往涉及面广、损失惨重,成数再保险不能分散其责任,而溢额再保险以风险范围为单位自留,势必使自留的风险单位增多,很不安全,只有运用超赔再保险,才能较好地控制分保分出人的风险责任。

在海上保险方面,为了避免全损、共同海损、单独海损等巨大损失,直接保险人都要采用超额赔款再保险获得再保险保障。货物运输险,原来大多采用成数或溢额再保险,但现在由于业务量增加很快,采用超额赔款再保险的数量明显增加。船舶险方面,也因船只日益大型化,保额庞大,也不得不采用超赔分保来分散风险责任。

在人身意外伤害保险方面,尤其在汽车险和责任险方面,也都有超赔再保险安排。

(二) 赔付率超赔再保险

赔付率超赔再保险也是以赔款作为分保双方责任计算基础的再保险安排。但这种分保安排不以赔款的绝对数额来确定责任,而是以赔付率作为计算基础。

1. 赔付率超赔再保险的概念

赔付率超赔再保险,是在某特定期间内(通常为1年),分出公司某一特定部门业务的赔付率超过约定自负责任的标准时,超过部分的赔款由接受公司负责到一定额度的再保险业务方式。接受公司的承担赔款的最高限度也是以赔付率表示的,同时还有一定的金额限制。由于这种再保险可以将分出公司某一年度的赔付率控制于一定的额度之内,所以又有损失(赔付)停止再保险之称。

【例10-4】某分出公司就某类业务安排赔付率超赔再保险,赔付率在60%以下由自己负责,接受公司负责超过60%的赔款直至125%。合同期内各年业务经营和分保情况如表10-7所示。

表10-7 赔付率超赔分保计算表　　　　　单位：美元

年份	保费收入总额	赔款总额	赔付率	分出公司自负责任	接受公司应负责任额	其他
Ⅰ	2 000 000	1 200 000	60%	1 200 000	0	0
Ⅱ	2 400 000	1 800 000	75%	1 440 000	360 000	0
Ⅲ	1 600 000	2 080 000	130%	960 000	1 040 000	80 000

2. 赔付率的计算

赔付率是赔付率超赔再保险的中心问题，在实务中，通常以签单年度的净保费收入与同一年度赔款净额之比作为该年度赔付率。即：

$$赔付率 = (赔款净额/年净保费额) \times 100\%$$

式中：

年净保费额 = 毛保费 + 加保费 - 退保费 - 佣金 - 再保费支出 - 保费税款 - 盈余佣金

赔款净额 = 发生的赔款（包括理赔及诉讼费用） - 收回的赔款 - 摊回的再保险赔款

赔付率超赔再保险常以3～5年为合同期限，但赔付率则每年计算。由于要按签单年度的会计账目计算，则要等各签单的责任全部满期后才能精确计算，因此，习惯上要延续两个合同年度于第三个合同年末计算调整。但由于仍免不了有未决赔款要进行估计，而有些赔案不能在短期内全部解决，致使再保险的赔付率确定要牵延数年，合同内通常要约定最终决算年限，一般为5年。

3. 赔付率超赔再保险的运用

赔付率超赔再保险的功能在于，当分出公司的承保业绩在某年突然变化而遭受严重打击时，将亏损控制在分出公司的财力等各方面条件所能承受的范围之内。它是保险人在安排成数再保险、溢额再保险和超额赔款再保险后，为进一步稳定业务经营而安排的再保险。

对于小额损失集中、发生损失频率高的保险业务，采用这种再保险方式比较多。因为小额损失多，若采用超赔再保险，则起赔点要定得特别低，但这势必会支付大量再保险费。因而最经济简便的办法是安排赔付率超赔再保险，既节省保费又保障自己不致发生严重亏损。当然，采用这种再保险安排也不易盈利。

赔付率超赔再保险在农作物保险方面运用较多。在有的国家，企业自保较为普遍，但为防范重大火灾发生使企业财务发生困难，这些自保公司均要购买赔付率超赔再保险予以保护。

(三) 复合再保险

在实务中,再保险各种业务方式经常相互配合运用,以提高分散风险、转移损失、节省再保险费的更佳效果。下面介绍几种组合方式。

1. 成数、溢额复合再保险

成数、溢额复合再保险将成数和溢额再保险组织在一个合同里,以成数再保险部分作为溢额再保险的自留额,以自留额的若干倍数作为再保险的最高限额。这种混合合同有两种方式:

第一种方式,分出公司先安排一个成数分保合同,规定合同的最高责任额,保额超过此限额时,再按另订的溢额分保合同处理。

【例10-5】成数合同对某类风险的最高责任额为100万元,在100万元以下的业务全部由成数合同处理,且由分出公司自留其中的20%,其余80%按合同中约定的百分比分配给若干家接受公司。现又另订一溢额合同,其责任额为成数合同中的最高责任额100万元的一定线数。因此,该类业务的保额超过100万元时,超过部分就归溢额合同处理。

第二种方式,分出公司先安排一个溢额合同,但其自留额部分按另订的成数合同处理。

【例10-6】一个自留额为50万元、责任额为4线的溢额合同,规定对于自留额部分,分出公司有权另订成数分保合同。假定分出公司将自留额50万元的60%分出,自己实际上只保留了成数部分即原溢额合同自留部分的40%即20万元的责任。在这种复合合同中,成数部分是溢额部分的优先额,即表示这一部分业务在溢额合约分配之前,由参加成数合同的接受公司优先承受。但参加成数合同的接受公司是否成为溢额合同的接受公司,则并无限制。

2. 溢额超赔、成数超赔复合再保险

溢额再保险与超赔再保险的组合,或成数与超赔再保险的组合,通常运用在自留部分。

【例10-7】溢额再保险的自留额由每风险单位100万元提高到500万元,或成数再保险自留额由每张保单10%提高到60%,为防止提高自留后风险过分集中,便将自留部分安排了超赔再保险。

当然,分出公司要注意:提高自留额所节省的再保险费应大于安排超赔再保险的再保险费才合算。

3. 超赔、成数复合再保险

超赔、成数复合再保险,这种组合方式是将超额赔款再保险的起赔点提高,然后在自负责任部分采用成数再保险。

【例10-8】某分出公司安排一超额赔款再保险,自负责任额100万元,超过100万元的赔款由接受人承担,在此合同基础上,对自负责任另安排一成数分保合同,自留责任60%。假定这年发生赔款150万元,则分出公司和各接受公司的责任如表10-8所示。

表10-8 超赔、成数复合再保险赔付责任计算表　　单位:元

超赔合同的接受责任额		500 000	(1 500 000 - 1 000 000)
超赔合同的自负责任额	成数分保接受额60%	600 000	(1 000 000 × 60%)
	成数分保净自留额40%	400 000	(1 000 000 × 40%)
合　计		1 500 000	

复习思考题

1. 试述再保险对保险市场健康发展的意义。
2. 试比较直接保险、共同保险与再保险的异同。
3. 试分析临时再保险、合同再保险与预约再保险的适用范围。
4. 试比较比例再保险与非比例再保险的异同。
5. 试分析成数再保险与溢额再保险的利弊。
6. 试分析事故超赔再保险与赔付率超赔再保险的特点。

案例分析

某新近开业的A财产保险公司有资本金4亿元,开业第二年即2007年就把业务拓展到6个省,保险费收入达到43亿元,其中,有12个企业投保财产保险的保险金额都超过8 000万元。但是考虑到节省保费,只有两单保险金额超过亿元的业务向一家外国保险公司分保。保险监管机关在对该公司进行现场检查时,发现其再保险安排方面不符合监管规定,要求

保险公司改正。

讨论题：根据上面案例，讨论这家保险公司的经营违反了什么法律法规？应当如何改正？如果该公司要对其财产险业务安排再保险，可以选取何种比例和非比例再保险方式进行安排。

分析提示：
《保险法》对财产保险公司的风险管理和再保险安排有明确规定，保监会也有相关监管规定，可以结合有关法律法规进行分析。

第十一章

保险监管

学习要点

- 为什么要监管保险业
- 保险监管的概念
- 国际保险监管的变迁
- 有效保险监管的条件
- 保险监管原则
- 保险公司偿付能力监管的含义及内容
- 保险公司市场行为监管的含义及主要内容
- 保险公司治理结构监管的含义及主要内容
- 第二代偿付能力监管制度
- 我国保险监管机构的主要职责

第一节 为什么要监管保险业[①]

保险监管是保险监管当局基于信息不对称、逆向选择和道德风险等因

---

① 本节内容参考:中国保监会普及保险知识编写组.保险知识学习读本[M].北京:中国金融出版社,2006.

素,对保险机构行为、保险公司偿付能力和保险市场竞争行为进行监督管理的制度、政策和措施的总和。它能够维护被保险人的合法权益,保障保险市场的正常秩序并促进保险业有序健康发展。以下三个方面的原因决定了当今保险业监管的必要性和重要性。

一、保险经营具有公共性和社会性

人们在购买一般商品后,生产企业的后续经营与客户利益相关度往往不高,而保险产品的供给和消费具有一定的特殊性。保险产品本身是一种无形产品,是对合同规定的未来损失进行赔偿或给付保险金的未来承诺,这种承诺的时效有的甚至长达几十年。在长时间的跨度内,单纯地依靠保险公司的自我约束来保证承诺的有效性,是不太现实也不太可行的。而保险本身是一种共济制度,其客户涉及各行各业、千家万户,一旦保险公司的自我约束失效,社会公众的利益必将受到损害,甚至会影响到金融市场的稳定和经济发展的进程,造成严重的毁损。为了保证社会公众利益,确保保险公司的偿付能力,政府对保险业的监管是十分必要的。

二、保险交易存在信息不对称性和不完全性

保险业是一个技术含量高、专业性强的行业,多数消费者对保险知识了解甚少,保险意识淡薄,不能充分了解保险公司提供的产品和经营运作过程,也无力就合同内容与保险公司进行谈判,更谈不上跟踪监督保险公司的行为,导致保险行业中信息不对称和不完全问题十分突出。如果缺乏外部监管,保险公司可能利用信息不对称和信息透明度较低来损害被保险人的利益。

三、市场秩序混乱和恶性竞争现象时有发生

现实的保险市场通常是垄断竞争型市场,保险公司的财务状况和社会保险需求状况等信息的透明度不高,从而滋生出许多非效率和不公正的问题。此外,在保险市场竞争中,保险公司往往存在着牺牲客户未来的长远利益以换取公司的短期经营利益的倾向,因此,容易出现恶性竞争或过度竞争,甚至欺诈误导,进而威胁到保险公司的偿付能力甚至社会公众利益。

总体而言,保险监管可以维护保险市场的稳定,是公众利益的重要保证,另一方面,保险监管也会提高公众对保险行业的信任度,进一步促进保

险市场的发展。可以说,保险业的持续、健康、协调发展离不开保险监管。

第二节　国际保险监管的变迁[①]

保险监管是随着保险业的产生和发展而逐步建立起来的,而且随着保险业的深入发展,保险监管的目标、手段和内容也在不断变化、不断发展。近200年国际保险监管历史大体上可以分为以下三个阶段:

一、以市场监管为主的严格监管

保险市场一开始并不受到监管,而是信奉亚当·斯密的"无形的手"的作用,崇尚价格自由,由保险公司自主定价,自由竞争。正是由于很多保险公司过分注重价格竞争的作用,恶性价格战使得保险公司的破产风险大大增加,从而导致众多被保险人和投资者受损。这一系列沉痛的教训使人们深刻认识到保险市场恶性竞争的危害,开始寻求对保险费率和保险机构的不正当竞争行为进行某种程度的控制。

保险监管实践始于19世纪初的美国,其最初原因就是维护当地被保险人利益,禁止外州保险公司在本州开展业务。现代意义上的保险监管则是一直到1851年新罕布什尔州成立保险管理委员会才开始的。1857年由于俄亥俄寿险公司纽约分公司和辛辛那提信托公司的突然经营失败而引起金融恐慌,促使政府于1859年成立纽约州保险监督官委员会,其他各州也纷纷效仿,从而建立了现代意义的保险监督管理机构。随着保险公司破产给被保险人带来巨大损失,各州纷纷建立起破产清算制度以加强对保险公司破产的管理。随后会计报表等非现场监管手段也被引入。

20世纪30年代大危机的经验教训使得各国的保险监管致力于维持一个安全稳定的保险体系,以防止保险市场崩溃对宏观经济的严重冲击。为此,对保险费率、保险合同条款以及保险机构的设立都制定了严格的限制规定,并且必须经过监管当局的事先审批。监管机构具有审批经营特许权、规定公司运营条件、确保足够的再保险安排、规定公司信息披露、防止公司出现不适当的人为控制而禁止公司承保新业务等权利。英国等国家也相继对保险市场采取了相似的监管模式。

[①] 本节内容参考:孟昭亿.国际保险监管文献汇编[M].北京:中国金融出版社,2006.

由此可见，这一时期保险监管模式主要是市场行为监管，即对市场行为的合规性监管，重点是对市场准入、业务行为、费率厘定、保单设计等经营实务的监管。各国保险监管当局实施以市场监管为主的严格监管的初衷在于防止恶性竞争，维护保险经营和保险市场的安全性和稳定性。

二、放松监管与偿付能力审慎监管的加强

从20世纪80年代以来，在金融监管放松的大趋势下，各国也都放松保险监管，西方国家逐步从市场行为监管转向偿付能力监管，以保护被保险人的利益为监管目的。所谓偿付能力，是指保险公司对所承担保险责任的经济补偿能力，即偿付到期债务的能力。保险监管部门通过对保险企业偿付能力实行有效监管，可以及时了解保险公司的财务情况，及时提醒偿付能力不够充分的保险公司采取积极而有效的措施，切实保障被保险人的利益。

20世纪70年代中后期过度严格的保险监管造成保险机构的效率低下和发展困难，使得各国保险监管当局开始注重效率问题，国际保险业开始了放松监管的进程，主要表现为：①放松对保险机构设立的限制；②放松费率管制；③放松对保险产品的监管。

1975~1990年，美国有140家寿险公司丧失偿付能力；仅在1989年一年，就有27家寿险公司偿付能力出现问题。1997~2001年，日本有7家寿险公司宣告破产或重组，引发日本寿险业严重的市场信心危机。市场监管对于预防保险公司偿付能力不足的无效使得西方各国的保险监管制度普遍由传统静态监管向现代动态监管转变，保险监管进入对加强保险偿付能力的监管。英国于1982年颁布了新的《保险公司法》，特别强调了偿付能力监管问题，并规定经营不同业务的保险公司有不同的偿付能力额度；美国的全国保险监督官协会（NAIC）于1994年提出了以风险资本为基础（RBC）的偿付能力监管要求，并制定了一套量化监管指标；日本于1996年颁布了《新保险业法》，明确将保险监管工作重点由市场准入的严格审批转向对保险人偿付能力的管理，注重对被保险人利益的保护。其他各国也纷纷建立和完善保险偿付能力监管制度。

三、以偿付能力监管为核心的三支柱新监管框架

进入21世纪，随着经济全球化的发展和世界经济环境的变化，从公司所有者到管理层和监管者等各个层次的人员都开始认识到：良好的公司治

理是企业提高经营绩效、保证市场体系有序高效运行和稳健发展、提高监管制度有效性的微观基础。因此,国际保险业对如何建立有效的公司治理越来越重视。当前,保险市场的监管模式已经从以市场行为监管为主的模式转变为以偿付能力监管为主的三支柱监管模式。2005年,国际保险监管官协会在维也纳年会上进一步将公司治理结构监管确立为保险监管制度的三大支柱之一,确立了以偿付能力监管、公司治理结构监管和市场行为监管为三大支柱的新保险监管制度框架。

三支柱监管体系是以资本(偿付能力)监管为基本原则,将公司治理结构监管和市场行为监管互相结合,互相补充的行之有效的保险监管体系。一是把偿付能力监管作为保险监管制度的核心,有效发挥偿付能力监管在规范市场竞争,防范和化解风险方面的核心作用。二是加强公司治理结构监管,充分发挥公司治理结构监管在提高保险企业素质、促进保险业可持续发展方面的重要作用。三是强化必要的市场行为监管,不断改进现场和非现场检查的方式和方法,使市场行为监管成为维护保险市场秩序和保护保险消费者利益的有力屏障。其中,偿付能力监管的重点包括偿付能力和资本充足率,技术准备金的估价和充足性,资本的形式、投资以及财务报告和信息披露等。公司治理监管的重点是董事会、董事、高级管理人员和其他有关组织方面的治理程序与控制,董事与管理人员的测试,包括风险管理在内的行政、组织和内部控制,守法、股东关系以及集团结构引起的治理风险等。市场行为监管的重点包括保单销售和处理过程中与消费者的关系,保险人作为机构投资者的行为,以及与市场和保单持有人有关的信息披露等。

在现代保险监管制度的三支柱框架中,每个要素都是相互依赖、相互作用的。为了保持框架的稳定与有效,某一要素放松监管,就意味着其他要素应加强监管。但是,对每个框架要素的最低范围水平都需要考虑得足够的精确细致,并使之成为国际性标准。三支柱的协调使用体现了新框架的精髓,其考虑了各监管要素间相互依赖性的最低范畴,从而总体上确保整体监管框架的可靠性,这也是区别于以往任何监管制度模式的核心所在。

第三节 国际保险监管新框架

当前国际保险监管的新框架是由国际保险监督官协会(IAIS)提出的。

IAIS的监管体系主要由24个保险监督管理文件构成,包括9个保险监管指导文件、3个有效保险监管的条件、6条保险监管原则和一系列监管标准。本节主要介绍这个以保险机构风险控制为核心的监管体系中规定的有效保险监管的条件、保险监管原则,下一节将着力介绍三支柱体系。

一、有效保险监管的条件

根据国际保险监督官协会(IAIS)的核心监管原则(ICP)阐述,有效的保险监管依赖于:①金融部门监管的政策、制度和法律框架;②发展完善和有效的金融市场基础设施;③有效的金融市场。具体解释如下:

其一,原则的实施有赖于一个良好的金融政策和制度环境,以及正常运行的金融业和法律框架。

其二,这对监管机构行使其职责、有效达到其监管目标是非常重要的。缺少其中一项或几项条件,将会影响保险监管的质量和有效性。

其三,这一原则提出了应当存在的经济、法律和金融业环境及起支持作用的市场框架。在多数国家,这些条件都不在监管机构控制之中,因此需要其他行业的有效运作来配合。

其四,有效的金融业政策和合适的组织法律框架,是确保金融体系稳定和高效运行所必需的,这些因素也有利于促进相关监管机构的合作与政府的合作,提高人们对监管体系的信心。仅有好的法律体系是不够的,法律体系应当在尊重和履行保险合同方面提供支持。

其五,有效监管的另一个重要条件是,监管者不仅要在保单持有人中而且要在市场中建立可信度和权威性,尤其是在保险公司和保险中介心目中。可信度和权威性牵涉到多种因素,包括法律法规、与行业的协商咨询及监管活动和监管人员的素质等。

其六,保险监管可能因为金融体系的不足而受到影响。例如,全国会计标准存在问题、缺少精算能力及保险专业技术等。精确的财务数据的取得,需要各种合格的专家,包括会计师、审计师和金融分析师,同时还需要能取得真实可靠的、具有可比性的经济和社会统计数据,以恰当地评估各种风险。一个运行良好、具有流动性的货币和证券市场,也是进行资产负债管理所必需的。

其七,保险监管者应当具有额外权力,以制定法规、秩序和审慎性的规定,以弥补不足之处。

二、保险监管原则

IAIS采用全面的保险监管原则。除具备有效的保险监管的基础条件外，IAIS还采用了六类保险监督管理的核心原则，包括保险监管体系原则、保险机构监管原则、连续监管原则、审慎监管原则、维护保险市场秩序和消费者利益原则、反洗钱和打击对恐怖组织的资金支持原则，这些原则全面保证了一个保险市场的健康运行和发展。

保险监管体系原则包括保险监管目标原则、保险监管机构原则、保险监管过程原则以及监管合作和信息共享原则。保险监管目标原则能够明确界定保险监管的主要目标。保险监管机构原则能够要求法律授予监管机构足够的权力、法律保障和财务资源来实施其功能和权力，并且在履行其职责和权力时，相对独立和自负其责；必要时，监管机构有权采取紧急措施，以实现其监管目标，尤其是保护投保者的利益。保险监管过程原则能够鼓励监管机构以透明和负责的方式履行其职责。监管合作和信息共享原则能够使保险监管机构在遵守保密要求的前提下，与有关监管机构合作和分享信息。

IAIS明确了保险机构监管包括执照的发放、高管人员的资格审定、股权变更和资产转移、保险机构的公司治理及其内控机制。IAIS要求执照发放清楚、客观公开，要求保险公司的主要股东、董事会成员、高级经理人员、审计师、精算师都是能够履行其职责的合格的人员，他们要有合格并适宜职责的品行、能力、经验及资格；针对保险公司股权变更和资产转移，监管机构对保险公司股权变更或保险业的资产转移或合并予以批准；公司治理结构应区分和保护所有有关各方的利益，监管机构要求保险公司遵循所有适用的公司治理的标准；建立内控制度，这些内控制度要与该公司的性质和业务规模相适应，监督和报告制度使得董事会和高级经理层可以监督和控制公司的运行。

保险经营的连续监管原则能够明确要求对保险机构的监管应当具有连续性及一致性。连续监管包括市场分析、向保险机构收取报告和非现场检查、现场检查、预防和改正措施、执行或处罚、解散和退出市场以及对集团的监管。

审慎监管主要是对风险分析和管理、保险活动、负债、投资、衍生产品及类似产品、资本充足和偿付能力等方面的监管。该原则要求保险公司认识并能有效地分析和管理它们面临的风险,要求保险公司能够评价和管理它们所承担的风险,尤其是要对通过再保险转移出去的风险进行合理的评估。

IAIS明确要求加强对保险公司和保险中介机构经营的监管,维护保险市场秩序,防止恶性竞争,维护保险经营和保险市场的安全性和稳定性,维护保单持有人的利益,确保消费者对保险市场的信心。

反洗钱和打击对恐怖组织资金支持的原则能够促使保险公司和中介,至少那些出售寿险产品或其他与保险投资相关的公司和中介,根据国际反洗钱工作组(FATF)的建议,采取有效措施,发现、阻止和报告洗钱及对恐怖组织资金支持的情况。

第四节 保险监管三支柱

当前,现代保险监管体系已经确立了以偿付能力监管、公司治理结构监管和市场行为监管为三大支柱的新保险监管制度框架,这三大支柱相互依赖,相互作用。

一、偿付能力监管

(一)基本含义

所谓偿付能力,是指保险公司对其所承担的保险责任的经济补偿能力,是保险公司对所有到期债务与未来责任的财务支付能力,即偿付到期债务的能力。保险监管部门通过对保险企业偿付能力进行有效监管,可以及时了解保险公司的财务情况,及时提醒偿付能力不够充分的保险公司采取积极而有效的措施,以切实保障被保险人的利益。

偿付能力监管主要包括两层含义:

一是偿付能力常规监管。它是指正常年度没有巨灾发生情况下的监管,能够保证发生保险事故时保险公司具有完全承担赔偿或者给付保险金责任的能力,即最低偿付能力。对保险公司偿付能力常规监管体现在规定适当的保险费率,规定风险自留额,并规定各项准备金的提存,使得保险基金保值增值,保证保险公司有足够的资金以应付未来的赔偿与给付。

二是偿付能力额度监管,也称偿付能力保证金监管。它能够保证在特殊情况下发生超常规的损失时,保险公司具有偿付能力。偿付能力额度监管类似于银行资本充足率的监管。在非常规情况下,当保险公司面临巨额赔偿与给付情况或者投资收益出现极为不利的情形时,为维持保险公司的正常经营,保险公司必须具备最低偿付能力。

由此,我国对保险业偿付能力监管也划分为两个层次:一是正常层次的监管,即在正常年度里无巨灾发生时,对保险公司规定的保险费率是否适当、公平、合理,资本金是否充足,各项准备金提取是否准确、科学,单个风险自留额的控制情况等进行监管,以确保保险公司的偿付能力;二是偿付能力额度监管,即在发生巨灾损失时,由于实际的赔付超过正常年度,投资收益实际值也可能与期望值有偏差,因而按正常年度收取的保险费和提取的准备金无法足额应付实际的赔款,这就要求对保险公司的偿付能力进行有效监管。

根据保监会发布的规定,以偿付能力充足率①100%作为偿付能力是否充足的基本分界线标尺,按偿付能力充足率状况,监管机构采取不同的监管措施,见表11-1。

表11-1 偿付能力充足率及监管措施

偿付能力充足率	监管措施
偿付能力充足率≥100%的公司	达到偿付能力充足的目标要求(例如,偿付能力充足率150%),无须采取任何监管措施
	未达到偿付能力充足的目标要求,监管措施围绕提高偿付能力充足率
偿付能力充足率<100%的公司	达到偿付能力充足的最低要求(例如,偿付能力充足率70%),监管措施围绕防止偿付能力进一步恶化
	未达到偿付能力充足的最低要求,监管措施是要求保险公司停业或接管

(二)IAIS偿付能力监管相关原则

1. 负债监管原则

在IAIS出台的核心监管原则中,第20条是关于负债方面的监管原则。其主要内容是:监管机构要求保险公司建立足额准备金、负债和再保险保

---

① 偿付能力充足率是指在偿付能力评估日保险公司的偿付能力的充足水平,是保险公司实际资本与资本要求的比率,偿付能力充足率=实际资本÷资本要求×100%。

障金的标准并严格遵守这些标准。监管机构有权力和能力评价保险公司的准备金是否充足,必要时,可要求其增加准备金。

对这一原则的理解主要包括:一是保险公司应当识别和量化现有和潜在的债务,这是良好资本和偿付能力充足体系的前提和关键所在;二是保险公司应当制定相应的负债标准,尤其是准备金的标准,这一工作需要监管机构运用适当的精算技能。

2.投资监管原则

在IAIS出台的监管核心原则中,第21条是关于投资经营方面的具体规定。其基本内容是:监管机构要求保险公司遵守有关投资活动的标准,这些标准包括投资政策、投资组合、估值、多样化、资产负债匹配和风险管理。

对这一原则的理解主要包括:一是保险公司应当合理审慎地进行投资,因为投资组合存在一系列可能影响保险公司准备金和偿付能力的风险,保险公司需要识别、衡量、报告和控制主要风险;二是一些风险产生的原因在于国内合适的投资渠道较少,国际投资较为复杂,另外,保险公司需要保持一定的流动性,因此投资策略也较为复杂;三是监管机构应对保险公司管理投资资产及内在的风险作出规定。

3.资本充足和偿付能力监管原则

在IAIS出台的核心监管原则中,第23条是关于资本充足和偿付能力方面的要求,其基本内容是:监管机构要求保险公司符合偿付能力方面的规定,这些规定包括资本充足及资本所采取的合适的形式,以保证保险公司具备偿付能力来承受不可预见的重大损失。

对这一原则的理解主要包括:一是资本充足是偿付能力体系的一部分,偿付能力体系不仅考虑到准备金是否足以弥补可预见的和部分不可预见的赔款和费用,还考虑到当准备金不足以弥补不可预见的重大损失时,其资本金是否足以承受这部分损失;二是偿付能力监管体系具备预警风险功能;三是发挥再保险功能。

4.衍生产品及类似产品监管原则

在IAIS出台的核心监管原则中,第22条是关于衍生产品及类似产品的监管原则。其主要内容包括:监管机构要求保险公司遵守有关运用衍生产品和类似产品的规定,这些规定对保险公司运用此类产品、信息披露、内控和监督管理作出要求。

对这一原则的理解主要包括：一是金融产品的含义，它是指价值由其他资产、负债或其他指数来决定的资产或者负债，它是一种金融合同，包括许多混合金融工具，如期货、期权等；二是衍生产品在保险中的运用，应最好用作降低风险的工具，监管机构应作出相关规定；三是不同国家应该采取不同的规定；四是该原则可以适用非衍生产品的监管；五是在监管内容上，监管机构要求保险公司有能力识别、衡量和审慎处理相关的风险，监管机构应取得保险公司使用衍生产品的政策和程序的详细资料，也可以要求保险公司就某一具体问题提供资料。

5. 解散和退出市场的监管原则

在 IAIS 出台的核心监管原则中，第 16 条是关于解散和退出市场的监管原则。其主要内容包括：法律法规和监管机构应当对保险公司的市场退出作规定，明确偿付能力不足的定义及处理偿付能力不足的标准和程序，在保险公司解散过程中，法律优先考虑保护保单持有者的利益。

对这一原则的理解主要包括：一是保险公司可能出现财务危机或偿付能力不足的问题；二是法规应对保险公司的保单持有者的优先权利作出规定。

二、市场行为监管

（一）基本含义

保险市场行为监管是指对市场行为的合规性监管，重点是对市场准入、业务行为、费率厘定、保单设计等经营实务的监管。具体包括两层含义：

第一层含义是强调监管机构应该采取措施，确保保险公司和保险中介机构在市场上按照公开、公正、公平的原则进入保险市场，进行市场竞争，不得违反法律规定从事不正当竞争行为，也不得利用自己在保险市场上的强势地位剥削和欺压处于劣势地位的消费者。

第二层含义是强调由于保险本身的特点以及经济、社会、伦理等各方面因素的综合作用，被保险人、投保人甚至专业犯罪团体的保险欺诈行为越来越严重，直接威胁保险市场的健康发展，监管机构应该采取相应措施打击保险欺诈行为，确保形成一个良好的保险市场环境。

IAIS 保险监管核心原则中关于市场行为监管包括上述两个层次的内容，具体包括规范保险公司和保险中介的行为、加强消费者权益保护、防范和打击保险欺诈三个方面的内容。我国的市场行为监管主要是对保险公司和保险中介机构的具体运营行为实行监管,看其是否违反有关法规,是否损害被保险人的利益,是否损害保险公司偿付能力,是否阻碍保险市场发展,通过逐步建立和完善市场行为准则,采取有效监管措施。

(二) IAIS 市场行为监管相关原则

1. 保险消费者保护

ICP25"消费者保护"要求保险监管机构积极承担起对保险消费者的保护责任,目的是维护消费者对保险市场的信心,在实际监管中,监管机构要按照法规对保险公司和保险中介机构的行为作出最低限度的规定,并要求保险公司和保险中介机构遵守这些规定。具体包括以下主要内容:

第一,保险信息的公开透明。保险市场的特性使得保险消费者对保险条款的理解是有限的,保险公司和保险中介机构在促进消费者理解保险合同内容、明确保险合同项下的权利和义务方面应承担相应的责任,尤其是在展业、承保的过程中,要按照公开透明的原则,尽可能公开保险信息,从而使消费者理解保险合同的内容。

第二,专业与勤勉。保险公司在提供保险产品,保险中介机构在提供中介服务过程中,必须体现出专业水准,按照相关保险行业标准从事保险活动,主观上保险公司和保险中介机构要勤勉尽责,切实保障消费者的权益。

第三,公平对待客户。保险公司和保险中介机构在进行保险活动时,应按照相关规定公平对待消费者,不得在提供产品和提供服务的过程中进行歧视。

第四,良好的理赔机制。理赔服务质量的好坏,直接影响保险消费者的权益。所以在理赔环节上高度重视和保护消费者的权益是 IAIS 关于保护消费者的基本要求之一。

2. 保险中介监管

IAIS 认为保险中介监管的最主要的目的是保护消费者和维护保险市场信心,在此基础上,应当对保险中介机构在以下方面加强监管:

第一,执照或注册。

第二,专业素质和能力。保险中介机构的特点要求其必须具有专业水准、专业纪律、职业操守和职业形象,以赢得投保人、保险人和社会各界的广泛认可。

第三，保障客户利益。由于保险中介机构在信息、专业方面都具有优势，所以尤其要防止保险中介机构利用专业、信息优势侵害消费者利益。

第四，拥有必要的执法手段。监管机构应该根据实际情况，对违法的保险中介机构采取处罚、吊销执照或注销等措施，以保护消费者权益。

3. 反保险欺诈

IAIS 关于反保险欺诈的主要内容包括：第一，制定反保险欺诈立法；第二，要求保险公司和保险中介机构建立反欺诈制度；第三，强调保险监管机构的反欺诈功能。

三、公司治理结构监管

（一）基本含义

公司治理从20世纪被作为一个问题提出之后，就一直成为经济学界和法学界关注的焦点，但对此问题并未达成共识。整体来看，公司治理又名公司管治、企业管治和企业管理对此，经济合作与发展组织（OECD）在《公司治理结构原则》中给出了一个有代表性的定义："公司治理结构是一种据以对工商公司进行管理和控制的体系。"公司治理结构明确规定了公司的各个参与者的责任和权力分布，诸如董事会、经理层、股东和其他利益相关者。

保险公司治理监管是保险公司监管发展到一定阶段的产物。许多国家将保险公司治理问题列入监管视野，近年来对保险公司治理结构监管的认识也更为统一和严格。我国也高度重视保险公司治理结构监管，2006年出台了《关于规范保险公司治理结构的指导意见（试行）》，提出了保险公司治理结构监管的原则和主要内容。

（二）IAIS 保险公司治理结构监管的核心原则

在 IAIS 监管核心原则中，ICP9"公司治理"对保险公司治理结构监管作了专门规定，ICP7"人员的合格适宜性"、ICP8"股权变更和业务转移"、ICP10"内控"、ICP13"现场检查"、ICP18"风险分析与风险管理"、ICP26"面对市场的信息、信息披露和透明度"等也包含保险公司治理结构监管的内容。另外，在 IAIS 颁布的一些原则、标准、指引中也涉及保险公司治理结构监管的内容。

IAIS 保险公司治理结构监管的核心原则主要如下：

一是保险监管机构应要求保险公司遵守所有适用的公司治理标准,并对保险公司是否遵守了前述标准进行检查。这种标准包括当地的公司法等企业组织法中有关公司治理结构的规定,保险法或保险公司法中关于保险公司治理结构的规定,以及保险监管机构制定的有关保险公司治理结构的规定。要求保险公司遵守所有适用的公司治理标准,既是对保险公司治理结构进行监管的基本前提,也是保险公司治理结构监管的核心内容和主要路径。

二是保险公司治理结构应区分和保护所有有关各方的利益。公司治理问题最初产生于所有权与经营权的分离,由于经营者与所有者的利益并非完全一致,所以经营者行为有可能偏离所有者利益。随着公司治理理念的进步,特别是公司社会责任思想的诞生,公司利益相关者概念应运而生,公司不仅仅是股东的公司,不仅仅涉及股东的利益,还关系经营者、员工、债权人等利益相关者的利益,这一观念日益被理论界与实务界所接受,并在立法上不断得到确认。保险公司治理结构问题也是如此。因此,在对保险公司治理结构进行监管时,一个重要的任务就是区分和保护所有有关各方的利益。

三是保险公司治理结构监管的对象与内容十分丰富,主要包括:保险公司的机关构成与职责,包括董事会及其下属委员会的组成与职责;高级经营层的任命和撤换;公司机关重要担当人的任职资格;保险公司的主要股东;保险公司的合并与业务转移;保险公司的内控;信息披露;等等。

四是董事会是保险公司治理结构监管的重点。在现代公司治理结构中,董事会十分重要,其既是公司的重要决策机构,也是公司的重要执行机构。因此,有效的保险公司治理结构的构建,首先依赖于保险公司有一个有效且受制衡的董事会。ICP9指出,"董事会是治理结构的重点,董事会对保险公司的经营和行为负最终责任"。既然董事会处于公司治理结构的核心,因此要有效监管保险公司的治理结构,关键在于对保险公司的董事会进行有效的监管。

(三)IAIS保险公司治理结构监管的标准

为有效监管保险公司治理结构,IAIS提出了保险公司治理结构监管的标准。具体分为基本标准与附加标准两种。其中,基本标准是运用监管核心原则的最主要标准,监管机构表明遵守某一原则,就必须符合该基本标准;附加标准是比基本标准更高的要求,它不用于评价是否遵守了某一原则,而是用于评价一国保险监管体系及提出一些建议。

1. 基本标准

(1)保险公司应遵守所有适用的公司治理原则。保险公司首先是公司,故应遵守有关公司治理的法律规定;除此之外,保险公司还须遵守那些针对保险公司治理结构所做的特别规定。为确保保险公司遵守所有适用的公司治理原则,监管机构应就此对保险公司作出要求,并对保险公司是否达到了此要求进行检查。

(2)董事会应发挥其在公司治理结构中的重要作用,包括:明确规定董事会在执行具体的公司治理原则时的职责;制定政策、目标并找到落实政策、实现目标的方法,以确保政策的贯彻与目标的实现;建立和维护有效、审慎的公司内部组织结构;任免、评价和监督公司高级经理层人员,包括任命和撤换公司高级经理层,建立一套定期评价的薪酬制度,对高级管理层进行评价和监督;建立公司人员的业务操守标准;制定公司处理利益冲突等方面的政策等。

(3)经理层应履行的职责,包括:对董事会负责,根据董事会制定的目标、政策和相关法规,负责公司的日常经营;为董事会提供全面、及时的相关信息,以供董事会评论其业务目标、策略和政策,并对其行为负责等。

(4)董事、经理、精算师等关键职位人员应具有相应资格。

(5)保险公司股东应符合一定要求。主要股东应有与其职责相适应的能力与品行。当保险公司的主要股东不再满足合格和适宜的标准时,监管机构必须能够采取适当措施,包括使该股东放弃在保险公司中的所有权和利益。

(6)保险公司股权变更应置于监管之下,包括:法律应明确"对保险公司的控制权"的定义;控制保险公司股权或股权发生重大变动均须得到监管机构的批准;保险公司必须将任何购买或变动股权的情况向监管机构报告;保险公司控制权人应达到一定的实质要求,包括监管机构要确保希望获得控制权的人满足发放执照过程中的标准,ICP7 关于合格人员的要求也适用于保险公司未来的所有者;监管机构要求包含一个保险公司潜在控制人的金融集团的结构应当足够透明,监管机构一旦发现某一收购会对保单持有者产生不利影响,可以拒绝批准收购的申请。

(7)业务转移应受到一定监管。

(8)保险公司应进行适当的信息披露。这种信息披露的目的是使所有与保险公司相关的市场参与者能够正确作出相应的判断。

2.附加标准

(1)董事会可设立相应的专业委员会。在董事会下设专业委员会,既有利于决策的专业化,也有利于提高决策的效率。因此,设立专业委员会已经成为现代公司治理的一个特色。作为一项附加标准,IAIS提出,保险公司董事会可设立诸如薪酬、审计和风险管理等专业委员会。

(2)薪酬制度应具有良好的行为导向作用。薪酬制度不仅在于准确、公正地评估受薪人员的贡献并按贡献给予劳动报酬,更在于通过这种评估和报酬引导受薪人员实施公司期望的行为,激励他们更好地为公司作贡献。

(3)董事会指定专人负责确保公司合规经营。在现代社会,公司良好的经营首先表现为合规经营,违法违规是公司经营的最大风险。对具有社会性、高负债性、负债长期性、技术性特征的保险公司而言,依法合规经营更显重要。因此,为确保保险公司经营不偏离依法合规的轨道,保险公司董事会应指定专门人员负责确保公司遵守有关法律、法规和行为规范。为确保专门人员有足够的能力与资源完成前述使命,这种专门人员最好由公司高管人员担任。同时,负责合规的专门人员应定期向董事会汇报公司合规情况,以便董事会能够及时采取应对措施。

(4)精算师应能直接与董事会联系。

(5)考核审计师和精算师合格适宜性的标准包括专业水平、实践经验、专业组织的会员资格及对本专业最新发展的掌握情况。

(6)对审计师和精算师的资格认定,监管机构可以依靠制定和实施相关执业准则的专业组织。

(7)保险公司应提供股东的信息。这是指应监管机构的要求,保险公司要提供其股东的信息及任何直接/间接行使控制权的人的信息。

第五节 我国第二代偿付能力监管制度体系简介

偿付能力监管在我国经历了从无到有的发展阶段,偿付能力监管尚处于发展阶段。历史上,第一次出现偿付能力概念是在1995年制定的《保险法》中,而到1998年保监会成立后才正式开始偿付能力的监管。2003年开始,我国偿付能力监管进入全面建设阶段,随着不断地发展和完善逐渐形成了第一代偿付能力监管体系。第一代偿付能力监管制度体系推动了我国保险企业树立了资本管理理念，提高了经营水平，在防范风险、促进我国保险业科学发展方面起到了十分重要的作用。在国际金融保险监管改革不断深化和我国保险市场快速发展的背景下，为了进一步加强偿付能力监管，更加有效地提高行业防范风险的能力，中国保监会决定启动中国第二代偿付能力监管制度体系建设工作，用三至五年时间，形成一套既与国际接轨、又与我国保险业发展阶段相适应的偿付能力监管制度，大力推动保险公司建立健全全面风险管理制度，提高行业风险管理和资本管理水平，不断提高我国偿付能力监管制度体系的国际影响力，提升我国保险业的国际地位，促进我国保险业科学发展。

一、指导思想

我国第二代偿付能力监管制度体系建设总的指导思想是：深入贯彻落实科学发展观，紧紧围绕"抓服务、严监管、防风险、促发展"，以保护被保险人利益为根本出发点，以我国国情为基础，借鉴国际经验，坚持风险导向，完善偿付能力监管制度，增强保险业防范化解风险的能力，促进我国保险业科学发展。

二、基本原则

（一）以我国国情为基础

偿付能力监管制度不能直接照搬国外做法，必须适应我国保险业发展的阶段特征和客观需要，促进我国保险业科学发展。

（二）与国际保险监管规则接轨

跟踪研究国际金融改革的趋势，在符合国情的基础上，充分借鉴国际先进经验，制定我国偿付能力监管制度，实现与国际规则接轨。

（三）以风险为导向

进一步细化风险分类，准确计量各类风险，将偿付能力与风险状况紧密联系起来，提高偿付能力制度对风险的敏感程度，充分反映保险公司的风险状况。

三、整体框架

第二代偿付能力监管制度体系主要采用三支柱的整体框架。三支柱分别从定量资本要求、定性监管要求和市场约束机制三个方面对保险公司的偿付能力进行监督和管理，主要规范偿付能力监管的内容、原则、方法和标准。

（一）第一支柱定量资本要求

第一支柱定量资本要求主要防范能够量化的风险，通过科学地识别和量化各类风险，要求保险公司具备与其风险相适应的资本。在第一支柱中，能够量化的风险应具备三个特征：一是这些风险应当是保险公司经营中长期稳定存在的；二是通过现有的技术手段，可以定量识别这些风险的大小；三是这些风险的计量方法和结果是可靠的。

定量资本要求主要包括五部分内容：一是第一支柱量化资本要求，具体包括保险风险资本要求、市场风险资本要求、信用风险资本要求、宏观审慎监管资本要求（即对顺周期风险、系统重要性机构风险等提出的资本要求）、调控性资本要求（即根据行业发展、市场调控和特定保险公司风险管理水平的需要，对部分业务、部分公司提出一定期限的资本调整要求）。二是实际资本评估标准，即保险公司资产和负债的评估标准和认可标准。三是资本分级，即对保险公司的实际资本进行分级，明确各类资本的标准和特点。四是动态偿付能力测试，即保险公司在基本情景和各种不利情景下，对未来一段时间内的偿付能力状况进行预测和评价。五是监管措施，即监管机构对不满足定量资本要求的保险公司，区分不同情形，可采取的监管干预措施。

（二）第二支柱定性监管要求

第二支柱定性监管要求，是在第一支柱的基础上，进一步防范难以量化的风险，如操作风险、战略风险、声誉风险、流动性风险等。保险公司面临许多非常重要的风险，但这些风险无法量化或难以量化。特别是，我国保险市场是一个新兴市场，采用定量监管手段来计量这些风险存在较大困难，因此，需要更多地使用第二支柱的定性监管手段来评估和防范。例如，操作风险难以量化，我国也没有积累这方面的历史数据，现阶段难以通过定量监管手段进行评估。因此，对于不易量化的操作风险、战略风险、声誉风险等将通过第二支柱进行定性监管。

第二支柱共包括四部分内容：一是风险综合评级，即监管部门综合第一支柱对能够量化的风险的定量评价，和第二支柱对难以量化风险（包括操作风险、战略风险、声誉风险和流动性风险）的定性评价，对保险公司总体的偿付能力风险水平进行全面评价。二是保险公司风险管理要求与评估，即监管部门对保险公司的风险管理提出具体监管要求，如治理结构、内部控制、管理架构和流程等，并对保险公司风险管理能力和风险状况进行评估。三是监管检查和分析，即对保险公司偿付能力状况进行现场检查和非现场分析。四是监管措施，即监管机构对不满足定性监管要求的保险公司，区分不同情形，可采取的监管干预措施。

（三）第三支柱市场约束机制

第三支柱市场约束机制，是引导、促进和发挥市场相关利益人的力量，通过对外信息披露等手段，借助市场的约束力，加强对保险公司偿付能力的监管，进一步防范风险。其中，市场力量主要包括社会公众、消费者、评级机构和证券市场的行业分析师四类。

第三支柱主要包括两项内容：一是通过对外信息披露手段，充分利用除监管部门之外的市场力量，对保险公司进行约束；二是监管部门通过多种手段，完善市场约束机制，优化市场环境，促进市场力量更好地发挥对保险公司风险管理和价值评估的约束作用。第三支柱市场约束机制是新兴保险市场发展的客观要求，是我国偿付能力监管体系的重要组成部分。第一，市场力量是对保险公司进行监管的有效手段和重要组成部分，可以有效约束保险公司的经营管理行为，应当充分利用。第二，我国现阶段监管资源有限，更应该充分调动和发挥市场力量的约束作用，成为监管机构的有力补充。第三，现阶段，我国市场约束力量对保险公司的监督作用没有充分发挥，急需监管机构进一步完善市场约束机制，优化市场环境。

四、我国第二代偿付能力制度体系与欧美偿付能力监管体系的不同

我国第二代偿付能力制度体系（以下简写为"偿二代"）有别于欧美偿付能力监管体系的三大制度特征。

第一是统一监管。我国保险市场是全国统一监管，这与美国以州为单位和欧盟以成员国为单位的分散保险监管体制有重要区别。在我国新的第二代偿付能力制度体系中，不用考虑分散监管导致的复杂技术和制度安排，可以简化监管机制，提高监管效率。此外，我国的偿二代也要在发挥统一监管优势的同时，考虑到地区之间的差异和协调。

第二是新兴市场。充分考虑了我国作为新兴保险市场，在人才储备、数据积累、资本来源等方面的特征，强调制定适合我国国情的监管要求。

我国偿二代与欧美成熟市场的偿付能力监管制度相比，更加注重保险公司的资本成本，提高资本使用效益；更加注重定性监管，充分发挥定性监管对定量监管的协同作用；更加注重制度建设的市场适应性和动态性，以满足市场快速发展的需要；更加注重监管政策的执行力和约束力，及时识别和化解各类风险；更加注重各项制度的可操作性，提高制度的执行效果。

第三是风险导向兼顾价值。防范风险是偿付能力监管的永恒主题，是保险监管的基本职责，因此，偿二代应以风险为导向，全面、科学、准确地反映风险，识别和守住行业不发生系统性和区域性风险的底线。同时，我国偿付能力监管中资产负债评估以及资本要求标准应该公允、恰当，兼顾保险业资本使用效率和效益，有效提升保险公司的个体价值和保险行业的竞争力。

总之，我国第二代偿付能力监管制度体系的建设工作需要结合我国国情及行业实际，有计划地逐步实施推广，不能一蹴而就，不宜完全照搬国外的做法。在行业基础数据建设方面，数据质量是构建和实施二代偿付能力监管体系的重要基础，要以财务业务数据真实性检查为基础，推动各公司提升数据质量，对数据进行梳理和清洗，完善IT系统，为新监管体系的实施奠定基础。在资产评估方面，鉴于我国资本市场仍处于初级阶段，资产评估标准应客观、可行，并考虑投资渠道拓宽、评估技术进步等影响因素，逐步完善负债评估方面，分步实施，逐步过渡至采用市场一致的负债评估标准加快推进保险公司资本补充渠道的创新，将二代偿付能力建设与国际会计准则、寿险公司经济资本模型等工作结合起来。

第六节 我国保险监管机构和职责

一、中国保险监督管理委员会主要职责[①]

在我国，对保险行业进行监督管理的主要机构是中国保险监督管理委员会（以下简称"保监会"）。保监会成立于1998年11月18日，是国务院直属的事业单位，其职责是根据国务院的授权履行行政管理职能，依照法

---

① 本部分内容参考：中国保监会普及保险知识编写组.保险知识学习读本[M].北京：中国金融出版社，2006年.

律、法规统一监督管理全国保险市场，使保险业合法、稳定地运行。具体而言，目前，保监会的主要职责包括以下几个方面：

第一，保险业的宏观调控和法规拟定。其具体包括：拟定保险业发展的方针政策；制定行业发展战略和规划；起草保险监管的法律法规；制定行业内规章制度。

第二，对保险经营主体（包括中介机构）进行监管。其主要包括：市场准入的资格审定与退出管理；对公司管理和市场行为的监管。

第三，对保单调控与费率进行监管。其具体包括：审批关系公众利益的保险险种；依法执行强制保险险种和新开发的寿险险种等的保险条款和保险费率；对其他保险险种的保险条款和保险费率实施备案管理。

第四，依法监管保险公司的偿付能力。其具体包括：建立健全保险公司的偿付能力监管指标体系；对保险公司的最低偿付能力实施监控，并根据具体情况对其作出限期改正、整顿等监管决定；监督保险公司按照相关法规提取或结转各项准备金、办理再保险；根据法律和国家对保险资金的运用政策，制定相关规章制度，对保险公司的资金运用进行监管；等等。

第五，行业管理。其具体包括：管理保险保障基金，监管保险保证金；归口管理保险行业协会、保险学会等行业社团组织；制定保险行业的信息化标准；建立保险风险的评价、预警和监控体系，跟踪分析、监测、预测保险市场的运行状况，负责统一编制全国保险业的数据报表，并按照国家的有关规定予以发布。

二、保监会内设各部门主要职责[①]

目前，中国保险监督管理委员会内设16个职能机构和3个事业单位，并在全国各省、自治区、直辖市、计划单列市设有36个保监局，在苏州、烟台、汕头、温州、唐山市设有5个保监分局。其中16个内设部门为：

第一，办公厅（党委办公室）。其主要职能包括：拟定会机关办公规章制度；组织协调机关日常办公；承担有关文件的起草、重要会议的组织、机要、文秘、信访、保密、信息综合、新闻发布、保卫等工作；拟订派出机构管理、协调工作的规章制度，负责派出机构工作落实情况检查和信息收集整理等工作；负责保险信访和投诉工作；承办会党委交办的有关工作。

---

① 本部分内容写作主要参考：http://www.circ.gov.cn/web/site0/tab5170/。

第二,发展改革部。其主要职能包括:拟定保险业的发展战略、行业规划和政策;会同有关部门拟定保险监管的方针政策及防范、化解风险的措施;会同有关部门研究与保险业改革发展相关的重大问题,提出政策建议并组织实施;会同有关部门对保险市场整体运行情况进行分析;对保监会对外发布的重大政策进行把关;归口管理中资保险法人机构、保险资产管理公司等的市场准入和退出;负责规范保险公司的股权结构和法人治理结构,并对公司的重组、改制、上市等活动进行指导和监督;负责保监会对外重要业务工作与政策的协调。

第三,政策研究室。其主要职能包括:负责保监会有关重要文件和文稿的起草;对保监会上报党中央、国务院的重要文件进行把关;研究国家大政方针在保险业的贯彻实施意见;研究宏观经济政策、相关行业政策和金融市场发展与保险业的互动关系;根据会领导指示,对有关问题进行调查研究;开展保险理论研究工作,负责指导和协调中国保险学会开展研究工作。

第四,财务会计部(偿付能力监管部)。其主要职能包括:拟定保险企业和保险监管会计管理实施办法;建立保险公司偿付能力监管指标体系;编制保监会系统的年度财务预决算;审核机关、派出机构的财务预决算及收支活动并实施监督检查;审核会机关各部门业务规章中的有关财务规定,负责机关财务管理;拟定偿付能力监管标准及相关制度;制定加强偿付能力监管的措施并监督实施;监管保险保障基金使用情况。

第五,保险消费者权益保护局。其主要职能包括:拟定保险消费者权益保护的规章制度及相关政策;研究保护保险消费者权益工作机制,会同有关部门研究协调保护保险消费者权益等重大问题;接受保险消费者投诉和咨询,调查处理损害保险消费者权益事项;开展保险消费者教育及服务信息体系建设工作,发布消费者风险提示;指导开展行业诚信建设工作;督促保险机构加强对涉及保险消费者权益信息的披露等工作。

第六,财产保险监管部(再保险监管部)。其主要职能包括:承办对财产保险公司、再保险公司的监管工作;拟定监管规章制度和财产保险精算制度;监控保险公司的资产质量和偿付能力;检查规范市场行为,查处违法违规行为;审核和备案管理财产保险条款和保险费率;审核财产保险公司、再保险公司的设立、变更、终止及业务范围;审查高级管理人员任职资格。

第七,人身保险监管部。该部承办对人身保险公司的监管工作。其主要职能包括：拟定监管规章制度和人身保险精算制度；监控保险公司的资产质量和偿付能力；检查并规范市场行为，查处违法违规行为；审核和备案管理保险条款和保险费率；审核保险公司的设立、变更、终止及业务范围；审查高级管理人员任职资格。

第八，保险中介监管部。该部承办对保险中介机构的监管工作。其主要职能包括：拟定监管规章制度；检查规范保险中介机构的市场行为，查处违法违规行为；审核保险中介机构的设立、变更、终止及业务范围；审查高级管理人员的任职资格；制定保险中介从业人员基本资格标准。

第九，保险资金运用监管部。该部承办对保险资金运用的监管工作。其具体职能包括：拟定监管规章制度；建立保险资金运用风险评价、预警和监控体系；查处违法违规行为；审核保险资金运用机构的设立、变更、终止及业务范围；审查高级管理人员任职资格；拟定保险保障基金管理使用办法，负责保险保障基金的征收与管理。

第十，国际部（港澳台办公室）。该部承办中国保险监督管理委员会与有关国际组织、有关国家和地区监管机构和保险机构的联系及合作。其具体职能包括：负责中国保监会的外事管理工作；承办境外保险机构在境内设立保险机构，以及境内保险机构和非保险机构在境外设立保险机构及有关变更事宜的审核工作；承办境外保险机构在境内设立代表处的审核和管理事宜；对境内保险及非保险机构在境外设立的保险机构进行监管。

第十一，法规部。其具体职能包括：拟定有关保险监管规章制度；起草有关法律和行政法规，提出制定或修改的建议；审核会机关各部门草拟的监管规章；监督、协调有关法律法规的执行；开展保险法律咨询服务，组织法制教育和宣传；承办行政复议和行政应诉工作。

第十二，统计信息部。其具体职能包括：拟定保险行业统计制度，建立和维护保险行业数据库；负责统一编制全国保险业的数据、报表，抄送中国人民银行，并按照国家有关规定予以公布；负责保险机构统计数据的分析；拟定保险行业信息化标准；建立健全信息安全制度；负责保险行业信息化建设规划与实施；负责建立和维护偿付能力等业务监管信息系统；负责信息设备的建设和管理。

第十三，稽查局。其具体职能包括：拟定各类保险机构违法违规案件调查的规则；组织、协调保险业综合性检查和保险业重大案件调查；负责处理保险业非法集资等专项工作；配合中国人民银行组织实施保险业反洗钱案件检查;调查举报、投诉的违法违规问题,维护保险消费者合法权益;开展案件统计分析、稽查工作交流和考核评估工作。

第十四,人事教育部(党委组织部)。其具体职能包括:拟定会机关和派出机构人力资源管理的规章制度;承办会机关和派出机构及有关单位的人事管理工作;根据规定,负责有关保险机构领导班子和领导干部的日常管理工作;负责指导本系统党的组织建设和党员教育管理工作;负责会机关及本系统干部培训教育工作;会同有关部门提出对派出机构年度工作业绩的评估意见。

第十五,监察局(纪委)。其具体职能包括:监督检查本系统贯彻执行国家法律、法规、政策情况;依法依纪查处违反国家法律、法规和政纪的行为;受理对监察对象的检举、控告和申诉;领导本系统监察(纪检)工作。

第十六,党委宣传部(党委统战群工部)。其具体职能包括:负责本系统党的思想建设和宣传工作;负责思想政治工作和精神文明建设;负责指导和协调本系统统战、群众和知识分子工作;负责会机关及在京直属单位的党群工作。

三个事业单位为:培训中心、机关服务中心、中国保险年鉴社。

三、保监会派出机构主要职责①

目前,中国保监会在全国各省、自治区、直辖市、计划单列市设有36个保监局,在苏州、烟台、汕头、温州、唐山市设有5个保监分局。各派出机构根据中国保监会的授权履行辖区内保险业的行政管理职能,依照国家有关法律、法规和方针、政策,统一监督管理保险市场,维护保险业的合法、稳健运行,引导和促进保险业全面、协调、可持续发展。各保监局的主要职责为:贯彻执行国家有关法律、法规和方针、政策,研究制定辖区内保险业发展战略规划;依据中国保监会的授权,依法对辖区内保险机构、保险中介机构的经营活动进行监督管理;根据中国保监会的规章,制定辖区内保险市场监管的相关实施细则、具体办法和工作措施;依法查处辖区内保险违法、违规行为,维护保险市场秩序,依法保护被保险人利益;监测、分析辖区内保险市场运行情况,预警、防范和化解辖区内保险风险,并将有关重大事项及时上报;负责辖区内保险公司分支机构、保险中介机构及其分支机构的

---

① 本部分内容写作主要参见:http://www.circ.gov.cn/web/site0/tab5196/。

市场准入、退出等有关事项的审批和管理工作；负责审查核准相关高级管理人员的任职资格；负责管理有关的保险条款及费率；归口管理辖区内保险行业协会、保险学会等行业社团组织；完成中国保监会交办的其他事项。

四、中国保险行业协会和中国保险学会

（一）保险行业协会主要职责①

中国保险行业协会（以下简称"中保协"）成立于2001年2月23日，是经中国保险监督管理委员会审查同意并在国家民政部登记注册的中国保险业的全国性自律组织，是自愿结成的非营利性社会团体法人。截至2014年12月31日，中保协共有会员302家，其中保险公司163家，保险相关机构7家，保险中介机构90家，地方保险行业协会42家。中保协的最高权力机构是会员大会。理事会是会员大会的执行机构。中保协实行专职会长负责制，由专职会长负责协会日常工作，根据工作需要聘任秘书长和副秘书长等工作人员。中保协通过每年度召开理事会的形式共同商讨协会的工作。中保协下设财产保险专业委员会、人身保险专业委员会、保险中介专业委员会、保险营销专业委员会、公司治理专业委员会、法律专业委员会、文化建设与传播专业委员会、教育培训专业委员会、统计与信息技术专业委员会、合规专业委员会和反欺诈专业委员会十一个分支机构，各分支机构的日常工作由相应工作部承担。中保协还通过定期召开全国协会系统会议，交流情况，协调工作。目前，中保协日常办事机构有办公室、法律事务部、信息部和培训部。

中保协的宗旨是：遵守国家宪法、法律、法规和经济金融方针政策，尊重社会道德风尚，深入贯彻科学发展观，依据《中华人民共和国保险法》，配合保险监管部门督促会员自律，维护行业利益，促进行业发展，为会员提供服务，促进市场公开、公平、公正，全面提高保险业服务社会主义和谐社会的能力。

中保协的基本职责为：自律、维权、服务、交流、宣传。

自律：督促会员依法合规经营，即组织会员签订自律公约，制定自律规则，约束不正当竞争行为，维护公平有序的市场环境。组织制定行业标准，即受政府有关部门委托，依据有关法律法规和保险业发展情况，组织制定

---

① 本部分内容写作主要参见：http://www.iachina.cn/about/。

行业的质量标准、技术规范、服务标准和行规行约,积极推进保险业信用体系建设。建立健全保险业诚信制度、保险机构及从业人员信用信息体系,探索建立行业信用评价体系,开展会员自律管理。对于违反协会章程、自律公约、自律规则和管理制度,损害投保人和被保险人合法权益,参与不正当竞争等致使行业利益和行业形象受损的会员,可按章程、自律公约和自律规则的有关规定,实施自律性惩罚,涉嫌违法的可提请监管部门或其他执法部门予以处理。

维权:参与决策论证,即代表行业参与同行业改革发展、行业利益相关的决策论证,提出相关建议,维护行业合法权益。加强与监管部门、政府有关部门及其他行业的联络沟通,争取有利于行业发展的外部环境,维护会员合法权益。当会员合法权益受损时,代表会员与有关方面协调沟通。指导建立行业保险纠纷调解机制,加强保险消费者权益协调沟通机制的构建与维护。接受和办理监管部门、政府有关部门委托办理的事项。

交流:主动开展调查研究,及时向监管部门和政府有关部门反映保险市场存在的风险与问题,并提出意见和建议;协调会员之间、会员与从业人员之间的关系,调节矛盾,营造健康和谐的行业氛围;协调会员与保险消费者、社会公众之间的关系,维护保险活动当事人的合法权益;构建行业教育培训体系,开展从业人员资格认证管理和培训工作;组织会员间的业务、数据、技术和经验交流,促进资源共享、共同发展。

宣传:整合宣传资源,制定宣传规划,组织开展行业性的宣传和咨询活动;组织落实"守信用、担风险、重服务、合规范"的保险行业核心价值理念,推动行业文化建设;关注保险业热点、焦点问题,正面引导舆论宣传;普及保险知识,利用多种载体开展保险公众宣传;经政府有关部门批准,表彰先进典型,树立行业正气,营造良好形象。

(二) 保险学会主要职责[①]

中国保险学会(Insurance Institute of China)成立于1979年11月,会址设在北京市,是从事保险理论和政策研究的全国性学术团体,是保险界和相关领域的有关单位和专业人士自愿结成的非营利性社团组织。接受业务主管单位中国保险监督管理委员会和社团登记管理机关国家民政部的业务指导和监督管理。

---

① 本部分内容主要参见:http://www.iic.org.cn/D_inst/inst_01.php。

中国保险学会的宗旨是：遵守中华人民共和国宪法、法律、法规和方针、政策，遵守社会道德风尚，积极探索中国特色的保险业发展规律，践行科学发展观，坚持正确的改革与发展方向，开展保险理论和政策研究，组织学术交流，促进保险理论的繁荣和发展。

中国保险学会的职责是：

（1）组织会员开展保险理论和政策研究，举办研讨会、报告会、展览会和专题论坛等活动，促进保险界的学术交流、信息沟通和成果分享。

（2）编辑和出版刊物，建立和维护网站，宣导保险法律法规和方针政策；组织编写保险图书及其他文献资料；普及保险理论知识，开展保险宣传活动。

（3）开展保险理论和政策研究方面的教育培训；受政府委托承担科研成果鉴定；提供保险咨询服务。

（4）经政府有关部门批准，奖励在保险理论和政策研究、学术创新和教学方面取得突出成就的单位和个人。

（5）研究介绍境外保险经验，组织和推动中国保险界与国际保险界及内地与港、澳、台地区的学术交流与合作。

（6）与相关学会、行业协会等社团组织加强沟通，开展合作。

（7）承办政府职能转变中移交或委托的其他工作，开展会员欢迎、社会认可的其他活动。

中国保险学会的最高权力机构为会员代表大会，理事会为其执行机构，常务理事会是理事会的常设机构，对理事会负责。2014年1月18日，中国保险学会第九届理事会在北京召开，选举产生了新一届理事会、常务理事会。目前，中国保险学会共有254家会员单位和8家特约会员单位，理事405名，其中常务理事134名，特约常务理事58名，特约理事8名。

中国保险学会常设办事机构为学会秘书处，内设办公室、保险研究中心、期刊和信息部、会员服务部、教育培训部五个部门。为更好地开展各项工作，设立《保险研究》编委会。

中国保险学会自成立以来，围绕章程所确定的工作任务，利用学会资源优势和功能作用，积极发挥桥梁纽带作用，在开展保险理论研究和学术交流，组织教育培训和促进人才培养等方面做了大量有益的工作。学会将继续在中国保监会的领导下，深入贯彻党的十七大精神，全面落实科学发展观，解放思想，与时俱进，开拓创新，扎实工作，不断促进保险理论创新和繁荣,为政策研究服务,为保险业又好又快发展、做大做强发挥应有的作用。

本章小结

　　保险监管是保险监管当局基于信息不对称、逆向选择和道德风险等因素,对保险机构行为、保险公司偿付能力和保险市场竞争行为进行监督管理的制度、政策和措施的总和。

　　保险监管实践最初实行的是以市场行为监管为主的监管体系,即对市场行为的合规性监管,重点是对市场准入、业务行为、费率厘定、保单设计等经营实务的监管。各国保险监管当局实施以市场监管为主的严格监管的初衷在于防止恶性竞争,维护保险经营和保险市场的安全性和稳定性。

　　从20世纪80年代以来,在金融监管放松的大趋势下,各国也都放松了保险监管,西方国家逐步从市场行为监管转向偿付能力监管,以保护被保险人的利益为监管目的。

　　2005年,国际保险监管官协会在维也纳年会上进一步将公司治理结构监管确立为保险监管制度的三大支柱之一,确立了以偿付能力监管、公司治理结构监管和市场行为监管为三大支柱的新保险监管制度框架。

　　根据国际保险监督官协会(IAIS)的核心监管原则(ICP)的阐述:有效的保险监管依赖于:①金融部门监管的政策、制度和法律框架;②发展完善和有效的金融市场基础设施;③有效的金融市场。

　　IAIS采用了全面的保险监管原则。除了有效的保险监管的基础条件,IAIS还采用了六类保险监督管理的核心原则,包括保险监管体系、保险机构监管、连续监管、审慎监管原则、市场和消费者、反洗钱和打击对恐怖组织的资金支持等,这些原则全面保证了一个保险市场的健康运行和发展。

　　所谓偿付能力,是指保险公司对其所承担的保险责任的经济补偿能力,即偿付到期债务的能力。保险监管部门通过对保险企业偿付能力实行有效监管,可以及时了解保险公司的财务情况,及时提醒偿付能力不够充分的保险公司采取积极有效的措施,以切实保障被保险人的利益。

　　偿付能力监管主要包括两层含义:一是偿付能力常规监管;二是偿付能力额度监管。

　　保险市场行为监管是指对市场行为的合规性监管,重点是对市场准入、业务行为、费率厘定、保单设计等经营实务的监管。其具体包括两层含义:第一层含义是强调监管机构对保险公司和保险中介市场行为的监管;第二层含义是强调对保险欺诈行为的监管。

保险公司治理监管是保险公司监管发展到一定阶段的产物。不仅许多国家将保险公司治理问题列入监管视野,而且近年来对保险公司治理监管的认识更为统一,对保险公司治理结构的监管也更为严格。

第二代偿付能力监管制度体系主要采用三支柱的整体框架,分别从定量资本要求、定性监管要求和市场约束机制三个方面对保险公司的偿付能力进行监督和管理。

我国保险监管机构的主要职责是依照法律、法规统一监督管理全国保险市场,维护保险业的合法、稳健运行。

重要术语

保险监管　保险监管三支柱　偿付能力监管　市场行为监管　公司治理结构监管

复习思考题

1. 国际保险监管的变迁大体经历了哪几个阶段？每一阶段监管体系有哪些内容？
2. 有效保险监管的主要条件有哪些？
3. 国际保险监管原则主要有哪些内容？
4. 当前国际保险监管的三支柱体系包括哪些内容？如何理解每一支柱？

第十二章

社会保险

学习要点

- 社会保险与社会保障、商业保险的区别
- 我国养老保险制度的历史沿革以及当前政策框架
- 我国医疗保险制度的历史沿革以及当前政策框架
- 我国工伤保险制度当前政策框架
- 我国失业保险制度当前政策框架
- 我国生育保险制度当前政策框架

第一节 社会保险概述

一、社会保险与社会保障

社会保险是指国家通过立法形式,以劳动者为保障对象,以年老、疾病、残废、伤亡、生育、失业等特殊事件为保障内容,以政府强制实施为特征,对国民收入进行分配和再分配,建立社会保险基金,对劳动者给予物质帮助的一种社会保障制度。

所谓社会保障,是指国家通过法律、法规和行政手段所建立的保证社会成员在年老、失业、残疾等特殊情况下的基本生活安全的措施的总和。

除了社会保险外,社会保障还包括社会救济、社会福利和社会优抚。国家出资或慈善机构援助,对无劳动能力、无生活来源,以及因自然灾害、意外事故和其他原因造成的生活十分困难者,在物质上给予帮助的活动属于社会救济(或称社会救助);国家以及各种社会群体举办的文化卫生福利事业,如提供社会服务建设各种公共福利设施,建立残疾人福利工厂、孤儿院、养老院,等等,是社会福利事业。社会优抚,则是国家对于为保卫国家的安全而作出贡献和牺牲的烈士军属、残废军人等在物质上给予优待和抚恤。

因此,社会保障范围比社会保险更为广泛,涉及全体社会成员;而社会保险则是以劳动者为对象,保障其基本生活需要。社会保险在社会保障体系的居核心地位,是社会保障体系中的重要组成部分。

二、社会保险与商业保险

社会保险和一般商业保险既有区别又有联系。

(一)社会保险与商业保险的区别

它们的区别主要表现在以下七个方面:

1. 二者的目的不同。社会保险的本质是一项社会保障制度,体现的是政府的职能和责任,具有社会福利性和政策性。社会保险的目的是为了保障公民的基本生活需求,维护公民应享有的合法权益,促进社会安定,注重社会效益,不以营利为目的。而商业保险是一种商业行为,追求利润最大化是其永恒的主题。商业保险通过出售保险服务商品获取利润,经济效益是评判保险经营管理活动的重要指标之一。

2. 二者的实施方式不同。社会保险一般由国家通过立法,强制公民参加,而且保障范围、缴纳保费标准、给付水平等都依法规定,被保险人无权选择,属于法定强制保险;而商业保险作为一种商业活动,遵循的是平等、互利、自愿原则,投保人投保与否是自愿的,其投保险种、保险水平等都有选择余地,而保险人承保与否,对被保险人、保险标的的选择也有自主性。个别保险项目(例如机动车第三者责任保险)虽然也是强制参加的,但投保人对保险人和保险金额仍有选择余地。

3. 二者保障的范围和内容不同。社会保险具有普遍性特点,其保障范围是社会保险法律、法规所规定范围内的劳动者,福利范围已经覆盖全体国民,即只要是法律规定范围内的公民,不论年龄大小、工作年限长短、收入水平高低、健康状况如何，都必须参加。在我国，社会保险的范围正在逐步扩大，养老保险和医疗保险已经基本实现全覆盖。社会保险的内容相对较窄，主要是保障劳动者在职期间、失业期间、退休后发生疾病、残废、死亡、年老丧失劳动能力时的基本生活需要，还有劳动者的医疗、生育休息、死亡丧葬、遗属抚恤等基本需要。而商业保险由于是自愿选择投保，因此不具有普遍性，但其保障内容比社会保险宽泛得多，既涉及人的身体和寿命，也涉及物质财产及其相关利益。当然，社会保险的某些项目（例如失业保险），一般商业保险也不涉足。

4. 二者的保障水平不同。社会保险的保障水平是以满足公民的基本生活需求为标准的，除了福利国家的社会保障水平相对比较高外，大多数国家的保障水平都是以社会平均生活水平为依据制定的，一般介于社会贫困线与劳动者在职收入之间。商业保险的保障水平则依投保人的购买能力和风险保障需求而定，"多买多保，少买少保，不买不保"。所以商业保险的保障水平相对高于社会保险的保障水平。

5. 二者的保险费计算与来源不同。社会保险基金筹集模式主要有现收现付制和基金积累制。现收现付制也称横向平衡式，是根据当期支出需要确定保险费率组织收入，当期征收当期使用。每年的保险费率将随人口年龄结构和社会经济生活水平的变化而变化。基金积累制也称纵向平衡式，是根据有关人口、健康、物价、利率等社会经济发展指标进行长期预测，按照收支平衡的原则确定一个长期费率，收取保险费并建立保险基金。这两种方式都是事先测算出当前或以后社会保险给付需求总额，然后按一定比例强制分摊给每一个参加保险的被保险人。社会保险的保险费来源于个人、雇主（单位）和政府，这种计算方式尽管也考虑保险精算方法，但都带有以收定支性质，政府负有对保险基金投资运用的责任。而商业保险的保险费率是严格按照数理统计理论，用科学的精算方法计算出来的，并依此展业承保，保费的收入多少完全取决于展业承保的措施是否得力，对长期给付须提存准备金。保险基金主要由企业来投资运用，保险费由投保人承担。

6. 二者权利和义务的关系不同。社会保险是国家有关劳动立法中所规定的劳动者应享受的基本权利，其义务包括两种含义：为社会贡献劳动和缴纳社会保险费。只要权力人尽到了这两项义务，就可享受到相应均等的或相对平均的保险待遇，也就是说劳动者享受到的权利是相同的或相对平均的,但是其贡献的劳动量、所缴纳的保险费数额与享受到的待遇水平则没有直接关系,而是取决于被保险人当时的社会平均生活水平。而商业保险则主要依据的是保险法、企业法和合同法,贯彻的是等价交换原则。合同双方当事人是平等互利关系,被保险人享受多少权利,取决于其缴纳保费的多少和保险金额的大小。而且这种权利和义务局限在契约有效期内,一旦契约终止,保险责任自行消失。

7.二者的管理体制不同。社会保险是政府行为,由各级政府统一领导,由政府指定的专门社会保险机构负责组织实施和经营管理,实行的是行政事业管理体制;而商业保险通常是由具有法人资格的企业组织自主经营,自负盈亏,实行的是企业经营管理体制。

(二)社会保险与商业保险的联系

社会保险与商业保险虽然有很大区别,但二者在保障社会成员生活安定、保证社会再生产顺利进行、促进社会经济发展的基本目的和作用上是相同的。从它们的社会角色来看,既有明确分工,又有相互合作。

首先,在保险项目和保障水平上二者相互补充。社会保险的种类限定在较窄范围内(一般只包括养老、医疗、疾病、残废、工伤和职业病、丧葬和遗属、生育、失业等),而且保障水平也不高,只提供基本生活保障;而商业保险作为一种商业行为,哪里有可保风险,保险人就会提供相应的保险服务,其保障水平可以满足收入和消费水平不同的投保人的不同需求,保险的种类既涉及人的身体和生命,也涉及物质财产及其相关利益。商业保险不仅在保障范围弥补了社会保险的不足,而且还可以满足社会成员更高层次的风险保障需求;而社会保险也提供了商业保险不会涉及的失业保险、工伤保险、生育保险等,使社会成员能够在特殊情况下获得维持基本生活的物质保障。

其次,在实施范围上二者相互补充。只有符合法律规定范围内的人员才能接受社会保险的保障。而商业保险则是在平等互利的原则下自愿投保的,所有社会成员都可以提出保险申请,使社会保险实施范围外的人员也有机会获得风险保险,弥补了社会保险的不足。

另外,商业保险还可以接受政府委托,办理某些项目的社会保险。例如,在不少国家,针对企业补充养老保险和个人储蓄保险,都是由政府提供优惠鼓励政策,由商业保险公司经办的。

三、社会保险的基本类型

不同国家社会保险制度所包含的内容有所不同。《中华人民共和国社会保险法》由中华人民共和国第十一届全国人民代表大会常务委员会第十七次会议于2010年10月28日通过,自2011年7月1日起施行。根据《社会保险法》,"国家建立基本养老保险、基本医疗保险、工伤保险、失业保险、生育保险等社会保险制度,保障公民在年老、疾病、工伤、失业、生育等情况下依法从国家和社会获得物质帮助的权利"。所以,在我国,根据保障内容的不同,社会保险主要包括以下五类:

(一) 养老保险

养老保险,也称老年保险,是指国家通过立法,对于劳动者在达到法定退休年龄退休后的基本生活需要,给予一定的经济补偿、物质帮助和服务的一种社会保险制度。养老保险是社会保险体系中的重要组成部分,直接关系到社会的安定和经济的发展,被各国政府所重视。

养老保险的保障对象一般是社会中的老年者。一般而言,老年是指人生中劳动能力逐渐丧失的阶段。由于在社会发展的不同阶段经济文化、医疗卫生、生活水平不同,所以社会对老年的衡量标准不同。老年保险中的老年一般由政府以法律制度规定的年龄标准确定,达到退休年龄标准的被保险人即可享受养老保险。这种年龄标准各国有一定的差异。

多数国家都规定了养老保险保险金的给付条件,通常为被保险人必须达到法定的退休年龄,必须缴足一定期间的保险费或者服务满一定年限,以及被保险人完全退休。

养老保险保险金的给付大多数采用年金形式,一般按照劳动者工资收入的一定比例,按年、月、季分期支付。由于社会经济状况是处于变动中的,为了避免各种不良的社会、经济因素的冲击,影响被保险人的实际生活水平,许多国家都有对养老保险保险金给付标准适时调整的规定,使老年人的生活水平不至于因通货膨胀等因素的影响而降低。

(二) 医疗保险

医疗保险是指国家通过立法对于劳动者因疾病而暂时或永久丧失劳动能力时的基本生活需要,给予经济帮助的一种社会保险。但这些疾病或致劳动能力丧失的原因必须属于非职业病或者工伤事故。

医疗保险的目的在于保障劳动者患病后能尽快得到医治,恢复劳动能

力重新从事劳动取得经济收入。有关医疗保险的给付条件,各国虽有不同规定,但大致都有以下几项:

第一,被保险人必须因病而失去劳动能力并停止工作进行医治;

第二,被保险人因患病不能从原雇主方获得正常工资或病假工资;

第三,被保险人必须达到国家规定的最低工作期限和缴足最低期限的保险费。

按照一般的惯例,医疗保险保险金的给付分为现金给付和医疗给付两种:现金给付就是以现金形式给予被保险人保险保障,包括疾病现金给付、残疾现金给付和死亡现金给付;医疗给付是指以医疗服务的形式给予被保险人保险保障,包括各种疾病的治疗、住院治疗、供应必需的药物以及提供专门的人员服务等。对此,由于各国经济发展水平和医疗水平不同,医疗服务的期限、范围、水平也各不相同,各国根据自己的实际情况也都有不同的规定。

(三) 工伤保险

工伤保险也称职业伤害保险,是指国家以立法形式,对劳动者在劳动过程中因各种意外事故或职业伤害而致死、致残时,对劳动者及其家属提供经济帮助的一种社会保险。

工伤保险适用无过失责任补偿原则,即只要不是受害者本人故意行为所致就要按照规定标准进行补偿。由于工伤保险属于职业伤害赔偿保险,保险费由雇主或企业独立承担。

工伤保险的内容主要包括性质区分、伤害程度鉴定和给付标准。

性质区分,即社会保险机构首先要区分伤害事故的性质,属于工伤性质的伤害事故就要按工伤保险的规定予以处理。工伤的含义一般是指劳动者因工作直接或间接引起的事故而遭受伤害。

伤害程度鉴定,即工伤事故发生后,由社会保险的专门机构进行伤害程度鉴定,伤害程度不同,其保险金给付标准也不相同。

工伤保险的待遇标准一般是根据劳动者的工资收入、伤害程度及医疗费用来确定的,通常包括医疗期间待遇、残疾待遇和死亡待遇等内容。具体如下:

第一,医疗期间待遇。医疗期间待遇包括被保险人因工伤事故所需的一切医疗费用以及100%的工资,该待遇一直延续到被保险人痊愈或证明为永久残疾为止。

第二,残疾待遇。凡因工伤或职业病而永久残疾者,按被保险人标准工资的一定比例发放伤残抚恤金,并给予经常护理补贴,具体标准视其劳动能力的损失程度而定。

第三,死亡待遇。因工伤或职业病导致死亡者,根据具体情况可按被保险人生前标准工资的一定比例支付给其供养直系亲属作遗属抚恤金,至受供养者失去受供养的条件为止,同时一次性支付丧葬费补助。

(四)失业保险

失业保险是指国家通过立法,对于劳动者因受本人所不能控制的社会或经济原因影响而失业时的基本生活需要给予经济帮助的一种社会保险。

失业保险的保障对象一般包括所有非自愿丧失工作机会的劳动者,但是为了防止失业者产生依赖心理和不劳而获的逆选择,各国政府对失业保险的保障对象和给付条件都做了具体的严格规定。通常包括:

第一,失业者必须符合劳动年龄条件,即年龄在法定最低劳动年龄和享受养老保险年龄之间。

第二,失业必须是非自愿的失业,即失业是非劳动者本人愿意的,是由本人能力无法控制的社会、经济因素导致的。

第三,失业者必须满足一定的期限条件,如就业期限条件、缴纳保险费期限条件、居住期限条件等。

第四,失业者必须具有劳动能力和就业愿望,一般表现为失业者要在规定期限内到有关部门进行失业登记体检,并在失业期间与失业保险机构保持联系,接受职业训练和合理的就业安置。

失业保险的目的是为保障失业者维持基本生活,促使其重新就业。因此,在确定失业保险给付标准时,各国都普遍遵循以下原则:①给付标准低于失业者在职时的工资水平;②要保证失业者及其家属的基本生活需要;③给付标准与失业者的工作年限、缴费年限和原工资收入相联系,实行权利、义务对等。

一般有关失业保险金的给付规定主要有两项内容:一是规定保险金的给付期限。大多数国家对给付期限都有所规定(有的国家规定最长1年),对超过给付期限仍未实现再就业的失业者,一般都停止给付失业保险金。二是规定保险金的给付标准。这有两种情况:第一种是以劳动者在失业前一定时期(例如20周)的平均工资水平或某一时间点上的工资收入为基数,结合工龄缴费年限、工资水平,按一定比例(有的国家规定60%~70%)

给付;第二种是凡符合给付条件的失业者,不论其失业前工资收入状况如何,一律按一固定数额给付保险金。失业保险金既可以一次性给付,也可以按月、季、周给付。

另外,考虑到通货膨胀等社会经济的变动因素,一些国家还规定了失业保险金的调整方法,以确保失业保险的保障作用。

(五)生育保险

生育保险是国家以立法形式,针对女性劳动者因生育子女而暂时丧失劳动能力时的生活需要给予经济帮助的一种社会保险。

在社会保险体系中,生育保险与社会保险其他险种相比具有明显的不同,主要表现在保障对象特殊、保障内容特殊、保障待遇特殊和保障时间特殊。

生育保险的保障对象是已婚且即将生育的女性劳动者,并必须具备两个基本条件:一是已婚且有工作的妇女;二是要参加了社会保险的妇女。在我国,生育保险只适用于达到法定结婚年龄,并符合国家计划生育政策规定的劳动妇女。

生育保险的保障内容是弥补妇女因生育期间停止工作而发生的收入损失。生育行为是正常的生理现象,妇女因生育行为而暂时失去劳动能力,与一般的非正常生理活动疾病不同,不需要特殊治疗,需要的只是营养和休息。

生育保险的待遇不仅仅是为了弥补劳动妇女的收入损失,更重要的是要保障劳动力再生产和人类社会的延续,因此,生育保险的待遇水平要高于其他险种。

生育保险属于短期补助性质的险种,以产前产后都享受为原则,保险期限明确划分为产前和产后。

生育保险保险金的给付一般分为现金给付和医疗给付两种:现金给付为产妇提供生育津贴、生育补助费和看护津贴,其数额大多为工资的100%;医疗给付为产妇提供各种助产医疗服务,包括产前检查、一般性治疗、住院治疗,以及必要的药物供应、生育照顾、家庭护理等。

第二节 我国社会保障制度

一、养老保险

新中国成立之初,我国就建立了城镇职工基本养老保险制度。经过一系列重大改革,目前已经建立起社会统筹与个人账户相结合的基本制度模式。与此同时,针对农民、城镇居民也建立了相应的制度安排,并且对事业单位也开始养老保障制度的改革。

（一）城镇职工基本养老保险

公认的新中国职工养老保险制度建立的标志是,国务院1951年2月26日公布并于同年3月24日由劳动部公布实施细则的《中华人民共和国劳动保险条例》。该条例虽然不是一部专门的养老保险法规,却是新中国成立以后第一个内容完整的涉及社会保险的法规,它对职工的退休养老、疾病医疗、工伤待遇、生育待遇等多项社会保险及其管理做了规范,从而标志着中华人民共和国劳动保险制度的确立,职工的退休养老保障制度是其中的重要内容。

1991年6月26日,国务院颁布了《关于企业职工养老保险制度改革的决定》（国发〔1991〕33号）。该文件明确逐步建立起基本养老保险与企业补充养老保险和职工个人储蓄性养老保险相结合的制度。

1997年7月16日,国务院颁发《国务院关于建立统一的企业职工基本养老保险制度的决定》（国发〔1997〕26号）,标志着我国的养老保险制度从分散化走上统一化的道路。该文件也从制度上进一步明确了统账结合的运行思路,从三个方面统一了企业职工基本养老保险制度:第一,统一企业和职工个人的缴费比例;第二,统一个人账户的规模;第三,统一基本养老保险金计发办法。

2005年12月,国务院出台了《国务院关于完善企业职工基本养老保险制度的决定》（国发〔2005〕38号）,在完善企业职工基本养老保险制度的指导思想、扩大基本养老保险覆盖范围、逐步做实个人账户和改革基本养老金计发办法等方面作出决定。该文件涉及的养老保险制度设计方面的核心规则有如下几项:

一是扩大了覆盖范围。该文件规定,城镇各类企业职工、个体工商户和灵活就业人员都要参加企业职工基本养老保险。当前及今后一个时期，要以非公有制企业、城镇个体工商户和灵活就业人员参保工作为重点,扩大基本养老保险覆盖范围。要进一步落实国家有关社会保险补贴政策,帮助就业困难人员参保缴费。城镇个体工商户和灵活就业人员参加基本养老保险的缴费基数为当地上年度在岗职工平均工资,缴费比例为20%,其中8%记入个人账户,退休后按企业职工基本养老金计发办法计发基本养老金。

二是逐步做实个人账户。做实个人账户,积累基本养老保险基金,是应对人口老龄化的重要举措,也是实现企业职工基本养老保险制度可持续发展的重要保证。要继续抓好东北三省做实个人账户试点工作,抓紧研究制订其他地区扩大做实个人账户试点的具体方案,报国务院批准后实施。国家制定个人账户基金管理和投资运营办法,实现保值增值。

三是改变了计发办法。该文件提出:"为与做实个人账户相衔接,从2006年1月1日起,个人账户的规模统一由本人缴费工资的11%调整为8%,全部由个人缴费形成,单位缴费不再划入个人账户。同时,进一步完善鼓励职工参保缴费的激励约束机制,相应调整基本养老金计发办法。在《国务院关于建立统一的企业职工基本养老保险制度的决定》(国发〔1997〕26号)实施后参加工作、缴费年限(含视同缴费年限,下同)累计满15年的人员,退休后按月发给基本养老金。基本养老金由基础养老金和个人账户养老金组成。退休时的基础养老金月标准以当地上年度在岗职工月平均工资和本人指数化月平均缴费工资的平均值为基数,缴费每满1年发给1%。个人账户养老金月标准为个人账户储存额除以计发月数,计发月数根据职工退休时城镇人口平均预期寿命、本人退休年龄、利息等因素确定。本决定实施前参加工作、实施后退休且缴费年限累计满15年的人员,在发给基础养老金和个人账户养老金的基础上,再发给过渡性养老金。各省、自治区、直辖市人民政府要按照待遇水平合理衔接、新老政策平稳过渡的原则,在认真测算的基础上,制定具体的过渡办法,并报劳动保障部、财政部备案。本决定实施后到达退休年龄但缴费年限累计不满15年的人员,不发给基础养老金;个人账户储存额一次性支付给本人,终止基本养老保险关系。本决定实施前已经离退休的人员,仍按国家原来的规定发给基本养老金,同时执行基本养老金调整办法。"

四是完善基本养老金调整机制。根据职工工资和物价变动等情况,国务院适时调整企业退休人员基本养老金水平,调整幅度为省、自治区、直辖市当地企业在岗职工平均工资年增长率的一定比例。各地根据本地实际情况提出具体调整方案,报劳动保障部、财政部审批后实施。

五是加快提高统筹层次。进一步加强省级基金预算管理,明确省、市、县各级人民政府的责任,建立健全省级基金调剂制度,加大基金调剂力度。在完善市级统筹的基础上,尽快提高统筹层次,实现省级统筹,为构建全国统一的劳动力市场和促进人员合理流动创造条件。

另外,为了完善多层次养老保险体系,国家加快了企业年金计划的建立与完善工作。2011年,人力资源和社会保障部、中国银监会、中国证监会、中国保监会联合下发《企业年金基金管理办法》(人社部〔2011〕11号),对企业年金基金管理做了新的规定。

(二)机关事业单位养老金制度

1955年12月,政务院颁布《关于国家机关工作人员退休处理暂行办法》,建立了与企业劳动保险制度大体相同的机关、事业单位工作人员退休养老制度,与企业劳动保险制度分开实施,退休费标准确定为本人退休前工资的50%~80%。在此之后,这一制度覆盖群体虽然有了一些变化,但制度运行的模式基本得以维持。

20世纪90年代以来,在我国城镇企业职工养老保险制度改革的同时,机关、事业单位职工的养老保险制度也开始改革。

(三)城乡居民基本养老保险制度

1992年1月3日,民政部正式下发《县级农村社会养老保险基本方案》(民办发〔1992〕2号)。该文件提出一个"以个人交纳为主,集体补助为辅,国家予以政策扶持"的农村养老保险模式,这一模式也被称为"老农保"。

2009年9月,《国务院关于开展新型农村社会养老保险试点的指导意见》(国发〔2009〕32号)出台,我国的新型农村社会养老保险制度的试点工作得到进一步推广。新农保制度建立的目标是:"探索建立个人缴费、集体补助、政府补贴相结合的新农保制度,实行社会统筹与个人账户相结合,与家庭养老、土地保障、社会救助等其他社会保障政策措施相配套,保障农村居民老年基本生活。2009年试点覆盖面为全国10%的县(市、区、旗),以后逐步扩大试点,在全国普遍实施,2020年之前基本实现对农村适龄居民的全覆盖。"

2011年6月,《国务院关于开展城镇居民社会养老保险试点的指导意见》(国发〔2011〕18号)出台,主要是解决城镇无养老保障居民的老有所养问题,"年满16周岁(不含在校学生)、不符合职工基本养老保险参保条件的城镇非从业居民,可以在户籍地自愿参加城镇居民养老保险"。城镇居民养老保险试点的基本原则是"保基本、广覆盖、有弹性、可持续"。2011年7月1日启动试点工作,2012年基本实现城镇居民养老保险制度全覆盖。

二、医疗保险

(一)城镇职工基本医疗保险

新中国成立之初,国家就着手建立公费、劳保医疗制度。1952年,政务院颁布了《中央人民政府政务院关于全国各级人民政商、党派、团体及所属单位的国家工作人员实行公费医疗预防的指示》,建立了公费医疗制度。此后,国家卫生部、财政部等部门先后颁布了《关于改进公费医疗管理问题的通知》等一系列政策,公费医疗制度不断得到完善和发展。公费医疗享受对象包括各级国家机关、党派、团体以及文化、教育、科研、卫生、体育等事业单位的工作人员和离退休人员,在乡二等乙级以上革命伤残军人、大专院校在校学生等。

1951年颁布的《劳动保险条例》和此后劳动部颁布的《劳动保险条例实施细则修正草案》等相关法规、政策,使新中国的劳保医疗制度逐步建立和发展起来。其适用范围主要是全民所有制工厂、矿场、铁路、航运、邮电、交通、基建、地质、商业、外贸、粮食、供销合作、金融、民航、石油、水产、国营农牧场、森林等产业和相关部门的职工,其供养直系亲属享受半费医疗。城镇集体所有制企业参照执行。劳保医疗经费按照企业职工工资总额的一定比例提取,费用从企业生产成本项目中列支,其中,在职职工从职工福利费中开支,离退休人员从劳动保险费中开支,由企业自行管理。一些有条件的企业自办医疗机构,其经费和医疗费用全部从企业福利费中开支。其他单位由政府协调指定合同医院,签订就医合同,职工凭合同记账单就医,医疗费用由单位和医院定期结算。少数单位职工在交费就医后回单位报销。

20世纪80年代之后,各地陆续开始实行城镇职工基本医疗保险的试点工作。1993年11月14日,中共中央十四届三中全会通过《中共中央关于建立社会主义市场经济体制若干问题的决定》,提出了"城镇职工养老和医疗保险金由单位和个人共同负担,实行社会统筹与个人账户相结合"的改革目标。

1998年12月国务院下发《关于建立城镇职工医疗保险制度的决定》（国发〔1998〕44号），部署了在全国范围内全面推进职工医疗保险制度改革的工作。要求在"基本保障、广泛覆盖、双方负担、统账结合"的原则下，在全国范围内建立与社会主义初级阶段生产力水平相适应、覆盖全体城镇职工、社会统筹和个人账户相结合的基本医疗保险制度。制度的主要内容包括：

第一，缴费办法。建立医疗费用合理筹措机制，基本医疗保险费由用人单位和职工共同缴纳。用人单位缴费率应控制在职工工资总额的6%左右，职工缴费率一般为本人工资收入的2%。随着经济发展，这些缴费率可作相应调整。

第二，实行"统账结合"的制度模式。一是建立医疗统筹基金和个人账户。职工个人缴纳的基本医疗保险费全部记入个人账户。用人单位缴纳的基本医疗保险费分为两部分，一部分用于建立统筹基金，一部分划入个人账户。二是划定统筹基金和个人账户各自的支付范围。统筹基金和个人账户要分别核算，不得相互挤占。要确定统筹基金的起付标准和最高支付限额。起付标准以下的医疗费用从个人账户中支付或由个人自付。起付标准以上最高支付限额以下的医疗费用，主要从统筹基金中支付，个人也要负担一定比例。超过最高支付限额的医疗费用，可以通过商业医疗保险等途径解决。

第三，健全基本医疗保险基金的管理和监督机制。基金管理风险主要由政府承担。由于风险集中，加强基金管理与监督更显重要。一是基本医疗保险基金纳入财政专户管理，专款专用，不得挤占挪用。社会保险经办机构负责基本医疗保险基金的筹集、管理和支付并要建立健全预决算制度、财务会计制度和内部审计制度。社会保险经办机构的事业经费不得从基金中提取，由各级财政预算解决。二是规定了基本医疗保险基金的银行计息办法。三是各级劳动保障和财政部门要加强对基本医疗保险基金的监督管理。审计部门要定期对社会保险经办机构的基金收支情况和管理情况进行审计。统筹地区应设立由政府有关部门代表、用人单位代表、医疗机构代表、工会代表和有关专家参加的医疗保险基金监督组织，加强对基本医疗保险基金的社会监督。

第四，加强医疗服务管理。制定医疗服务标准和基本药品目录，实行定点医院和定点药店管理。

一是确定基本医疗保险的服务范围和标准。劳动保障部会同卫生部、财政部等有关部门制定基本医疗服务的范围、标准和医药费用结算办法，制定国家基本医疗保险药品目录、诊疗项目、医疗服务设施标准及相应的管理办法。各省、自治区、直辖市劳动保障行政管理部门根据国家规定，会同有关部门制定本地区相应的实施标准和办法。

二是基本医疗保险实行定点医疗机构（包括中医医院）和定点药店管理。劳动保障部会同卫生部、财政部等有关部门制定定点医疗机构和定点药店的资格审定办法。社会保险经办机构要根据中西医并举，基层、专科和综合医疗机构兼顾，方便职工就医的原则，负责确定定点医疗机构和定点药店，并同定点医疗机构和定点药店签订协议，明确各自的责任、权利和义务。在确定定点医疗机构和定点药店时，要引进竞争机制，职工可选择若干定点医疗机构就医、购药，也可持处方在若干定点药店购药。

三是积极推进医药卫生体制改革。提出要积极推进医药卫生体制改革，以较少的经费投入，使人民群众得到良好的医疗服务，促进医疗卫生事业的健康发展。要加强医疗机构和药店的内部管理，规范医药服务行为，减负增效，降低医药成本；要理顺医疗服务价格，在实行医药分开核算、分别管理、降低药品收入占医疗总收入比重的基础上，合理提高医疗技术劳务价格；要加强业务技术培训和职业道德教育，提高医药服务人员的素质和服务质量；要合理调整医疗机构布局，优化医疗卫生资源配置，积极发展社区卫生服务，将社区卫生服务中的基本医疗服务项目纳入基本医疗保险范围。

第五，妥善解决有关人员的医疗待遇。在城镇职工基本医疗保险制度改革过程中，充分考虑政策的相互衔接，对离退休人员、革命伤残军人等特殊人群采取了适当的照顾政策，保证了改革的平稳进行。

1998年以后，为适应经济发展和就业形势的变化，城镇职工基本医疗保险制度覆盖范围不断拓展，由单位就业人员扩大到全体从业人员。

（二）城乡居民基本医疗保险

2003年1月16日，国务院办公厅转发卫生部、财政部、农业部《关于建立新型农村合作医疗制度的意见》，按照"财政支持、农民自愿、政府组织"的原则组织进行试点。一是自愿参加，多方筹资。农民以家庭为单位自愿参加新型农村合作医疗，按时足额缴纳合作医疗经费；乡（镇）村集体要给予资金扶持;中央和地方各级财政每年要安排一定的专项资金予以支持。二是以收定支,保障适度。要坚持以收定支、收支平衡的原则,既保证这项制度持续有效运行,又使农民能够享有最基本的医疗服务。三是先行试点,逐步推广。必须从实际出发,通过试点总结经验,不断完善,稳步发展。要随着农村社会经济的发展和农民收入的增加,逐步提高新型农村合作医疗制度的社会化程度和抗风险能力。要求从2003年起,各省、自治区、直辖市至少要选择两三个县(市)先行试点,取得经验后逐步推开。到2010年,实现在全国建立基本覆盖农村居民的新型农村合作医疗制度的目标,减轻农民因疾病带来的经济负担,提高农民健康水平。

2007年国务院印发《关于开展城镇居民基本医疗保险试点的指导意见》,在全国部分地区开展城镇居民基本医疗保险试点工作,目前已在全国全面推开。

其覆盖范围主要是:城镇中不属于城镇职工基本医疗保险制度覆盖范围的学生、少年儿童和其他非从业城镇居民,都可自愿参加城镇居民基本医疗保险。

为进一步完善城乡居民医疗保障制度,健全多层次医疗保障体系,有效提高重特大疾病保障水平,2012年8月31日,国家发改委、卫生部等六部委联合发布了《关于开展城乡居民大病保险工作的指导意见》(发改社会〔2012〕2605号)。

开展城乡居民大病保险工作的基本原则是:坚持以人为本,统筹安排;坚持政府主导,专业运作;坚持责任共担,持续发展;坚持因地制宜,机制创新。大病保险主要在参保(合)人患大病发生高额医疗费用的情况下,对城镇居民医保、新农合补偿后需个人负担的合规医疗费用给予保障。

(三)走向全民的医疗保障体系

2009年3月,中共中央、国务院印发《关于深化医药卫生体制改革意见》和《医药卫生体制改革近期重点实施方案(2009—2011年)》(以下简称医改文件),把医疗保障体系与公共卫生服务体系、医疗服务体系、药品供应保障体系并列为基本医疗卫生制度的四大体系,并把加快推进基本医疗保障制度建设摆在近期五项重点改革第一位,充分体现了党中央、国务院对医疗保障事业的高度重视。医改文件在总结既往经验的基础上,以解决人民群众最关心、最直接、最现实的切身利益问题为重点,对医疗保障制度建设进行了全面部署,提出许多新理念、新政策、新要求。

三、工伤保险

现行生效的《工伤保险条例》,是于2003年4月27日由中华人民共和国国务院令第375号公布,根据2010年12月20日《国务院关于修改〈工伤保险条例〉的决定》修订,自2011年1月1日起施行的。

根据《工伤保险条例》,中华人民共和国境内的企业、事业单位、社会团体、民办非企业单位、基金会、律师事务所、会计师事务所等组织和有雇工的个体工商户(以下简称"用人单位")应当依照本条例规定参加工伤保险,为本单位全部职工或者雇工(以下简称"职工")缴纳工伤保险费。中华人民共和国境内的企业、事业单位、社会团体、民办非企业单位、基金会、律师事务所、会计师事务所等组织的职工和个体工商户的雇工,均有依照本条例的规定享受工伤保险待遇的权利。

工伤保险基金由用人单位缴纳的工伤保险费、工伤保险基金的利息和依法纳入工伤保险基金的其他资金构成。用人单位应当按时缴纳工伤保险费。职工个人不缴纳工伤保险费。

国家根据不同行业的工伤风险程度确定行业的差别费率,并根据工伤保险费使用、工伤发生率等情况在每个行业内确定若干费率档次,即浮动费率。统筹地区经办机构根据用人单位工伤保险费使用、工伤发生率等情况,适用所属行业的相应的费率档次确定单位缴费费率。各省、自治区、直辖市工伤保险费平均缴费率原则上控制在职工工资总额的1.0%左右。

另外,《工伤认定办法》(劳动和社会保障部令第17号)于2003年9月18日通过,自2004年1月1日起施行。2011年,新修订的《工伤认定办法》(人力资源和社会保障部令第8号)通过并公布,自2011年1月1日起施行。

《工伤保险条例》明确规定了应当认定为工伤的七种情形、视同工伤的三种情形以及不得认定为工伤或者视同工伤的三种情形。

职工认定为工伤的七种情形是指:①在工作时间和工作场所内,因工作原因受到事故伤害的;②工作时间前后在工作场所内,从事与工作有关的预备性或者收尾性工作受到事故伤害的;③在工作时间和工作场所内,因履行工作职责受到暴力等意外伤害的;④患职业病的;⑤因工外出期间,由于工作原因受到伤害或者发生事故下落不明的;⑥在上下班途中,受到非本人主要责任的交通事故或者城市轨道交通、客运轮渡、火车事故伤害的;⑦法律、行政法规规定应当认定为工伤的其他情形。

职工视同工伤的三种情形是指:①在工作时间和工作岗位,突发疾病死亡或者在48小时之内经抢救无效死亡的;②在抢险救灾等维护国家利益、公共利益活动中受到伤害的;③职工原在军队服役,因战、因公负伤致残,已取得革命伤残军人证,到用人单位后旧伤复发的。

职工不得认定为工伤或者视同工伤的三种情形:①故意犯罪的;②醉酒或者吸毒的;③自残或者自杀的。

四、失业保险

1998年12月16日,《失业保险条例》通过并于1999年1月22日发布施行。此后几年,国有企业下岗职工基本生活保障制度和失业保险制度双轨并行,共同发挥作用。1999年9月28日,国务院发布了《城市居民最低生活保障条例》后,两条保障线(失业保险、城市居民最低生活保障)的建设得到加强。2000年12月,国务院下发了《关于完善城镇社会保障体系的试点方案》,2002年9月,中共中央、国务院发布《关于进一步做好下岗失业人员再就业工作的通知》,提出积极稳妥地做好下岗职工基本生活保障向失业保险并轨工作。2006年,国有企业下岗职工基本生活保障向失业保险并轨基本完成,三条保障线(下岗职工基本生活保障、失业保险、城市居民最低生活保障)将变为两条保障线,由失业保险和城市居民最低生活保障发挥作用。自此之后,政府加大了失业保险制度改革与探索的力度。2005年,国务院下发《关于进一步加强就业再就业工作的通知》(国发〔2005〕36号),制定了新一轮积极的就业政策,并要求进一步发挥失业保险制度促进再就业的功能。2007年8月31日,《中华人民共和国就业促进法》通过并于2008年1月1日起施行。2008年,人力资源和社会保障部会同财政部、国家税务总局联合发出《关于采取积极措施减轻企业负担稳定就业局势有关问题的通知》(人社部发〔2008〕117号),明确规定阶段性降低失业保险费率,期限最长不超过12个月。

五、生育保险

我国早期生育保障制度主要是以保障城镇职工生育待遇为主,包括女职工和男职工家属,在农村没有建立生育保障制度。

1986年,卫生部、劳动人事部、全国总工会、全国妇联联合印发了《女职工保健工作暂行规定》（试行草案）。1988年6月28日，国务院发布《女职工劳动保护规定》。这是新中国成立以来保护女职工劳动权益，解决她们在劳动中因生理机能造成的特殊困难，保护其安全和健康的第一部比较完整的、综合性的女职工劳动保护法规。该规定自1988年9月1日起施行。1953年"政务院"修正发布的《劳动保险条例》中有关女工人、女职员生育待遇的规定和1955年国务院《关于女工作人员生产假期的通知》同时废止。

1994年7月，第八届全国人民代表大会常务委员会第八次会议通过了《中华人民共和国劳动法》，并于1995年1月1日起实施。《劳动法》是新中国成立以来第一部全面调整劳动关系、确定劳动标准的基本法，以保护劳动者的合法权益为宗旨，通过建立稳定、和谐的劳动关系，维护社会安定，促进社会主义市场经济的发展和新型劳动体制的建立。为了配合《劳动法》的贯彻实施，劳动部在总结各地生育保险制度改革实践经验的基础上，于1994年12月颁布《企业职工生育保险试行办法》（劳部发〔1994〕504号），使生育保险制度改革在内容、标准、形式等方面有了初步规范，成为我国推进生育保险制度改革的主要政策依据。《企业职工生育保险试行办法》的颁布，是城镇职工生育保险制度全面推行的标志，是生育保障发展史中具有里程碑意义的重要事件。《企业职工生育保险试行办法》对生育保险的基本原则、实施范围、待遇标准、基金管理、监督机制等都作出了明确规定。这个办法一直沿用至今。此后，各地生育保险工作进展顺利，覆盖面扩展迅速。

1999年9月，劳动保障部、国家计划生育委员会、财政部、卫生部联合下发《关于妥善解决城镇职工计划生育手术费用问题的通知》，主要是解决医疗保险改革中生育费用的支付问题。

在1998年之后，医疗保险制度改革工作进一步推进，要求医疗保险制度与生育保险制度协同发展。2004年，劳动和社会保障部办公厅印发《关于进一步加强生育保险工作的指导意见》，提出了生育保险与医疗保险协同推进的思路。

2012年11月，人力资源和社会保障部研究起草了《生育保险办法》（征求意见稿），向社会公开征求意见。

我国农村生育保障制度的建立是以新型农村合作医疗制度为标志的。2002年，中共中央、国务院颁布《关于进一步加强农村卫生工作的决定》，提出政府对农村合作医疗和医疗救助给予支持。该决定明确了中央财政通过专项转移支付对贫困地区进行补助,其中包括提供农村孕产妇保健、住院分娩等费用。2003年1月,国务院办公厅转发卫生部、财政部、农业部《关于建立新型农村合作医疗制度的意见》,进一步明确了农村妇女住院分娩的医疗费用由新农合制度解决。

2009年,中共中央、国务院颁发《关于深化医药卫生体制改革的意见》,提出逐步实现人人享有基本医疗卫生服务的目标。随后,卫生部、财政部印发《关于进一步加强农村孕产妇住院分娩工作的指导意见》,提出到2015年,东、中、西部地区各省(区、市)农村孕产妇住院分娩率达到95%、85%和80%以上,还规定实施农村孕产妇住院分娩补助政策。在各地核定成本、明确限价标准的基础上,对农村孕产妇住院分娩所需费用给予财政补助,补助标准由各省(区、市)财政部门会同卫生部门制定。参加新型农村合作医疗的农村孕产妇在财政补助之外的住院分娩费用,可按当地新型农村合作医疗制度的规定给予补偿。对个人负担较重的贫困孕产妇,可由农村医疗救助制度按规定给予救助。鼓励有条件的地区探索将农村孕产妇住院分娩补助与新型农村合作医疗、农村医疗救助补助统筹管理使用。

本章小结

社会保障,是指国家通过法律、法规和行政手段所建立的保证社会成员在年老、失业、残疾等特殊情况下的基本生活安全措施的总和。社会保障包括社会救济、社会保险、社会福利、社会优抚。

根据保障内容的不同,社会保险主要包括基本养老保险、基本医疗保险、工伤保险、失业保险和生育保险。

目前我国已经为城镇职工、城乡居民分别建立了相应的养老保险、医疗保险等社会保险制度,社会保险基本覆盖全民,但不同群体制度模式存在较大差异。

重要术语

社会保险　社会保障　社会救济　社会福利　社会优抚　养老保险　医疗保险　失业保险　工伤保险　生育保险

复习思考题

1. 社会保障主要包括哪些内容?
2. 社会保险与商业保险之间有什么区别和联系?
3. 我国针对不同群体的基本养老保险制度框架是怎样的?
4. 简述目前不同群体的基本医疗保险制度框架?
5. 简述我国工伤保险、失业保险、生育保险的发展历程以及当前现状。

参考文献

[1] 庹国柱. 保险学[M]. 第4版. 北京:首都经济贸易大学出版社,2007.

[2] 许飞琼. 财产保险案例分析[M]. 北京:中国金融出版社,2004.

[3] 蒲成毅,潘晓君. 保险案例评析与思考[M]. 北京:机械工业出版社,2004.

[4] 应世昌,冯海燕. 家庭保险万宝全书[M]. 上海:文汇出版社,2001.

[5] 王静龙,汤鸣,韩天雄. 非寿险精算[M]. 北京:中国人民大学出版社,2004.

[6] 卢仿先,曾庆五. 寿险精算数学[M]. 天津:南开大学出版社,2001.

[7] 潘履孚. 保险学概论[M]. 北京:中国经济出版社,1995.

[8] 魏华林,林宝清. 保险学[M]. 北京:中国金融出版社,1999.

[9] 张洪涛,郑功成. 保险学[M]. 北京:中国人民大学出版社,2002.

[10] 王绪谨. 保险学[M]. 北京:经济管理出版社,2001.

[11] 全国经济专业技术资格考试用书编写委员会. 保险专业知识与实务(中级)[M]. 第2版. 北京:经济管理出版社,2003.

[12] 全国经济专业技术资格考试用书编写委员会. 保险专业知识与实务(初级)[M]. 第2版. 北京:经济管理出版社,2003.

[13] 郑功成. 财产保险[M]. 2版. 北京:中国金融出版社,2001.

[14] 周延礼. 机动车辆保险理论与实务[M]. 北京:中国金融出版社,2001.

[15] 魏迎宁. 人身保险[M]. 成都:西南财经大学出版社,1993.

[16] 赵苑达. 再保险[M]. 北京:中国金融出版社,2003.

[17] 陈继尧. 再保险学——理论与实务[M]. 三民书局(中国台北),1996.

[18] 蔡文远. 保险经营管理学[M]. 北京:中国财政经济出版社,1997.

[19] 郑功成等. 中国社会保障制度变迁与评估[M]. 北京:中国人民大

学出版社,2002.

[20]李晓林.精算学原理.第一卷.北京:经济科学出版社,1999.

[21]孟生旺,袁卫.实用非寿险精算学[M].北京:经济科学出版社,2000.

[22]李军.农业保险[M].北京:中国金融出版社,2000.

[23]庹国柱,王国军.中国农业保险与农村社会保障制度研究[M].北京:首都经济贸易大学出版社,2002.

[24]孟昭亿.国际保险监管文献汇编[M].北京:中国金融出版社,2006.

[25]陈文辉.国际保险监管核心原则——理念、规则及中国实践[M].北京:经济管理出版社,2006.

[26]应世昌.中外精选保险案例评析[M].上海:上海财经大学出版社,2005.

[27]粟芳.机动车辆保险制度与费率[M].上海:上海科技教育出版社,2005.

[28]崔建远.合同法[M].3版.北京:法律出版社,2003.

[29]李文中.被保险人参加体检和如实告知之间的关系[J].上海保险,2008(10).

[30]林宝清.保险法原理与案例[M].北京:清华大学出版社,2006.

[31]庹国柱.保险学[M].6版.北京:首都经济贸易大学出版社,2011.

[32]王绪瑾.保险专业知识与实务(中级)[M].北京:中国人事出版社,中国劳动社会保障出版社,2013.

[33]魏华林.保险学[M].北京:中国金融出版社,1998.

[34]吴定富.《中华人民共和国保险法》释义[M].北京:中国财政经济出版社,2009.

[35]杨芳.可保利益效力研究——兼论对我国相关立法的反思与重构[M].北京:法律出版社,2007.

[36]张建文,伍操.保险营销员的法律地位探析[J].保险研究,2008(6).

[37]周玉华.保险合同法总论[M].北京:中国检察出版社,2000.

[38]朱铭来.保险法学[M].天津:南开大学出版社,2006.